宮本常一の本棚

宮本常一の本棚

宮本常一［著］
田村善次郎［編］

八坂書房

目次

昭和四十年代……145

昭和十年代

柳田国男［編］

『山村生活の研究』

（民間伝承の会刊　岩波書店発売　昭和十三年）

（国書刊行会　昭和五十年）

『民間伝承論』、『郷土生活の研究法』によって体系づけられた民俗学の理論が美事に実践されたのが本書である。換言すればこの書は柳田先生の学的抱負の総和のある位置を占めるものであり、さらにこの学の実践的方向を示した尊き記念塔である。しかしてもう閑人の余技ではなく若き人々によって支持せらるべきものである事を物語っている。申すまでもなく本書は昭和九年以来柳田先生の下に集う郷土生活研究所の人々と地方の同情ある学徒の参加に待つ三ヶ年の努力の結晶であり、その記録は自ら見聞せるか、または体験せる、交通不便なる山村の人々の生活の姿である。この書に録されたるものは里人にとっては仮令《たとえ》狐狸変化の類といえども厳粛なる事実であり生活上の一つの問題であった。即ちこの書のあらゆる事柄が村の問題であり盛衰をも支配し象徴しているのである。この事実を見ずして農山村を論ずる事は難く、ここを出発点としてでなければ民俗学は成立しない。故にこの学に志すものと否とをとわず、国民多数の幸福を願うものは是非一本を持つべきである。しかも本書は初心者といえど読んで深き興を覚える。更に

本書のたたえられてよい点は書中に盛られている情熱である。その希望にかがやける事、その若々しさ、私はこの書の健康さに驚く、しかして我々の今後の仕事は、これに多くの増補を行うて、遂には完全なる農山村辞典にまで発展せしめる事である。

（「民間伝承」三巻一号　民間伝承の会　昭和十二年九月二十日）

柳田国男［著］

『禁忌習俗語彙』

（国学院大学方言研究会　昭和十三年（国書刊行会　昭和五十九年））

民俗学を志すものだけでなく、社会学、宗教学、その他社会学的な分野にある人の是非とも持って座右の書とすべきものは柳田先生の習俗語彙叢書であると思う。しかして本書はその第五番目に公にせられたものであって、忌の状態、忌を守る法、忌の終り、忌の害、土地の忌、物の忌、忌まるる行為、忌まるる日時、忌まるる方角、忌詞の十項目に分って整理され、辞書的な意味以外に整理の方法においても教えられるものである。この書の内容について一々を説くまでもないが、私たちが今後新しくこの方面の採集に当って、本書は採集手帳として利用すべく、最もすぐれた妥当なものの様に思う。

（「民間伝承」三巻一〇号　民間伝承の会　昭和十三年六月二十日）

柳田国男［著］

『服装習俗語彙』

（民間伝承の会刊　岩波書店発売　昭和十三年）
（国書刊行会　昭和五十年）

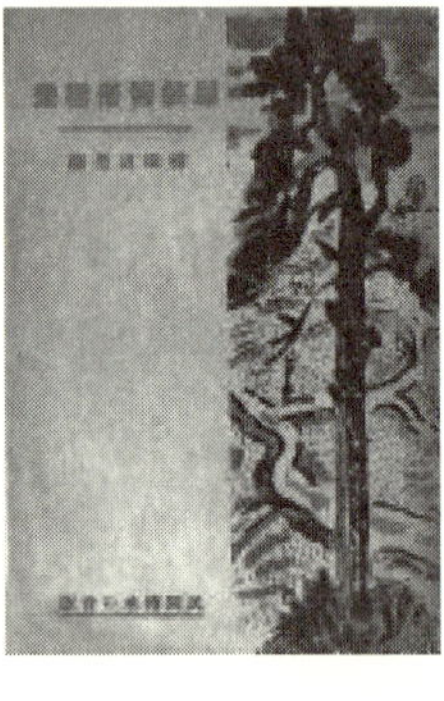

習俗語彙叢書の第六輯。はれ着、よそ行き、ふだん着、仕事着以下一三項目にわたって整理したもので、先生の御苦心と達見が随所に見られる。元来民間服飾については宮本勢助氏のすぐれたる研究があり、アチックの「足半について」がある。我々は今日までその恩恵を蒙って来たものであるが、本書はそれら服飾に関する習俗の語彙を集めたものである事に特色があり、両者相補って行くべきものであると思う。しかして本書によって私の得たものは、かかる方面についていかに私が無知であったかという事の自覚である。それ程多くの教示を持つ書である。我々はかかる書物によって、また彼の『山村生活の研究』の様な書物によって、最も無駄を少なくし、民俗学を正しく継承し、かつこれを発展せしめなければならぬと思う。

（「民間伝承」三巻一〇号　民間伝承の会　昭和十三年六月二十日）

沢田四郎作［著］

『飛驒採訪日誌』

（私家版　非売品　昭和十四年）

この書の紹介は私がすべきが至当の様に思う。私はこの旅行のワキ役を努めたのだし、また沢田博士に最も多くの教示を仰いでいるものだからである。本書は、本年一月一日二日に亘る飛驒久々野、丹生川の採訪日誌である。二日の採訪でこれだけの業績をあげたについては村田祐作氏、江馬氏御夫妻、松岡氏御一家の最も好意ある御教示と力添があった事をまず申し上げねばならぬ。だがそれにも増して先生の熱意を忘れてはならない。旅をする事の最も困難な地位にある博士は旅の計画が定まると「地図やノートをボストンバッグにつめ込んでは毎晩おそくまで寝間のあたりに拡げてはいろいろと計画をし、夜があけるとこれを鞄におしこんでは階下の診察室に持って下りる事が自分のまたとなきたのしみであった」という有様で、バッグの錠前をこわしたり、御子息にかくされたりして一家の明るい笑いを作っておられる。それでいて旅へ出るとまず患者の事が何より気にかかる博士である。旅へ出ても気分をたのしむという様なゆったりしたところがない。目にふれるもの耳にとまるものを残らず書きとめられて、少しでも多くを見聞せられようとするお姿はむしろ涙ぐましくさえさせられた。この小児の様に純情な、ほほえましい姿が書中いたるところに

見えて、単なる民俗報告書としてよりも民俗学のよみ物としての大きな価値を持ち、読み終わってある愉悦を覚えるものである、文だけでなくスケッチもふんだんで索引までついており、利用を便にしている。尚本書の校訂その他が患者診察、御令閨御子息看病の寸暇においてなされた事を知る私は斯学を熱愛する博士の姿が思えて頭が下るのである。しかして、本書を読んで博士をして余暇ある地位にあらしめたならばと思うのは蓋し私だけではあるまい。

（「民間伝承」第三巻一〇号　民間伝承の会　昭和十三年六月二十日）

『生駒町郷土調査』

奈良県生駒尋常高等小学校［編］

（私家版　半紙判　謄写）

私は久しく関西に住み、生駒へもしばしば行った。しかし民俗調査はする折がなかったのであるが、本書を見ると尚多くの古風が存するようである。伊古麻都比古神社には宮座があり、その秋祭には薄《すすき》の穂で作ったゴムシというものを大松明にたてる行事がある。また生駒昔話と題した項には昔話でなく旧事談が書かれてあるが、そのうち荷つぎ問屋や天然氷をとる話などは面白そうである。ただ説明が簡に失して、我々の知りたい事を十分に知り得ない憾《うら》みがある。本書は一小冊にすぎず、これを以て郷土教育の資とす

る も効また大とは言い得ないが、この調査を発展せしめて、一大調査書への行程をとるならば、単に郷土教育に資するばかりでなく、学界への寄与も大きいと思う。二葉で萎びさせる事のない様に祈る。
（「民間伝承」五巻五号　民間伝承の会　昭和十五年二月一日）

奈良県生駒尋常高等小学校［編］
『いこま』

（私家版　半紙判　謄写）

研究の成長を見るのは楽しみなものである。さきに『生駒町郷土調査』を編輯した同校が、本格的に研究調査に乗り出して第一の報告書を公にしたのが本書である。発刊の辞によれば、生駒町誌上梓の準備の為の草稿とも言うべきもので、毎月一回宛調査研究を発表し、取捨選択して町誌に仕上げようというのである。目次によれば、生駒山塊とその地体構造・生駒の生物界・生駒町の発達・今昔話・町政沿革・小学校・兵事・衣食住・衛生・方言・冠婚葬祭・年中行事・交際及共同生活・俗信・呪術及畏怖・音楽舞踏・花柳・伝説・俚謡となっている。いずれも未完成のままであるが、今昔話・年中行事・信仰・呪術にはすぐれた資料が多く散見されて愉快である。しかして本書を公にして、専門家及町内有志の協力を求めているのもあたたかな情景であり、二三の郷土史家にゆだねず、町民と共に町誌を生み出そうとするのは町誌編纂の上からは一つの進歩であると思う。同時にすぐれたる完成を祈って止まない。

（「民間伝承」五巻七号　民間伝承の会　昭和十五年四月一日）

高千穂の正月

関口　泰［著］

（月刊「社会及国家」一匡社　昭和十五年三月号）

ここに言う高千穂は北の高千穂、即ち宮崎県西臼杵郡高千穂町である。今年の旧正月、同地を訪れての見聞で、ワカキとトビ・ワカミヅと作だめし・正月歩きとハガタメ・カケヅクリ・ワラヅト・ナガシオミキ・ヒノトギ・オオドシとワカドシ・ナナクサとオニノメ・ハシラカシ・ヤマカケとアハキ・フネイレとマツイレ・鳥追いと竹祝い・ホカヒとヒカリ・鬼八塚の伝説・岩戸神楽・刈干切唄と稗搗節・高千穂の言葉について報告されている。以上の標題からしても我々の興あるもので、その採集と報告の要を得ている点でもよき資料である。

門松がなくてワカキをたてる事、これにトビ紙をつけること、大年と若年の区別のはっきりしていることと、正月十四日に竹を二股にさいてウツギのきったのをつけて粟の穂をつくること、東日本に一般に見られる夜鳥追いのある事など、古風にしてしかも東日本との類似の多いのも示唆をあたえる。筆者は東京朝日の論説委員で、すぐれたるジャーナリストであるが、由来多くの文人の紀行というものは、自分ばかりをそこへ押し出して地方を見るにも主観に偏した御託を並べたものが多いのだが、筆者が出来るだけ自己を空しうして、その土地の庶民生活を丹念に見聞された事は有難い。日本精神文化の省察もこういうところから起さるべきもので、筆者の様な地位の人がこういう報告をして下さる事はよき示範にもなる。

（「民間伝承」五巻八号　民間伝承の会　昭和十五年五月一日）

米代川流域に於ける市場の研究

田中館秀三・高橋幹雄［著］

（「地理学評論」一三巻一二号　日本地理学会　昭和十二年）

昭和十二年末の古い論文である。経済場の地理的観点からなされたものであるが、市分布・市神・市日・

歴史的変化などは我々の参考になる事が多い。市が日常の経済生活にいかなる位置を占めているかがかなり明らかにされてあるのもうれしい。

（「民間伝承」五巻一二号　民間伝承の会　昭和十五年九月一日）

碓氷関所の研究

大島延次郎［著］

（「歴史地理」七三巻二号　日本歴史地理研究会　昭和十三年）

大島延次郎氏の論文。この関所の諸制度の古文書による研究である。大名が関所通過に際して金員を贈ったのはさる事ながら、近郷の婦女から進物音物などと言って関銭を徴集したのは中世的である。芸人には所作をさせたともある。暮方には通過をとめたので、旅籠を発達せしめたともいう。手形、関所破などについても述べて小論文ながら人生の縮図を見るが如し。

（「民間伝承」五巻一二号　民間伝承の会　昭和十五年九月一日）

小島勝治［編］

「社会事業論叢」一巻四号

（大阪市役所内弘済会　昭和十五年）

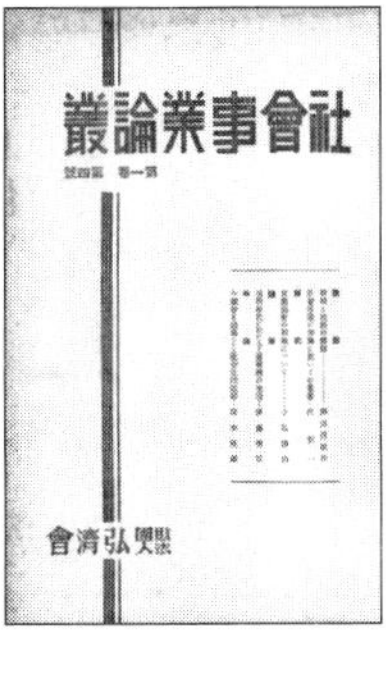

大阪市役所内弘済会から発行されているもの。この雑誌の編輯者は本会員小島勝治氏である。巻頭の「時局と民族の体験」（沢田四郎作氏）はこの時局にあたって徒らに国外の制度にのみ気をとられず、民族の体験を生かせ、我々が新しく欲している制度は過去の生活の中に皆存在していたのだと、民俗事象をあげ説かれたもの。「明治年代に於ける下層階級の生活」（伊藤櫟堂氏）は明治年代の裏長屋生活風景を描いたもの。随筆風な筆致の中に、都市の民俗相が可成よく浮き出ている。「日傭労働者調査手記」（小島勝治氏）は大阪市におけるあんこう寄場を民俗学的な立場から調査しようとしたもの。寄場は徳川時代の大阪などに行なわれた部屋制度の伝統をひいている様である。僅かの時間の見聞（部屋に一泊して）であるが、更に調査の深まり、報告の多彩になって行く事を望む。因みに本誌は半公の雑誌でありつつ、大胆に野のものにしようとする編輯者の意図が見える。社会事業が民俗学的立場から考えられて行く事には深い意義があると思う。

（「民間伝承」五巻一二号　民間伝承の会　昭和十五年九月一日）

蓮仏重寿〔編〕

『民談ノート』

（鳥取県八頭郡賀茂村発行　謄寫版三七頁　昭和十五年）

人も知る蓮仏氏は熱心なる学究にして、さきに『因伯民談』を経営し、この地方の民俗報告と民俗学開発に貢献する所きわめて大なるものがあった。『因伯民談』は不幸にして中止の止むなきに至ったが、今度は『民談ノート』として再出発せられた。主張も何もかかげてなく、全くノートと言った感じ。それだけにこの人の学問への愛着の強さがしのばれる。内容は「日野多里地方の左義長」（入澤令子）、「姫路地方の正月行事」（河原豊治）、「佐治谷年中行事」（長谷誠）の三篇から成っていて、年中行事報告とも名付くべきもの。多里では左義長がもときわめて盛んで御神竹迎・奉斎など厳重に行なわれたること。姫路では年神さんの祭り方、六日夜の鳥追のことなど相当詳しくのべられ、佐治谷のものはデッサンの感があるが、ヒイキさん（正月の薪木）・とんどう・春亥の子・事はじめ・牛の角（五月五日）・釜焼き（六月十五日）・萬燈・亥の子・歳桶など目にとまる行事が多い。折角この学徒の熱意にこたえて、鳥取の地に目覚ましい学問の成長の日のあらん事を祈ってやまない。

（「民間伝承」六巻三号　民間伝承の会　昭和十五年十一月一日）

帷子二郎［著］

十津川村（中）

（「地理学評論」八巻一一号　日本地理学会　昭和十五年）

本篇には十津川村の南部に属する平谷・折立・小森・小原部落に於ける民家の構造・位置・聚落の概観がのべてある。

尚本誌にはもう一つ主として軒並調査より見たる東海道江尻宿の研究（二）（浅香幸雄）なる報告がある。弘化年間の軒並書上帳と、昭和八年の軒並調査とを対比しつつ、この町の発達変遷および宿場町としての建坪数、畳数・土間・板間などの坪数についてのべられたもので、職業の建築に及している影響がグラフや数字であらわされているのを面白く読んだ。民俗学に直接開係あるものではないが、民俗調査の基礎作業としてこういう試みも我々に必要ではないかと思う。

（「民間伝承」六巻二号　民間伝承の会　昭和十五年十一月一日）

河村只雄［著］

粟国《あぐに》渡名喜《となき》紀行

（「国民精神文化」六巻一〇号　国民精神文化研究所　昭和十五年）
（後に『南方文化の探究』（創元社　昭和十七年・講談社　平成十一年）に掲載）

粟国は那覇の西北方海上約三〇浬、渡名喜は西西北方二九浬、両島間は約一三浬。河村氏は両島に本年五月末から六月にかけて渡り、社会的な調査に従っておられる。南島中、人の住む程の島で氏の足跡を印しないものはないという。これはその紀行の一部をなすものである。粟国では神を拝むとき鶏が羽ばたきする様な仕草をすること、屋号が先祖の性状に因んでつけられているもののあること、ハブよけの呪文、浜下りなどは、内地の民俗を見て行く場合に一つの手がかりになるものと思って興を覚えた。文の半は氏のこの地方に対する教化指導の私見で、これに対する批判は差控えるとしても、この地方にはいかに多くの社会文化の問題が未解決のまま今日まで持ち越されているかが察せられ、これについてはお互いが真剣に考えて見なければならない事を痛感する。

（「民間伝承」六巻三号　民間伝承の会　昭和十五年十二月一日）

小島勝治［著］

貧困と救済の民俗

（「社会事業」二五巻四号　中央社会事業協会　昭和十六年）

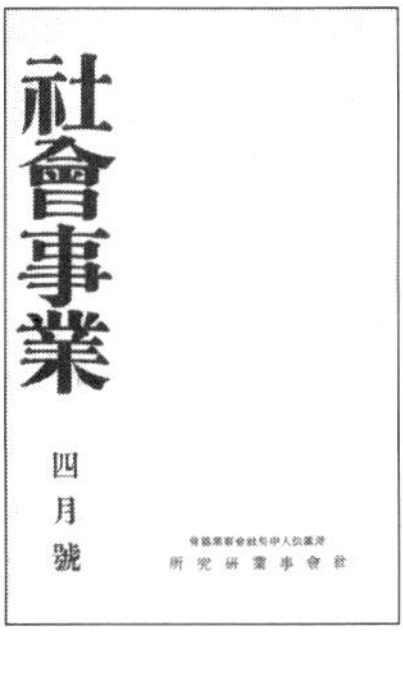

小島氏は実際に社会事業関係の仕事に携っている人で、今日までの社会事業に対して、もう反省する要はないものであるかどうかという事を真面目に考え、これを過去の常民の歴史に照してもう一度検討しようとしている人である。恐らくは今日までの社会事業の組織や方法に飽き足らぬ多くがあったためと考える。この一文もそういう意図のもとに、貧困及び救済の問題を見直そうとして作られた調査項目に、註として著者がその質問せんとする意志を明かにし、調査例として過去における報告資料の適当なものを選んでならべたもので質問せられる方からすれば、問われるだけでなく、教えられる点が多く、いわばまことに親切な解説である。災害や病がいかに人生に影響したか、貧困の状態、特異人に対する態度、特殊児童の取扱い、寡婦老人の問題、不幸に対する考え方、更生のための努力などを三七項に分ち、主として農村を対象として問うている。氏のあたたかい心は行文の中にあふれ、単なる解説としてでなく一個の論文として見てもよいものである。そうして尚、氏が柳田先生の著書を丹念によみ、そこから反省の鍵を見出そうとし、出来るだけ私見を加えないで書いておられる謙虚な態度も美しい。希望したい事は、著者の持つ

多くの採集例をも出していただきたかった事、更にはこれが一巻の書物にまで発展する事である。

（「民間伝承」七巻一号　民間伝承の会　昭和十六年十月一日）

小鳥の昔話

土橋里木［著］

（「甲山峡水」?号　山梨県景勝地協会）
（後に『山村夜譚』（近代文芸社　平成五年刊に掲載）

柳田先生の『野鳥雑記』をよんで感あり、氏がこれまできいた昔話のきれぎれを一応整理したものであるという。しかし単なる資料整理ではなく、一般への読物としての意図もあって、『野鳥雑記』を中心に、他の昔話集なども引用しつつ、頰白・鶯・雲雀・時鳥・カキトン・梟・不孝鳥の話などを書いたもの。著者の言の如く、小鳥の啼き声に耳を傾ける暇のなくなった事をさびしく思うだけに『野鳥雑記』の延長としてのこの文をなつかしく読んだ。
（「民間伝承」七巻一号　民間伝承の会　昭和十六年十月一日）

大矢真一 他［著］

「南越民俗 四ノ一」

（「南越民俗」四巻一号 南越民俗発行所 昭和十六年）

（写真は復刻版『南越民俗』福井郷土研究会 安田書店 昭和五十年）

「東せん坊について」（大矢真一）はこの伝説が陸中の山中にもあったことの紹介。「丹生郡殿下村国山八王寺神社神事に関する解説」（中谷文作）は正月に宮座仲間が御田植神事を行うことの簡単なる報告。「三国港春秋風土記」（南山洞）はこの町の住居・荷廻船・正月風景を随筆風に書いたもの。「三方の俚謡」（山本恵市）は三方郡の二三の地の盆踊歌・子守唄・手鞠歌などの歌詞を集めたもの。これには解説があると好ましかった。「福井県に於ける田植行事」（齋籐梘堂）は田植の順序を秩序だてて書いたもので放送原稿というが、県下いずれの地を中心にせられたものであろうか。「越前に於ける岩神に就て」（齋籐優）は巨石信仰の資料報告である。この県には数回足を踏み入れているだけにいずれもなつかしく読んだ。そうしていずれも真摯なものである事を、たとえ短文であるとは言え尊いものに思う。本誌の永続を祈って止まない。

最近民俗雑誌を読みかえす機会を持って、古いものを手にしての感想は、当時多少の非難のあったものも、何十冊とまとまっていると、そこに立派な役割を果たしていることを発見する。世評に耳を傾ける事も大切だろうがより大切なことは持続して行くということであろう。

（「民間伝承」七巻一号　民間伝承の会　昭和十六年十月一日）

「東北民謡試聴団座談会速記録」

柳田国男 他［著］

（「放送」一一巻八～一〇号（?）仙台中央放送局放送部　昭和十六年）

本年の五月十三日から二十日に亘って東北六県の民謡を聴いて歩いた、それぞれの道の権威の座談会記録であって、前半を柳田先生が座長を勤められ、後半は土岐氏が代っている。話題にされた事柄は東北六県を通じ概括的感想・六県中特に印象の深く思われたもの、各県中特に記憶に残れるもの、またその特色についての感じ・民謡の発音法訛語について・民謡と国民教育および郷土生活について・新民謡の創作について・民謡の洋楽器化について・新音楽の創造と素材としての民謡について・此度の民謡旅行の感想の一〇項で民謡をどうすればよいかという事についての立場から見れば、色々示唆を持つ。特に我々としては柳田先生の御言葉に教えられる事が多い。「保存といふことはそんなにひどく気にして居らんので、たゞ現在昭和十六年五月の状態を極めて正確に記録することさへ出来れば、保存はまた一つ政策の問題だと心得る……」「民謡は文字を知らないもの、既に歌って居った唄といふこと……純といふことは要するに字で書かなかった。口で歌ひ始めたといふことである」等々。東北の民謡の二三は私もあの地方を歩いてヒボトの側で胡座してきいた事があり、その人々の中からも唄いに出た様で特になつかしかった。尚この試聴団の旅行の様子は『放送』七月号（一一巻七号）に詳しく出ている。

（「民間伝承」七巻一号　民間伝承の会　昭和十六年十月一日）

竹内利美［著］

『信州東筑摩郡本郷村に於ける　子供の集団生活』

（アチックミューゼアム　昭和十六年（大空社　昭和六十二年））

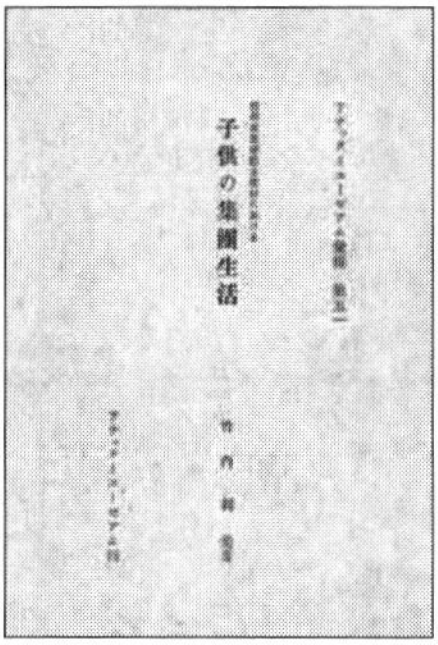

本書の意図する所は、明治初年以来の初等教育が画一主義によって成され、しかもそれが児童の村里生活とは全く別個に行われて来た事実に不満を持ち、学校教育の関与せざりし部分、あるいは排斥せんとした部分にどれほどの生活があったかを見ようとし、また教育における一般性は特殊性と相依存するという意味においては、この子供たちの村落生活を無視する事は出来ないとしてその事実を示さんとしたにあ

る。その内容は第一章「子供集団の組織形態」において年中行事における伝統的な子供仲間の活動、新しく発達を見た少年団の事業を見、第二章「村における身分慣習と子供」において、出産、幼年期の身分慣習、一人前の完成についてのべ、村里生活において一人の人間がいかに一人前になって行くかを詳述している。しかして第三章「家事手伝と童戯」では、子供の日常生活がいかに営まれているかを見、附編として「松本平の道祖神祭」について、信州における子供集団資料をのせ、過去における諸先輩の業蹟を明らかにし、民俗研究によって村落内における子供生活の実態に関する全般的な理解を得んとした著者の目的を一応達している。この厖大なる資料は著者が過去数年間に子供たちと生活を共にして蒐集したものが過半を占め、著者はこの蒐集、児童と共に村を見んとする所に教育ありと観じた。即ち教育的な意図のもとに子供の村落における伝統的な生活を見んとした所に本書の特色がある。この著者の教育的情熱に基づくものにして、蓋しかくの如き観点からかくの如く組織的に一村内の児童生活を見たものは本邦ではこれが初めてであろうと思われる。あえて大方にすすめたい。

（『民間伝承』七巻六号　民間伝承の会　昭和十七年三月一日）

御薗生翁甫［著］

『防長造紙史研究』

（防長紙同業組合　非売品　昭和十六年（マツノ書店　昭和四十九年））

本書は産業経済史的な研究であって、本誌に紹介する書物の部類には入り難いかと思うが、我々紙に縁の深いものの一読すべきものであると思う。著者は古い郷土研究誌の読者のお一人でもあられ、柳田先生の学問には深い理解を持ち、さきに公にした『防長地名淵鑑』の名著は、多分に民俗学的方法が取り入れられ、その観察の細かさ深さに敬服したものであるが、本書においても著者は単に文庫内において古記録を唯一のたよりとする事なく、県内の造紙地を隈なく巡り、その口頭伝承をも求めて記録の至らざる所を補い、紙を造る百姓の生活、信仰にも触れている。これによると長門藩は最も巧に百姓の生活や心意を利用して楮《こうぞ》を造らせ、これを税とし、また買上げている。たとえば人生るれば楮一本を植えさせ、人別菩提の念仏修行道場を楮買上金でたてさせ、死者の回向その他の料も楮植継を以て賄う様にさせたとある。そうして造紙は単なる職業でなくして生活そのものとなって行った事が書中至る所に見られる。しかして本書は同業組合のために書かれたものであるが、世に多い組合の宣伝では全然なく、また防長紙の自慢でもない。その学的純正を第一頁から終頁にまで盛って前半に藩の仕法・原料・造紙法・紋相・紙の種類・民間信仰・運送・抜売などについて詳述し、後三分の一ほどで維新以来の変遷をのべ、千余頁をなさしめているのである。そうして黒正博士の序文にもある如く、「今日まで世に行はれたる造紙史に比し断然群を抜く秀峰であり、造紙の歴史的研究の指導の書」と言い得るであろう。

（「民間伝承」七巻六号　民間伝承の会　昭和十七年三月一日）

『煙突掃除の日記』

吉田四郎［著］

（墨水書房　昭和十六年）

著者吉田四郎さんは『男鹿寒風山麓農民手記』を書いた三郎さんの弟である。寒風山麓から出て来て、一年半近く煙突掃除夫をしていた。そして兄さんの農民日録に刺激されて、この日記を書いたという。煙突掃除に歩いて台所からのぞいた各家庭というものが既に甚だ興味を覚えさせるものであるが、著者はまた、煙突の上であるいは仕事を終えて戻った貧しい居間の中で、憑れた様に故郷を想い、その生活を回想

している。ナマハゲ、草刈、若者組の櫓、寝部屋生活、夜学などはその回想の中でも特に私たちの心にとまる。特にナマハゲなどは行事についての詳述はあるが、この書に見えた一面はあまり報告されていない。ナマハゲにいたずらをするのが子供たちの楽しみだったという。その情景の描写が実に印象的だ。また田舎の若者の生活振りが実にあざやかに描かれている。若者は正義派であり、ヒューマニストである。しかし都会で生活をする様になっては、若者らしい色々の煩悶を持っている。それが故里を強く偲ばせる動機でもあった様である。近ごろ興深く読んだ書物の一つである。尚本書はさきに雑誌「博物」に連載されたものであるが今同誌には吉田三郎氏の「我田引水」が連載されている。水争を中心にした農民の生活が細々と記されている。

（「民間伝承」八巻一号　民間伝承の会　昭和十七年五月五日）

『続南方文化の探究』

河村只雄［著］

（創元社　昭和十七年（文教出版　昭和四十九年））

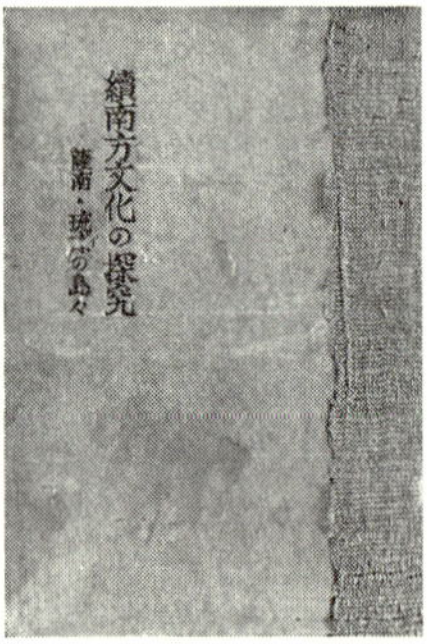

さきに公にされた『南方文化の探究』の続篇にして、薩南及琉球諸島の採訪記である。しかして、この大半は既に雑誌に発表せられ、本誌でも紹介されたものがある。

今一巻にまとめられたものを読んで見ての率直なる感想は、本書中には南島の珠玉の如き伝承資料が充満しているとは思えないが、身命を賭して、離島の一つ一つを丹念に探訪した著者の熱情にまず強くうたれるものがある。次に著者は古文化の探究の前に、古文化が新文化に切り替えられんとしつつあるこの島々の混迷と苦悩に深い同情を寄せ、その指針を与えんとしている。そしてそのことにもまた懸命であったことを窺い得る。一つの人道主義的な書と言い得るかと思う。

これらの島々で今最も悩んでいるのは信仰と言葉の問題である。心なき改訂についてはこれを戒めつつ、新文化への移行を指示せんとしつつあるが、しかも尚著者自身の混迷を諸所に見うける。五次に亘ってこの島々を訪れ、この地方の人々の心琴にふれんとした著者にして尚この問題は大きすぎた。南方開発の任務を負う現在の我々にして、この点本書は多くの示唆を与える。

書中、宝島の家造り・トカラの鶏・南島のお産の土俗・流木の所有権・種取神事・浜下り・十五の祝・琉球の青年宿等については内地と比較して興を覚えた。ただしそれらについての各島における比較研究をも期待されるのであるが、著者今亡し。まさに学に殉じたのである。著者の探究を熱望していたボルネオは目下皇威の下にある。著者をして今日あらしめたならばと思う心が深い。

尚希望としては本書の巻末にでも、旅程をのせてほしかった。何日どの島に渡ったのか不明の所のあるのは惜しまれる。

（「民間伝承」八巻六号　民間伝承の会　昭和十七年十月五日）

後藤捷一［編］

『吉野川筋用水存寄申上書』

（大阪史談会　昭和十七年）

本書には表題のもののほかに「芳川水利論・阿州浅川村百姓三拾人入込候作配一巻」を収めている。中上書は吉野川北岸は大体畑地で藍作の盛んな所であったが、天保の飢饉にあうて、その苦き体験より用水によって水田を拓かんとした編者の高祖父による建議書であり、その技術的な面の詳述してあるのは注目に価する。また川の北と南とでは気風が違うことなども指摘し、一方は水田が主で自営的であり、他方は畑作で交換経済化し、食物は悪いが華美になって、いざという時生活をおびやかされる等の事が見えている。ところで今日までの阿波の民俗の報告は多くこの北岸よりなされていたようである。

百姓入込作配の方はいわゆる国越騒動の一資料で、その原因の一が年貢米を小盆に入れて一粒選にさせた事にあったという。胸のいたくなる様な話である。尚本書には編者の丁寧な註解があり、その中には、笹送り、盗人除の呪・食物の悪かったことなどについてのいくつかの民俗資料が見出される。

（「民間伝承」八巻六号　民間伝承の会　昭和十七年十月五日）

『海をひらく』

野村愛正［著］

（東光堂　昭和十七年）

これは日本では数の稀少な漁業小説の一つである。漁業を描いたもので私の目にふれたものには今日までに『生れ出づる悩み』、『蟹工船』、『海豹の如く』、『熊野灘の兄弟』などがあるにすぎず、このほかにそう沢山あるとも思えない。これはその寥々たる文芸の一冊である。梗概は「鯛のサゲ釣で名高い紀州雑賀の連中が、地先漁場の不漁と世の不景気から新しい漁場を求めて東を志し伊豆大島・安房海岸に出漁する。しかし第一年は甚だしい失敗をする。だが中にはやや成功したものもあって、勇気を得て第二年目もその失敗した人々が出て行く。そして千葉勝浦沖で釣る。すると今度は非常な成功である。ところが土地のものが妬んでこれを迫害する。しかしまた先覚者もあって、その技術を学ぼうとし、更には雑賀の者の技術をその地に植えつけたく移住をすすめる。そうしてある一家がこの言に従う。ついで東京からの遊漁客たちと交る様になり、西瀬戸内海のバケ（擬餌）による技法を学び大成功する。しかしやがて漁場があれたので北へ新しい漁場や求めてすすむ」というのである。著者はこれをその達者な筆でいとも楽々に書いている。多分は土地の人の語るところを忠実に書きとめ、これを骨子としての作品かと思う。老漁夫の若い日

の思い出話をきいている様な気さえする。私も漁村でこれに似た漁場開拓の話をよくきいた。瀬川清子氏の『海女記』とあわせよむといい。

そうしてこの小説は単に文芸的な面からだけではなしに釣技術の事について色々ふれている。ヤマのたて方、釣糸、餌のことなどについては著者が遊漁者としては玄人を思わせる。私の故郷周防大島郡沖家室の擬餌漁法が遊漁者によって千葉勝浦につたえられる事など、小説をはなれて著者にきいて見たい興を覚える。ただ著者は漁夫ではないから『熊野灘の兄弟』の様に海における色々な民俗的な慣習や漁夫の持つこまかな感覚が十分とらえられているとは思えない。しかし、新たに海の生活を知ろうとする者の是非一読すべき書である。ただ文芸作品としても面白い。私は全く一気によんだ。それは単に曾遊の地雑賀の事がかかれ、故郷の事が出てくるとかいうなつかしさからのみでなく、著者が海を楽しく親しむべき世界としてとらえているからであろう。『氷島の漁人』をよむと西欧の漁夫たちはあの暗い北の海にさえ憑かれて自らの生命をささげている。これは明るい日本の海である。そうしてしかもひらくべき海はずうっと南の方へもつづいているのである。同時にまたひらかねばならぬのは海に対する日本人の心でもある。『海女記』と共に近頃楽しくよんだ書として紹介する。

(「民間伝承」八巻一一号　民間伝承の会　昭和十八年三月五日)

瀬川清子［著］

『販女《ひさぎめ》』

（三国書房　昭和十八年（未来社　昭和四十六年））

瀬川氏はその特異なる東北人らしいねばりと丹念なる努力をかたむけて、ここ十数年来日本各地を巡り働く女の生活をつぶさに調査採集された人である。その情熱の結集するところ、さきに『きもの』『海女記』の二著となり、今この『販女』となった。販女とは行商する女のことである。多くは漁夫の妻として夫の漁した獲物を売り歩いた風が広く西日本沿海各地に見られた。それが後には甚しく発展して販売品も漁獲物から離れ、小間物呉服缶詰等におよび販路も内地にとどまらず大陸にまでおよぶに至った者もある。かくの如きたくましき女性の姿を目のあたり見、その言葉をきいて本書をなしたものであって、前半には行商の起因発展習俗について考察し、後半にその各地聞書の資料があげてある。新しい時代を生きて行こうとする女性たちばかりでなく、ひろく男も一読すべき書物である。

（「民間伝承」九巻八号　民間伝承の会　昭和十八年十二月五日）

川口孫治郎［著］

『自然暦』

（日新書院　昭和十八年（八坂書房　平成二十五年））

本書は鳥類の生態観察に半生を捧げた故川口氏の著書にして、動植物および気象に因む季節関係の言い習わし七二二項と歌謡若干をあげ、これに氏が註釈説明を附加したものである。その言い習わされている土地は一々明確に示されており、報告者の名も記されたものが多いが、多くは氏の旅行の途次その他において採集されたるものと思惟され、故郷和歌山県、晩年を過された北九州および青森県方面のものが多い。しかして大体春夏秋冬に配されているが、必ずしも整然たるものではない。生前出版の意図もあったようであるが、これを果さずして逝かれ、今遺稿の一つとして川村多実二教授の序文をかかげて公刊された。由来この種のものは地方誌には俗信俚諺の中に加えられているのを見るが、このように整理されたのは初めてである。学会へのよき贈物であると共に、更に広く集大成して川口氏の御努力に謝したいものである。

（「民間伝承」九巻八号　民間伝承の会　昭和十八年十二月五日）

昭和二十年代

東畑精一［著］

『一農政学徒の記録』

（酣灯社　昭和二十二年）

大槻正男［著］

『日本農業の進路』

（朝日新聞社　昭和二十二年）

我国における二人のすぐれた農業経済学者の啓蒙的な書物が前後して出た。前者は戦中戦後雑誌に発表した文章や講演を集めたもので、仮綴ながらすっきりした装丁である。内容は一、二、三部に分けて、一は日本農業の将来について農業の近代化のために、経営の合理化と農村工業の必要を、二は資本主義経済における企業者の重要性を説き、三は随想小品をおさめている。知性のきわめて高い――社会生活の中によりよいものを見出して行こうとする著者の風格のよく出ている書物として心をうたれるものがある。特に第三部において学生時代の回顧、高橋さん（是清）の眸、タスキギーの一夜白菜などは自由主義の本来の意義をうかがう事が出来ると共に聴明なる人の姿を発見して感銘が深い。

後者は多分青年に向かって書かれたものと思うが、今後の農業経営がいかにあらねばならぬかを欧米におけるそれと比較しつつ平易に説いたもので、示唆に富む所きわめて多く、明日からの農業経営に参考になるものである。氏はまず、日本においては農業労働に従っている女性を家庭にかえしてあたたかく魅力ある家庭をいとなむような経営にかえなければならないと説き、新しい農業経営のためには過去になづむことのない青年の知性と情熱に待たねばならぬ。しかして集約化し、食生活を米食偏重より甘藷をとり入れ、これに伴うて有畜農業を行われればならぬと主張し、その具体的な方法をのべている。しかして農業の機械化にも農村工業にも限界のあることを説く。最後に農村恐慌の見直しをしてその対策の十分にたつものであることを示唆して筆をおいている。今我々の求めている質問に答えた書物として意義が深い。

前者は農政学者東畑氏の人がらを見ることの出来る書として、後者は今後の農業経営の一指針として、農民諸君の共に一読すべき好著といえる。

（「新農村」二巻四号　新自治協会　昭和二十二年七月）

大西伍一［著］

『六石取米作法——黒沢翁農話』

（平凡社　昭和二十二年）

多くの人々から待望せられていた黒沢浄氏の稲作法がついに書物になった。著者の大西伍一氏はさきに『日本老農伝』を書き、また帝国学士院の日本科学史中農業科学史の編修に従事した人。かつて日本青年館郷土室主事として地方青年にもその名を知られた篤学者である。その大西氏が黒沢氏に昭和二十年九月と二十一年四月に岐阜県下の講習会に随行して受講した所と、黒沢氏の農場を訪れて得たものとによって成ったのがこの書である。

黒沢農法の特色は稲の生態について驚くほど細かな観察を下し、それに対して一々処置をとられている所にある。その点、丸木氏の『甘藷栽培精説』と相通ずるものがある。黒沢氏がこのような精細な観察眼をもって名医の治療のような栽培法をとるに至ったについては四〇年の長い苦闘精進がある。そうして要は天恵の完全な利用が作物を育てる最も大切な方法であることに気づいた。

この農法では金肥はほとんど使用しない。堆肥、焼土、燻炭、床下の土、灰などである。そして、日光と温度と酸素と鉄分――これが問題になって来る。温度はその高低よりも量、即ち積算温度が作物成育を左右する。次に土中の酸素と鉄分が作物の健全な成育を促す。

かかる農法によると否とにかかわらず、是非一読して、せめて作物に対するこまかなる観察眼をやしなう所からあたらしい出発をしてもらいたいものである。

氏はこの方法において、五畝歩の試験田で反当たり二五俵余りの米を得ている。それは驚異的な数字と言っていい。

巻末の「黒沢翁を語る」は大西氏の随行記と、地方同志の消息とからなっている。黒沢氏の人となりをうかがう事が出来ると共に、この老農と老農をかこむ人々の美しいあつまりをそこに見る事が出来てうれしい。農に携わる人々一度は是非この書をよんでいただきたいものと思う。近頃心をすがすがしくする事の出来た書物である。

（「新農村」二巻六号　新自治協会　昭和二十二年十月）

近頃の読書から

近頃はもとのように手あたり次第に本を読むという事もなくなった。特に旅が多いと、おちついて机のまえでよむという事はない。従ってドッシリとした厚みのあるような本はめったに手にしないが、そうした中にあって東亜考古学会刊行の『**対馬**』と知里真志保氏の『**分類アイヌ語辞典**』は、よんだ感激がいつまでものこる書物である。

『**対馬**』（水野清一・東亜考古学会［編］　京都大学人文科学研究所　東亜考古学会　昭和二十八年）は昭和二十三年に梅原末治博士を団長にして水野・三上・有光・岡崎その他の諸氏が、その八月十日から九月十五日まで、島内各地をひろく調査し、その資料を水野清一氏が中心となって整理し水野・樋口・岡崎三氏が報告文を書きあげたものである。四六倍判で、本文

二三九頁、挿図一二九、本文後の写真及図版七一葉というまことに堂々たる報告書である。

そしてそれは体裁が堂々としているだけでなく、この書にもられている学問的な情熱も堂々たるものなのである。調査紀行をよんでみると、暑い盛りをこの人たちは実によく歩き、一つでも多くを見ようとして努めている。県工船《ママ》の援助が大きかったにしても、実に三〇余ヶ所にわたって効果的な調査をしている。

その情熱の中には戦によって国土の多くを失った国の学者たちがのこされた国土をよりゆたかなものにしようとする民族的なものも含まれているようにさえ思えた。

かつて日本が外来文化の輸入路を唯一つの朝鮮半島にもとめていた頃、この島はその途上にある重要な中継地であり、朝鮮の文化はそのままここにもおちついたように一般には考えがちだが、この書はそうではなくて、この島を通りこしていったん内地におちつき、そこからこの島へ押し出された事を明らかにした。そして出土品もこの島が国の中央よりももっとも辺避な地にあることを物語った。古墳も粗末であり、北九州よりは少しずつ時代的にもおくれているようであり、土器以外の出土品にも豪華とか華麗というようなものは殆どない。

それでいて広幅の銅鉾だけは他に比を見ない程出ている。それが武器として用いられたものでない事は分る。その霊力を何かにはたらかそうと考えたのではあるまいかと言っているが、おそらくその通りだろう。

昭和二十五・二十六年の九学会連合の対馬調査に参加したときも、私はこの島が日本の前線の感を深くしたのだが、それは一七〇〇年前もかわりなかったのであり、当時すでに日本には民族国家が成立を見つつあった事を物語る。そしてこの書物の中に見える古い有形文化のいくつかは、そのまま現在も見られるのではあるまいか。銅鉾を土中に埋める風は今はなくなっているけれど、九州南部周辺をあるいて見ると、今も鉄製の鉾や剣の類が、山の神または道の神などにあげてあり、神社では額におさめて奉納したのを見た。きっとそれらにつながるものであろう。また石槨棺や甕棺などは今も行われている所がある。そして出土品がなければ新旧の区別さえもつきかねるという。ここには現行の行事の中にそのような古いものと相通ずるものもある。有形文化がこの地においてどんなに展開したかは現存の有形文化の比較によっても分るような気がする。この書物は日本という国の持つ文化が民族文化としてどのように生成したかを示してくれているように思う。

『分類アイヌ語辞典』（植物篇）（知里真志保［著］日本常民文化研究所　昭和二十八年）（写真は復刻版〈知里真志保著作集〉別巻I『分類アイヌ語辞典』平凡社　昭和五十一年）はA5判三九四頁、紙装仮綴の書物。そしてこの辞典はこの後次々に一〇冊も刊行されようとしている。知里氏畢生の大著である。知里氏はこの民族文化紹介のために神がこの世に送られた人のような気さえする。その民族的な情熱をかたむけつくして、本当に忠実にアイヌ民族の文化をつたえ、今までのこの民族について、他の民族の学者が犯したあやまちや見おとしを訂正補填しようとしている。そこには学的な良心と訴えが行間にあふれており、先人の犯した小さな独断や誤解をさえ見のがさない。しかもよんでいて、この民族の持つ素朴な、自然にとけ込んだ情感があふれていて心をあたたかくする。

アイヌ民族の植物名には植物の総称とか、一つの植物全体を言いあらわすような命名法はないようである。ある植物の実とか茎とか根というように一つ一つの部分に名がついており、それは多く形容詞から成りたっている。その命名法は物の名づけ方、あるいは名詞の起原をといてゆく上に色々の暗示をあたえてくれる。その上植物に関する豊富な民俗がしるされていて、アイヌ民族がどのように植物と関係していたかを物語ってくれる。この人なくんば……。この人を得てこの書あり——の感をこれほど深くさせる書物はない。ただ植物について和名学名を一々丁寧にあげて、それについて各地アイヌ語を記しておられるのだが、学名のそれとアイヌ語の植物が一つのものである事を知里氏はどうしてたしかめられたであろうか……という事について私は知りたい。植物学者でない私たちが植物方言を集める時も無数のあやまりを犯すのはこの事であった。私が植物方言の調査を断念したのはこの事からであった。方言学者の植物方言を信じ得なくなったのもそれからであった。しかし知里氏は植物学にも実にくわしい人のようである。よくこの知識を得られたものだと、自らを省みて思うのだが、その種あかしが序文にほしかった。そしてつづいて一〇巻を完成していただきたい。きけば氏は今病床にあるという。私には他人事ではないように思う。この人によってこそアイヌ文化の正しい紹介はなされる。早くお元気になってほしい。

水野氏も対馬調査の後久しく病床にあった。学者の不遇はしばしば人々の口にする所だけれど、自己のうちに鬱積した学的業蹟がのびのびと外に向って示せるような世がのぞましい。情熱をかたむけ、いのちを削りつつ一つの訴えとして自己の命ずるままにかかる著書を世に送りつつあるこれらのすぐれた人々に与えられた境遇はあまりにも悪い。

（「民間伝承」一七巻七号　民間伝承の会　昭和二十八年七月五日）

岩波写真文庫六冊

（岩波書店）

病院から出てきて、また三田のケヤキの木の下の書庫の中で寝起きするようになりました。熱もなし喀痰に菌もいなくなり、たしかに良くなったのですが、痩せているために疲労が大きく、寝たり起きたりしています。入院する前には若葉だったケヤキがもう散りはじめています。今年は病気で一年が終りそうですが、とに角もう一度大地の上に立つ事の出来たという事はうれしいものです。今度はイノチを大切にしたいものだと思います。

さて、「民間伝承」はジャンジャン出して下さい。ポツリポツリ出て来るのはもどかしいものです。出してゆくうちに、だんだん大衆性もあるいいものが出来ると思います。

いま傍らに岩波写真文庫六冊を置いてこれを書いています。『**日本の民家**』、『**伊豆の漁村**』、『**佐渡**』、『**佐世保**』、『**戦争と日本人**』、『**信貴山縁起絵巻**』がそれです。見ていて色々なことを連想します

『日本の民家』（昭和二十七年　岩波書店編集部［編］石原憲治［監修・写真］）は石原先生から贈られたもの、なんべん見てもたのしいものです。石原先生は特に屋根の美しいものを選ばれたようですが、カヤの屋根も手を入れればこんなにも美しく、ドッシリしたものになるかとしみじみ思います。しかし、その屋根を支えている柱の何んとまた素朴な大きな自然木であることよ（三一、三三頁）、曲りくねった木は大抵屋根裏に使われているもののようですが、これなど全く美事であり、かつ股木が使用せられている事において、小屋建築の名残を見るようにさえ思います。

しかしこういう家の、どこへ新しい文化がしのび込み、家々を徐々に新しくしてゆくのでしょう。土地によってそれぞれ差があるようですが、写真では時計、硝子障子、ナベ、カマ、タタミ、バケツ、タライなどが目につきます。しかし、イロリやカマドには案外大きな改造はないように見かけられます。

家の建築様式の変遷ばかりでなく、一軒の家の改造せられてゆく歴史も気をつけて見ると、大変に面白いものがあるようです。今春調査した岡山県御津郡円城村での見聞では、一戸の住居の土壁にぬりこめられた柱にはまがりくねったものがあり、かつそれがきわめて荒っぽいナタハツリのものもあります。もと、この村では乙名《おとな》百姓と小家の分れていた頃、小家はナタハツリの柱しかゆるされなかったといいます。そして乙名百姓はチョンナハツリの柱を用いる事がゆるされたといいます。この村でそういう家々が鋸でひいた角材を用い、カンナをかけるようになったのは、安芸の木挽がこの地方に盛んに入り込みはじめた文

化文政の頃以後の事です。

木挽、大工の各地への普及化は案外あたらしい事のようで、こうして見る古風な民家の写真にも、そういう点では新しい文化要素が多分にしのび込んでいるのかも分かりません。チョンナハツリやナタハツリの家は各地とも今では伝説化しかかっていますが、私は建築技術の変遷も私たちの手で少しずつでも明らかにしておきたいと思います。

能登というところは、町野の時国家のような、高さ五四尺もあるすばらしい民家をはじめ大きな民家が所々にあるが、そういう家の棟木をあげるのには大変苦心したもので、棟木をあげる専門の者がいてソラシと言ったそうです。そのソラシたちで生きている者は殆どなくなったから、もとのような形式の建築はこれからは造るのがむつかしいだろうとの事ですが、こんな事もまた古い様式を新しくする要素になるのでしょう。

こんな事について考えをまとめた人はありませんが、今までにもっと気をつけて見て来ておけばよかったと思っています。今までは間取やイロリの座席や屋根葺きの協同や、そういう事ばかり気にしたのだが、そういう事に気をつける人は沢山あったので、流行を追うような気持ちからぬけて、人びとのあまり気にとめないような事にもっと気を配っていればずいぶんお役に立つ事もあったのにと思っています。長い調査旅行をふりかえって、私の調査なんか結局あってもなくてもよかったようなもので、もっと創意のあるものでありたかったと、しみじみ思います。

『伊豆の漁村』（昭和二十八年　岩波書店編集部［編］岩波映画製作所［写真］）は、伊豆半島西海岸の岩地、石部、雲見の三浦を岩波写真部の人々が、一年のうち何回か訪れてうつし取ったもので、そこには漁村の生活が具体的に見られて、フォクロアを保持する村がどういう地勢と条件の中にあるかを教えてくれます。農業漁業に従事する人たちの姿や、その生活の場としての外洋をうけたリアス海岸の漁村のテングサ取り、カツオ釣りなど、実に生き生きと描かれています。

そのほか、町とのつながりや、小中学校など、この村々をあたらしくする要素にカメラを向けつつもこの村の生活の根になっている祭、講、若者組、婚礼、葬式などを描いています。各地のこういう写真集がもっと出して貰えないものでしょうか……。この一冊を見ていて風景の美しいという事がどんなにその土地の人たちの生産能率を引下げ、また疲れさせているかをしみじみ思います。

『佐渡』（昭和二十七年　岩波書店編集部［編］遠藤福男他［写真］）は、この大きな島を一冊にまとめた所に無理があるようで、少し散漫になっていますが、文弥人形など元禄以前を思わせるような人形芝居をこういうものによって理解する事の出来るのはうれしい事です。と同時に、座敷でしなやかな姿で相川音頭をおどっている写真と、宿根本の古風な、かつ貧しい漁村生活をうつした四頁の写真とをくらべる時、私たちは古い民俗を残存せ

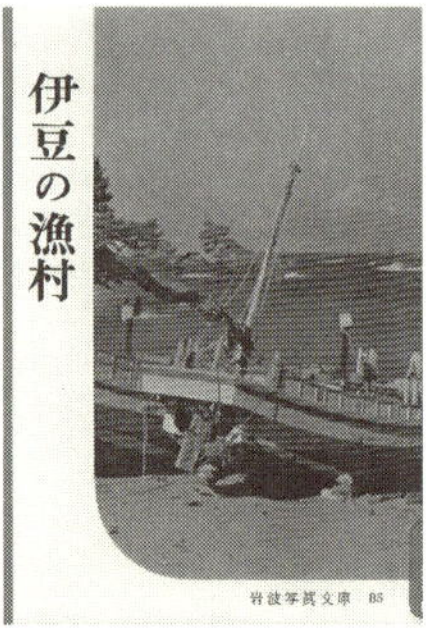

しめている村に対して、学問的に心をひかれるばかりでなく、この生活をなんとかしなくてはいけないという気持ちもつよくおこります。

『**佐世保** ―基地の一形態』（昭和二十八年　岩波書店編集部［編］　岩波映画製作所［写真］）を見ていると、もっと複雑なものを感じます。青田圃の農村が軍事都市へ変貌してゆく過程に、日本という国の近代化の動向を端的につかむ事が出来るばかりでなく、そこに日本という国の持つ運命というようなものをなんとなく感ずるのです。

しかし、その日本を形成している民族の生活は、素朴であり清潔であり、また余情ふかいものではないでしょうか。九十九島の美しい風景に心奪われる以上に、黒島のカトリック信者たちの生活、平戸の南蛮貿易を偲ぶ写真の中などに、そういうものを見つけるのです。

『**戦争と日本人** ―あるカメラマンの記録』（昭和二十八年　岩波書店編集部・影山正雄［編］　影山正雄［写真］）は私たちに色々の事を考えさせます。第五頁に写真の提供者の影山さんの四人のお子さんの誕生の日の姿が出ています。上の二人はお餅を背負わされており、三番目のお子さんはもう餅も手に入らず、一貫目のイモを背負わされています。ところが戦後に生れたお子さんは、パン三斤を背負わせたが、立ちあがる力もなかった……と仰臥した姿が出ています。

私たち平凡な市民にとって、この写真は心から身にしみます。そしてこ

のパンを背負わされたお子さんは、僅か五歳でこの世を去るのです。戦争の余波の犠牲なのです。この一家の人たちも忠実な市民として、お国のために政府や軍の命じた事をよくまもって生活した人々ですが、その間にはさまれた一家の者たちのたのしい行楽やだんらんが、いき苦しい生活をささえていた事がよくわかります。

しかも、こうした写真をその時どきにうつしておいて、こうしてならべて見ると、私たち市民の日常生活が何によってどのように変改されつつあるかがわかるように思うのです。

私なんか、カメラをかかえていても、ただ民俗的なものしかとらない癖がありますが、民俗をささえている生活や、また自分たちの生活そのものをも、このような形でとっておくのはいい事だと思いました。フォクロリストには、また自らその点からの独自なカメラ・アイが動くと思うのです。

『信貴山縁起絵巻』（昭和二十七年　岩波書店編集部［編］　岩波映画製作所［写真］）は私のとても好きな絵巻の一つです。それは絵そのものの描写がとても生き生きしているというばかりでなく、そこに描かれたもののいくつかを現在の我々の周囲に見出す事が出来るというような素朴な喜びや、鎌倉時代の庶民生活を現実の事として頭に描く資料となるというような喜びを越えて、その描かれた人々の姿を通じて、庶民たちの感情や意識が現在の我々ともそのまま通じあっているように思われるからです。公卿や姫たちの表情は殆ど動かず、平凡で類型的ですが、従者や僧や庶民たちの表情は実にゆたかで、何をどんなに感じたかがわかるように思

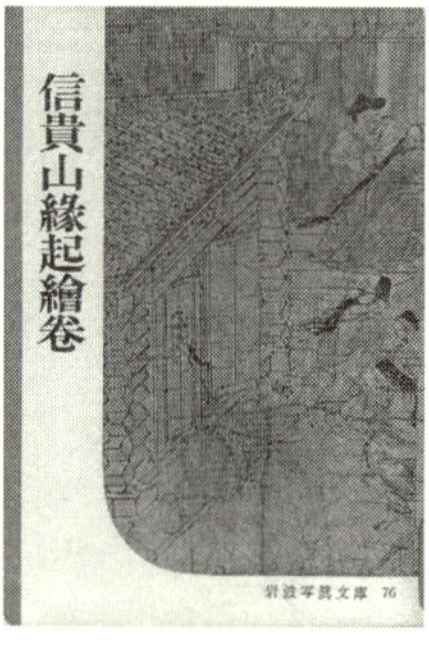

います。そしてここには異形童子の従者をさえ見かけます。それはまた現在の民俗にもつながるものがあるようです。

そのほか、この写真集は重要な部分を拡大して示してくれます。カマド、ダイドコロ、シラミ?を掻く男、ツイタテ、イタヤネ、ヒバチ、ネコ、センタク、イド、サイノカミ、オシアゲマド、子に乳をのませる女、それらは民俗資料としても役にたちます。

絵師草紙、北野天神、石山寺、一遍絵伝、慕帰絵詞をはじめとして、重要な絵巻物がこうした形式で出されたら、私たちはどんなに仕合せでしょう。

本来、民俗学という学問は、大衆の生活を対象として取りあげる学問の筈なのであり、そして地方の人々の参加や研鑽がありながら、学問として、大衆性というか、大衆にアピールするものの少ないのは何故でしょう。「民間伝承」の発行部数すら決して多くはないようです。こういう事は一体何に原因しているのでしょうか。大衆の生活を対象とする程の学問は、もっと大衆から支持されていいのではないでしょうか。

こうした写真文庫を見ていて、私は民俗学がもっと大衆の生活に希望や張りを持たせるような気魄や、大衆生活への密着があっていいのではないかしらと想います。

無論、そういう動きは、民俗学研究所の中にみなぎっており、社会科教科書の編纂、民俗学辞典の出版、年中行事図説の発刊等、我々の待望をみたしてくれるものがありますが、全国にわたってこうした機運をつくりたいものと思うのです。〈昭和二十八年九月二十九日〉〔〈岩波写真文庫〉は昭和六十二～平成二年に〈岩波写真文庫　復刻ワイド版〉として一部復刊されている。〕

〈「民間伝承」一八巻四号　民間伝承の会　昭和二十九年四月一日〉

柳田先生の島の本四点

民俗学に志す人々が、島に目をつけはじめたのは古いことである。ことに、この学問の創始者柳田先生が、島の研究を始められたのは数十年も前で、その成果も莫大になっている。雑誌論文まで勘定したら先生の著作は島の生活に関するものだけで、数十篇はあるだろう。ここでは、その中から、以下の四点を取り上げて、内容のあらましを解説し、研究の手びきとしてみよう。

「嶋」(柳田国男[編] 一誠社 昭和八〜九年)は本誌(「しま」)前号でもちょっと触れたように、本誌が模範として、その志を引きつごうと願っている雑誌である。昭和八年先生が比嘉春潮氏(沖縄出身)と共同編集して発足し、同年に第六号まで出し、昭和九年前期として、合本の形で一号が出たままで停刊となってしまった。この雑誌がどんな抱負をもってはじめられたかは、創刊号の巻頭に掲げられた『島』を公けにする趣意」に明らかである。それに「島の生活の現実相を叙述して、弘く世上に告げ伝へるといふことは、何人にも承知せらるべき意義ある企てに相違ないが、それのみでは我々の仕事は終ったと思はれない。島には尚さまざまの明かにすべきものが残って居る。……」と説き起されている。こうして島に対して、民

俗学が計画的・組織的に取り組みはじめたのである。「嶋」は短期間であったが、次に飛躍する基礎を築き、きわめて大きな成果を挙げた。

『**海村生活の研究**』（柳田国男［編］日本民俗学会　昭和二十四年）は、いわば計画的・組織的調査の金字塔である。これは、昭和九〜十二年の山村生活調査につづいて、昭和十二〜十四年の三年間、全国三〇箇所の離村にわたって行われた調査をまとめたものである。海村であるから、離島ばかりを調査したものではないが、ともかく島に関心を寄せるものの第一に参考としなければならぬ資料である。

『**島の人生**』（柳田国男［編］創元社　昭和二十六年）には、先生の島の研究が、いかに島人に深い愛情をもって行われているかが如実に示されている。この本は、あるいは入手にさほど難しいとは思われぬし、島の人々も、読む機会も多かろうと思うので、ただ目次を挙げるだけに止めよう。すなわち高麗島の伝説、八丈島流人帳、青ヶ島還住記、島々の話、島の歴史と芸術、島の三大旅行家、水上大学のことなど、日本の島々。

『**海南小記**』（柳田国男［編］大岡山書店　大正十四年）は、九州から南西諸島、沖縄にかけての紀行文を主とするもの。これまた、『島の人生』と共に、島を研究するものにぜひとも読んでもらいたい。はじめにも述べたように、先生には多くの論文があるが、とりわけ沖縄をはじめ南島に関するものが多い。それらは、いずれもこの『海南小記』にえがかれた土地土地を舞台とするものである。その意味でも、これは南島についてのまとまった知識を得ることもできる貴重な文献である。

（「しま」二号　全国離島振興協議会　昭和二十九年四月）

叢書二点

《村の図書室》（岩波書店）**《みつち叢書》**（丸木長雄［著］生田書房）

島の生活を高めてゆくには、あらゆる角度から島を見て行かねばならぬ。今自分たちの考えていることがすべてであると思ってはなりません。大切なのは自分たちの島をどのように見、どのように考えて行けばよいかということの工夫と方法を学びとり実践にうつしてゆくことだと思います。それには一つの問題を一人で考えないで、みんなで考えて見ること、その考えるためのより所として読書は大切だと思います。そのために島々の若い人たちの間に読書会や図書室のもうけられることをのぞんでやみません。われわれもまた、できるだけいい本を紹介したいと思います。

岩波書店発行の《**村の図書室**》といわれる叢書があります。今出ているのは『村の政治』（浪江虔・一四〇円）、『米の増産』（川田信一郎・渡辺成美・一二〇円）、『市場』（御園喜博・一四〇円）、『健康な村』（若月俊一・一四〇円）、『女の一生』（丸岡秀子・一二〇円）です。四六判の紙表紙の本ですが、文章はすべて皆さんに話しかけるように書かれていて、文章をよんで意味の通じないというようなところはありません。

たとえば『米の増産』では、村の人たちが貧しさとたたかいつつどのように生産をあげて行こうとしているかについて、村人の生活を見つめ、次にその人たちのとりあげている篤農家の農法の長所と欠点を見てゆき、その土地にあう農法でなければいけないし、あうようにする努力について、肥料・品種・農具などが一つの地方へとり入れられて行ったあとをふりかえり、更に米づくりの心がまえについて書いています。最後に参考書もあげています。

『健康な村』の場合にも、今の農村の生活をジッと見つめてどこに病気をさせるもとがあるか、人々に貧乏させる原因があるかを見てゆきつつ、栄養・害虫寄生虫駆除・清潔・純血・産児制限・伝染病・家庭薬・国民健康保険のことなどについてふれて書いています。著者の若月さんは農村の病院にあって、農民と共になやみつつ、単に病気をなおすだけでなく、病気のない村をつくろうと努力している人です。

なお農業技術についてすぐれたものに、生田書房（神奈川県川崎市西生田）から出ている《**みつち叢書**》があります。『麦』、『馬鈴薯の高度栽培』、『胡瓜』、『稲』、『トマト』などが出ています。いずれも丸木長雄氏の著で、氏は日本のミチューリンとも言うべき人です。定価はいずれも一〇〇円以下。その序文に「作物は生物であり、一面自然現象であると共に、又一面には生命現象であります。作物自体の生命現象の真実を摑むには、幾多の栽培過程を通して周到な実験と観察を行いながら、つぶさにその生態と個性とを究めることが肝要であります。そしてそれに基いて、それぞれの作物の最も好むところの環境を出来るだけ具備してやるということが作物栽培の要訣であります。」と言っていますが至当の言です。

（「しま」二一号　全国離島振興協議会　昭和二十九年四月）

山口貞夫の島の本四冊

人文地理学の分野でも、島の特殊性は早くから注目されてはいたが、島の研究を専門に手がけた最初の地理学者は、山口貞夫氏であるといってよい。

山口氏は昭和七年に東京大学地理学科を卒業し、その後も研究室にあって島の研究に短い生涯を献げたのであった。とくに学生時代より伊豆諸島をくまなく踏査し、卒業後も種子島・志摩三島・佐渡島・粟島・飛島・牡鹿群島と、その足跡は数多くの島に印されたが、更に昭和九年には海洋少年団の一行に加わり、四ヵ月間にわたりて東南アジアの島々や南洋方面を歴訪された。

しかるに昭和十七年六月に病を得て他界されてしまった。離島問題が漸く世上に論議されはじめた今日この頃、もしも氏が健在であったなら、必ずや学界の中心的存在として活躍されているであろうが、まことに惜しみても余りあることである。

『地理と民俗』（六人社　昭和十九年）、**『山島地理研究録』**（古今書院　昭和十九年）は、どちらも氏が生前に発表された主要な論文をまとめた、いわば遺稿集であって、前者は主に民俗学関係のもの、後者は、主

に地理学関係のものが集録されている。

島を恋い、島民を愛し、かつまた山をもあわせ慕うた山口氏の遺稿集だけに、山村等に関する文も少なくないが、多くは島に関するものであり、中でも「日本群島附近に於ける島嶼の分類及び分布」なる論文（『山島地理研究録』所載）などは、文末に附してある島嶼関係の文献目録と共に、島の研究者には貴重な業績として知られている。

山口氏が最も精細に調査されたのは伊豆諸島であったが、**『伊豆大島図誌』**（地人社　昭和十一年）は伊豆大島についての氏の研究を一巻にまとめたもので、大島の自然・大島の人文の二部からなり、巻末に文献集が網羅され、写真や図も豊富に載っている。

それまでは島に関する書物といえば、観光案内的なものや、興味本位に堕した郷土誌の類しかなかったが、この本によってはじめて地理学的な立場に立ち、しかも一般人にも親しみやすい島嶼誌が世に問われたわけである。

『島と人』（山口貞夫［訳］オーベル・ドゥ・ラ・リュ［著］古今書院　昭和十六年）はフランスの人文地理学者オーベル・ドゥ・ラ・リュが著わしたものを山口氏が翻訳されたもので、世界の島々について、その自然の状態や生活の有様などが述べてある。しかも訳本には山口氏が日本の島々の事例について註記を施されているので、われわれには一層興味が深い。

外国の学者にも島の研究を専攻している人は極めて少なく、したがって島についての研究書も多くはないが、これはその中で最もすぐれ、一般にも手頃な教養書の一つと言えよう。

以上の書物はいずれも戦前の出版であるために、入手はかなり困難であるが、都会地の古本屋では時折見かけることがある。〔『地理と民俗』は平成九年に大空社から新版が出ている〕

（「しま」三号　全国離島振興協議会　昭和二十九年七月）

島の風景を知る本

島で開発しなければならないものの一つに観光資源がある。その風光のよさを島以外の人に容易に示すような色々の方法や施設がとられなければならない。それにはわれわれは風景とはどういうものか、また風景の中にはどのような問題が含まれているかを理解することから出発しなければならないのだが、そのことについて、よい示唆を与えてくれるのは『**写真地誌日本**』（東京大学理学部地理学教室 写真地誌日本編集委員会〔編〕 大日本雄弁会講談社　昭和二十七年）である。辻村太郎博士と田中薫教授によって監修され、東京大学地理学教室の人々の手で編集されたものである。雄弁会講談社から刊行されたB６四倍の大型版で、写真七六九葉と地図解説を加え、二八二頁。定価も三、二〇〇円で、個人では一寸手が出せないが、学校・図書館・公民館などでは一本をそなえておいて、風景とはどういうものか、自分の島の風景はいかなる位置を占めるかを検討していただきたいものである。同書の中に離島としては伊豆七島・対馬・壱岐・五島などのものが若干おさめられている。

このような風景について更に一地域のものをもっと具体的に調査した書物としては**『西海国立公園候補地学術調査書』**(山階芳正〔編〕長崎県 昭和二十七年)がある。長崎県の発行になり、山階芳正氏を中心にして調査編集されたもの。五島・平戸・九十九島について、佐藤久・岩塚守公・島宏(地形・地質)、前川文夫・竹内正幸(植物)、高島春雄(動物)、宮本常一・小野博司(歴史)、井之口章次(民俗)、山階芳正(人文地理)の諸氏が執筆しているが、巻頭一一五葉の風景写真は地理学者が美とする風景はどういうものであるかを物語っていて、本文とあわせ読む時教えられるところきわめて多く興味深いものがある。B5版、写真のほかに本文一八六頁、実費五五〇円。全国離島振興協議会でもこの書の頒布のお世話をしている。

このほか岩波写真文庫(岩波書店)の**『佐渡』**(岩波書店編集部〔編〕昭和二十七年)、**『隠岐』**(岩波書店編集部〔編〕昭和二十九年)も参考になる。『隠岐』には山階芳正氏が全国の離島問題についての解説も書いている。ただし『佐渡』も『隠岐』も少しとりいそぎをしてわれわれの側から言うと、入れてほしい風物がかなりおちている。こういうものの編集にはその土地をよく知っている人の協力がなければいけないことを痛感する。しかしその土地の風物を知る一応の目安にはなる。だからとりいそぎをしない**『伊豆の漁村』**(岩波書店編集部〔編〕岩波映画製作所〔写真〕昭和二十八年)なんかその地の生活もかなりほりさげてたいへんよい本になっている。離島関係では佐渡・隠岐のほかに五島・対馬などが計画されているがそれがよいものになることを期待する。B6版、六四頁。写真は一八〇枚内外で一冊一〇〇円である。離島以外のものを含めて百冊あまり出ており、目をたのしませつつよい勉強になる。こうしたものを通じて広い世間を知ることは大へんいいことだと思うが、同時に島の人たちによっても、こうした方法で、島の風景や生活を、他にうったえ、紹介するくわだてがあっていいと思う。一個のカメラに人間の眼が結びつくと、われわれの気づかない多くのものを教えてくれる。

（「しま」三号　全国離島振興協議会　昭和二十九年七月）

中野清見［著］『新しい村づくり』

（新評論社　昭和二十九年）

『新しい村づくり』は近頃よんだ本の中でとても心をうたれたものの一つです。岩手県下閉伊郡江刈村という、東北地方の山の中の、今度の戦争がすむまでは、それこそ時代おくれの感じのつよい村が、戦後目ざめてたち上って来るさまを、村長の中野清見氏が書いたものです。中野さんはこの村の旧家に生まれ、東京帝大の経済学部を昭和九年に出て、それからいろいろの所につとめ、十九年に応召し、沖縄の宮古島で終戦を迎え、十三歳の時出て行った故里へかえって来ました。村を去って見て村がありがたくなつかしかった—そのために終戦後もう一度かえって来たのです。一つはマラリヤや栄養失調のために、その弱りきった身体をおいてくれる所は自分の村以外になかったのですが、その村は旧家の人々が村の政治をとり、昔からの貧しい小者はたいていその人々のいうなりになっていたのです。人家約七〇〇戸に耕地は畑約五百町歩、水田六〇町歩ほどですから、一戸あたり八反ほどということになります。それは日本の農家所有平均反別にあたるけれど、冬ともなれば零下二〇度まで下るような寒い所では冬の作物は殆んどつくれません。南方の農家の四反にもあたらぬ程利用度のひくい土地です。人々がどんなに貧しく暮していたかがわかります。

その村を見て、何とかみんなが住みよくなるようにしたいと、思いもし人にも語っているうちに、人々から推されて、村長にさせられてしまいます。しかもその頃中野さんは盛岡へ用事で出ていたのです。自ら進んで村長になったのではないのです。

そこで、初めて村政のことを真剣に考えるようになるのですが、中野さんを推した人々はその後仕事の難しさから次第に落伍してゆきます。しかし中野さんは投げ出せないのです。一たん手がけたことは、それを成功させなければ意味がありません。村を新しくするにはまず人の心を新しくしなければならないが、人の心を新しくするには、新しい生産をおこし、人々がもっとも能率的にはたらくようにしなければなりません。そこで開墾して一戸あたりの農地をふやすこと、乳牛を入れて収入をふやし、土地を肥やす方法を考えます。こういうことには反対する人がきわめて多いのです。しかし中野さんは「ただ将来だけを信じ」て自分の理想実現に努力します。一つの矛盾を克服すると次の矛盾が出て来ます。こうして、村長を一期もつとめ改革の緒が出来たらやめようと考えていたのが止められなくなって、村と一体になってはたらきはじめます。そして新しい村が成長しはじめるのです。

村に住む人々も是非よんで下さい。きっと何ものかをつかむと思います。なお同社から、熊谷元一氏の『村の婦人生活』が出ています。長野県の山村の婦人生活を調査して書いたもの。私たちもこうした本をもとにして、自分の生活を掘り下げて反省したいものです。

（「しま」四号　全国離島振興協議会　昭和二十九年十月）

昭和三十年代

生活改善のための三冊

この雑誌をよんで下さる人の中には女の人もたくさんあるでしょうか。島々へ配られた後に、どういう人によまれているだろうかということが、私たちの知りたいことの一つです。そして女の人たちは、どんな書物をよんでいるのでしょうか。ここに紹介しようと思う本は生活改善に関するものです。昭和二十四年に農業改良法が出来て農林省の中に農業改良局が設置され、それまで行われていた指導農場の制度が廃止され、指導者が進んで農民の中へはいりこんで指導するようになったのですが、それと同時に生活改善課もうけられて、生活改善の工夫が政府の任命した普及員によってなされるようになりました。

それにともなうて生活改善に関する書物がたくさん発行されました。実はこのような現象は、昭和初年の不景気の中から農村をたちあがらせるための、農村更生事業の行なわれた時にも見られたのですが、その時は生活の中のムダをはぶくことが主として冠婚葬祭や交際に向けられました。しかし今度は婦人が出来るだけ家庭作業から解放せられるような方向がまず取りあげられました。そのため台所改善やカマドの改善がまず各地で盛んになされるようになりました。しかし生活改善というものはそんな簡単ななまやさしいものではないのですが、——なまやさしいと思われ、手っとり早くやられるはずの台所改善すらが、なかなかできないものです。生活改善の中では、まずこのなまやさしい台所やカマドの改善なりを完成したいものですが、皆さんもそうした工夫に努力しているでしょうか。またそのことについていろいろの問題にぶっつかってお困りになってはいませんか。そういう人たちのために水谷剣治氏の**『楽しい農村生活を求めて』**(富民社　昭和二十六年)は大へん参考になると思います。水谷氏は愛知県にあって各地の台所の改善をしてあるいている人です。そしてその実践記録がここには分りやすく興味ふかくかいてありますから大へん役にたつと思います。定価一五〇円。

また高橋武雄氏の**『農村の生活改善』**(朝倉書店　昭和二十七年)もよんでおいていい本だと思います。この本は長生きをし、仕事をたのしくするにはどうすればいいか、ということを眼目に、台所を改善し、燃料を少なくし、合理的に栄養をとり、水の設備をよくし、掃除やせんたくに時間をとらぬ工夫をし、食品は長く保つ方法を考え、また生活をできるだけ共同化するように心がけるべきだということを具体的に書いています。定価一八〇円。

『図説 農家の生活改善』(朝倉書店　昭和二十九年)は農林省生活改善課の編集で、図画や写真でわかりやすく、農業本位のすまい、ムダのはぶき方、古い習慣からぬけること、たのしく働く工夫、骨休みの仕方、生活改善のすすめ方について書いてあります。定価三八〇円。

(「しま」五号　全国離島振興協議会　昭和三十年三月)

女工さんが書いた本二冊

江口江一君という東北の少年の書いた、「母の死とその後」というつづり方が文部大臣賞をうけて大へん評判になり、その学校の子供たちのつづり方が一冊の書物になって出版されました。それが『山びこ学校』です。これが一つの動機になったといっていいでしょう。各地でつづり方が大へん盛んになりました。ちかごろは作文ということばの方がよくはやっているようですが、とにかくあちらでもこちらでもつづり方を書く運動が盛んで、離島関係でも青ヶ島の『くろしお』などは島の生活が忠実に書かれていて、できるだけ多くの人々によんでもらいたいものだと思います。今まで無口で何も言わなかった人が自分たちの生活を反省して人にうったえ、共感をもとめるということは、それによって一人で解決できない問題をみんなで考える動機をつくるものとして大へん大切なことと思います。『**野の草のように**―母の地図』(壺井栄〔編〕 光文社 昭和三十年)は全国の紡績工場につとめている女工さんたちの作文の中から、すぐれたものをあつめて一冊にしたものですが、それは女工さんたちが主として自分のお母さんについて書いています。夫のわがままのために苦しむ母、姑さんのために暗い日を送っている母、貧乏に追いまわされている母、自分のおろかさのためにおしひしがれている母、どのお母さんもホッといきをつく間もないような母ばかりです。でも子供たちにとっては大事な母であり、まずしくても苦しくても生きぬいている母なのです。風にふかれる草のようにたえずゆれそよいでいますが、根はしっかり土の中におろしています。その母を中心にしてどんな家もまとまって行っているのです。また子供たちはこの母への信頼によって明日を目ざして生きています。みんなでよんでみんなで考えて見て、よい家を、よい世の中をつくりたいものです。定価一〇〇円。

『母の歴史』―日本の女の一生』（木下順二・鶴見和子［編］河出書房　昭和二十九年）も『野の草のように』と同じ型のポケット型の本です。そしてこれも同じく東亜紡績の泊工場の女工さんたちの書いたつづり方集なのですが、この方は一つの工場の労働文学サークルの人々の書いたものだけに、あるまとまりと、自分たちの生活をよくするための努力がよく見えており、仲間の中によい指導者もおります。昔の女工の生活がどんなに暗いものであったかは私もたくさん本でよんだし、私のまわりにも女工だった人がたくさんいるのでよく知っていますが、その人たちにくらべて、このつづり方を書いた人たちはあかるく健康でハキハキ物を言っています。日本の若い女性がこんなにのびてゆきつつあることを心から喜ばずにいられません。働くことを通して、人間の正しく生きる道を見つけてゆきつつある姿はとうといものだと思います。みなさんもぜひよんでほしいものです。定価一〇〇円。なお皆さんで作文集をつくっているならおしらせ下さい。みんなに紹介したいと思います。

（「しま」六号　全国離島振興協議会　昭和三十年四月）

柳田国男［監修］民俗学研究所［編］

『日本民俗図録』（朝日新聞社　昭和三十年）

『綜合日本民俗語彙』（平凡社　昭和三十年（改訂版　昭和六十年））

まだ見たことのない世界を遠くにいて理解するには写真を見るのが一ばんよい方法です。ですから島の人々がどんなにこまっているかを知ってもらうために、六月十三日にひらかれた離島振興対策審議会のときには当協議会から岩波写真文庫の『隠岐』と『忘れられた島（鹿児島県三島村）』（昭和三十年）を委員の人々に配って島を理解していただく資料にしました。また「青ヶ島」の人々の生活を官庁の方に理解してもらうために、幻灯の会をもよおしました。そういうことから次第に大ぜいの人が島のことを考えてくれるようになって来つつありますが、島の人たちもまた、自分の島以外の日本の田舎の人がどんなくらしをしているかを十分知っておく必要があります。本土はどこへ行っても東京のようににぎやかで大きい建物があるわけではなく、やはりひらけない貧しくつつましい生活があるのです。しかし貧しいと言っても決して卑屈ではありません。貧しいなりに自分たちの生活をあかるくうつくしいものにしようとする努力があるのです。そういうことを私たちにしめしてくれているのが『**日本民俗図録**』です。全国のいろいろな写真—住居・服飾・食習・農耕・林業・狩・漁業・手工業・交通・交易・村制・婚姻・産育・葬送・年中行事・

信仰—が七四四枚もあつめられ、それにていねいな説明がつけられ、また日本人の生活がどのようにくみたてられているかについてまとめて書いてありますから、この本を見ると、全国のいろいろの生活のありさまがわかるだけでなく、みなさんがいまくらしている生活の中で疑問に思っていることもいくつかとけてくるいとぐちを見出すだろうとおもいます。それに七四四枚の中には島の写真もたくさん含まれていまず。朝日新聞社発行で六八〇円です。少し高いけれど、学校図書館や青年文庫などでそなえつけてみんなで見て勉強するとよいでしょう。

これとおなじような考えのもとに、こんどは写真ではなくて、日本中の田舎におこなわれていることばで、いままでの辞書にでていないものをあつめて、それがどのようにつかわれているか、またそのことばはどのようなくらしをあらわしているものかということについて書かれた字引が、柳田国男先生の監修で民俗学研究所の人々が編さんして、平凡社から出版されることになりました。**『綜合日本民俗語彙』**といいます。全五冊でB5判、各巻五〇〇頁という大冊で一冊一二〇〇円ですが、一時払ならば五五〇〇円です。その第一巻がでたのを手にして見ますと、日本の隅々までのそこかしこにのこっている古いくらしやことばがどのようにかわってきたかを知ることができます。いつもよむ本ではありませんが、これはみなさんが日ごろのくらしの中で不思議に思っていることが、もともとどんな意味をもっているかを知るのによい字引で、『日本民俗図録』とともに、是非読書のグループや学校などでそなえておいて、利用したいものです。

〔『日本民俗図録』を底本とした『民俗図録―日本人の暮らし』が日本図書センターで平成二十四年刊行、『綜合日本民俗語彙』は昭和六十年に改訂版が刊行されている〕

（「しま」七号　全国離島振興協議会　昭和三十年八月）

大庭良美［著］

『石見日原村聞書』

（日本常民文化研究所　昭和三十年）
（写真は未来社刊の増補版　昭和四十九年）

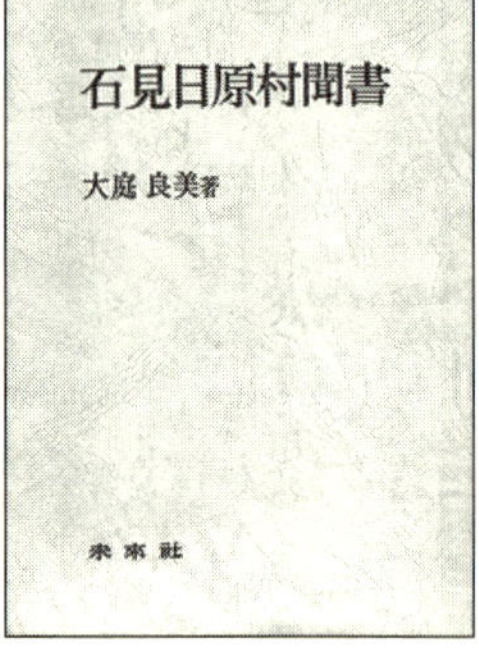

本書が世にでるについて著者のことを書いておこう。著者大庭さんは、明治四十二年島根県鹿足郡日原町大字池村に生まれて、昭和十九年十月から二十八年四月まで一〇年間を兵隊およびそれに引き続く捕虜生活のため中国にすごしたほかは、ずっと郷里にあって、郷里を見つめてきた人である。村の小学校をでてから一〇年ほど農業に従事していたが、昭和八年から村の役場につとめるようになられた。そして戦地へゆくまでは役場におり、帰国せられても役場つとめがつづいている。戦争さえなければ、きわめて平凡で平穏な、そして村の風土をそのままいのちにしたような人生を送ってこられたと思う。

そしてまた、そうさせたのには一つの理由があった。幼少のころ、その周囲にこの幼い魂にかぎりない愛情をこめて、知恵づけてくれた祖父をはじめ、多くのよい身内の人がいた。著者はきっと幼いころその祖父たちからはなしをききつつ、そのはなしがとぎれると「それから？」とうながしたにちがいない。

村里の生活において父祖の愛情は、村のいろいろのできごと、父祖のあるいてきた長い苦心と努力にみちた追憶をかたることによって、よりよい生活をきずいてゆくようにとのねがいをこめている。そしてそれはまた幼い魂に美しい夢をあたえるものである。

大庭さんはそうした愛情深い肉親をもち、ふるさとのいぶきを身につけた。そしてそれは大庭さんをしてふるさととときりはなすことのできない人にしてしまった。「郷土昔話集」（昭和八年）・「郷土俚諺集」（昭和八年）・「郷土民謡水まさ雲」（昭和十一年）・「祖父さんに聞いた話」（昭和十一年）と次々にふるさとの香をプリントにして世におくられた。

大庭さんはプリントを次々にだされてゆくにつれて、広い世間に多くの知人をもつようになり、またふるさとをできるだけ客観的に見ようとするようになった。民間伝承の会（現在日本民俗学会）や島根民俗学会のメンバーに加わってふるさとの文化や伝承を秩序だてて眺めようとするようになった。しかもできるだけ自分の作意を加えないで古老のかたるままの言葉の中に村の古い婆と、父祖たちのあるいた道を見つめようとせられた。役場つとめのかたわら、古老をたずねて、その炉辺ではなしをきき、役場の宿直室などで夜のふけるまで整理された。

それがおよそ一冊になるほどの分量になってからのことは著者が「あとがき」にかかれているとおりである。それは大へんなお骨折りであったとおもう。粗稿から秩序だてたものへの書きなおし、さらにもう一度おなじものを一〇年のちに書かれたということは、ふるさとへのつよい愛着がなくてはできないことである。

事実この書物にはそういうものが行間にあふれでている。一般の農民が封建の世から明治時代へどのような生活態度で歩みつづけてきたかもよくわかる。そこには素朴で健康な明日を信じて生きている人々の姿がある。われわれの現在の生活はそこからつづいてきているものなのである。

この書はできるだけ多くの人によんでいただきたいと思う。ただ、よみものとしても感銘深いものである。経費の関係で行間をつめ、資料集の体裁にしてしまったが、考えて見るとこれは貴重な文献である。なぜなら、幕末から維新へかけてのありさまを、こんなにいきいきと語ってくれる老人たちは、もうこの世にはいなくなってしまっているからである。そしてぐんぐん遠い過去になりつつある。

私なども幕末維新のころのことはできるだけ多くの老人から聞き書きをとっておこうと努力したものであったが、目的の何分の一もはたさぬうちに、時がすべてを彼方へ押しやってしまった。

さて、この次には昨日へつづく今日の日原村についても大庭さんに丹念に書きとめておいてもらいたいのが私のねがいである。

（『石見日原村聞書』序文　昭和三十年九月）

金井利博［著］

『鉄のロマンス』

（四反田十一編集・発行　非売品　昭和三十年）

中国新聞へ連載された金井さんの「鉄のロマンス」が一冊にまとめられることになったのは喜びにたえない。新聞だとついよみすてになってしまって、よほど丹念な人でないとスクラップしない。本になっておれば書架にのこる。書架にのこれば、そこに重大な問題が含まれていさえすれば、発展して来るものである。

そしてこの書物は問題を持った書物である。問題を持ったというよりは問題を提起したと言っても過言でない。そして著者はそれについて文中で決して回答を与えていない。

しかも限られた紙上であった関係か、著者はほんの少々性急にものを言っている。その上、あれもこれもと問題をならべたてている。そういう事にかけてひけをとらない私は、さらにシンニウをかけておきたいと思う。

鉄の文化はみんなで本気になって追及しなければならないと思っている。なぜなら原始的な生産様式により高次な手工業様式をくわえて、次第に資本主義経済への道をおしすすめて行ったのは鉄と石炭だったからである。鉄が文化をおしすすめて行った力は大きい。

鉄はそのはじめにおいて農具と工具と武器につかわれている。農具の中にはスキ先、クワ先、備中鍬、鎌などがみとめられ、工具としては木を細工するために用いられたものが多い。

これらの製作者はもと別々のものではなくて、カジ屋といわれる職業人によってつくられていたであろう。なぜなら古い時代にあっては戦争も一つの生産であって、農業と大して差がなかったのである。つまり昔から戦争は開墾によらないで生産の場を拡大するもっとも簡単で有効な方法であった。

だから古墳の副葬品には武具と同時に農具が入れられている例が少なくない。

また村の生産生活においても鉄を司るもの——すなわちカジ屋は特に尊重せられた。カジ屋ははナカ屋とよぶ屋号を持つものが多い。村の真中に住んでいたためと思われる。にもかかわらず、カジ屋は渡り者が多かった。田舎わたらいをするようなものは普通ならば村の端に住んだものだが、カジ屋だけはそうでなかった。その上カジ屋のためにはちゃんと封地が用意せられていた。カジ給とかカジ免とか言われるものがそれで、役場の土地台帳などしらべていると、大ていの所にある。これはカジ屋のために生活のたつように土地を用意してあったことを意味する。その土地はカジ屋自身が耕作する場合もあれば、他人がつくってそのあがりを持ってゆく場合もある。カジ免という場合には免田であったのだから万雑公事《まんぞうくじ》は除外されたのであろう。カジ屋はそれほど村では大事な人であった。そして農具もつくるが武具もつくったのである。

その人たちに鉄を供給したタタラ師や鉄師の生活、鉄の精錬せられて商品になる道すじなども実はまだ何ほどもわかっていない。

日本には鉄の産地として二つの中心地があった。奥羽と中国がそれである。砂鉄をとって、木炭を利用して精錬したことはどちらも同じだが、どんなに掘って、どんなに精煉地へはこばれ、どんなにして鉄になり、またどんなにそれが市場にもたらされたかははなはだ断片的にしかわかっていない。

広島大学の小倉豊文先生を中心に加計家の古文書の研究がはじめられたので、そういう点がこれからずいぶん明らかにされるであろうが、さらにそれをめぐってどんなに文化がおしすすめられて行ったかがわかるともっとありがたい。

たとえば、播磨の鉄は山崎の市場に出され、それが三木町あたりにはこばれて播州鎌になる。更にその北の東条、名草附近では釣針の七、八割までは山の中でつくられている。播州の鉄は泉州堺の刃物や鉄砲の材料にもなっていた。ところが堺では明治になって鉄砲をつくる事がゆるされなくなるとそれが自転車工業にかわって来て、資本主義経済に参加する。

また奥羽の例を見ると、精錬せられた鉄は牛の背で各地にはこばれた。南部牛という骨格のたくましい牛であった。奥羽の人たちはその牛にモチ鉄をつけて、野山をこえて西は信濃まで来る。そして鉄ばかりでなく牛も売ってゆく。南は房総半島にまで及んでいる。だから、もとその範囲に南部牛が分布していた。

ところが南部（岩手）の鉄の運搬が牛の背を借らなくなると、南部牛は中部関東からきえて来る。そして但馬あたりの牛が肉牛として飼われるようになって来るのである。一方南部の黒牛は乳牛にきりかえられて、いまのすばらしい酪農を発展させて来るのである。

鉄生産を中心にして文化発展の様相を見てゆくと、そこに無数の問題がからみあっている。出雲の簸伊川（斐伊川）流域の平野がいまのようにひろくなったり、夜見島が半島（弓ヶ浜半島＝夜見島半島）になったり、鳥取海岸に砂丘が発達したりしたのも砂鉄掘の影響であった。

それにもまして鉄が信仰に及ぼした影響は大きい。金井さんは犬神と金屋子《かなやこ》神のことにふれておられるが、それは鉄の信仰のほんの露頭にすぎない。鉄の持つ霊威が生み出した数々の信仰は究明しなければならない。金屋子神は犬神のミコに支配されたかもわからないが、犬神をおとすためには刃物が多く用いられていることも忘れてはならない。死人の枕許に刃物をおくのも魔（あるいはけもの）のつかないためであるといわれている。その俗信はほぼ全国に及んでいる。刀なども昔の人は単なる人を殺す道具だとは考えていなかった。むしろ刀の霊威にたよろうとした気持の方がつよかったようである。

ということは一方では鉄が貴重なものであったことを物語る証左にもなるのであるが、それは中国の産鉄地帯を中心にした一つの文化が四方に押し出されていった結果とも見られる。それまで書くと長くなるから省略するが、こうしてふりかえって見ると、あまりにも多くの事が未知のまま過去になろうとしつつある。と、だけは言える。

しかしそれをすこしでも明らかにしてゆきたいし、しておきたい。そうしないといつまでたっても日本文化の正体はつかめない。

とに角金井さんにこうして問題を出されたのだから、金井さんも一緒になって、この書物をよんで、こういうことに心をよせる人々で回答を書く日を持っていいのではないかと思う。あるいは最もすぐれた回答者が、問題提出者自身であるかもわからないが、このままでねむらせるにはおしい問題である。（昭和三十年十一月三日）（『鉄のロマンス』発刊によせて　四反田十一編集発行　昭和三十年十一月三日）

盛永俊太郎［編］

『稲の日本史』（農林協会　昭和三十年）

（写真は筑摩書房版　昭和四十四年）

読売新聞社会部［編］

『日本の土――大豊作の記録』（東京大学出版会　昭和三十年）

『稲の日本史』いまつくっているイネが、日本へわたってきて以来、どんなに変化し、すすんできたかということについて、盛永俊太郎・柳田国男・安藤広太郎・東畑精一・松尾孝嶺等今日農学の第一人者がはなしあいしたものを筆記して一冊にまとめたものである。一人の人が体系だててかいたものでないから、ばらばらで、すこしまとまりがわるいが、その半面またいろいろの話がでていて、イネに関する日本

人のとりあつかい方や、イナ作の発達もよくわかり、おしえられるところが多い。一人でも多くの人によんでおいてもらいたい本である。定価二八〇円。

『日本の土』　山形県寒河江市に属する醍醐というところがある。最近までは一村をなしていたのだが、町村合併で市になったもので、ちっとも市らしくない農村である。そこの中流階級に属する沖田政直さんという農家へ、読売新聞の記者たちが、交代でとまりこんで一年間の記録をとった。日本の農家がどのようにはたらきそしてくらしをたてているかをしらべるために。沖田さんの家は水田一町二畝をつくり、家族七人でくらしをたてている。平凡だが誠実で、百姓としては立派な人である。よくはたらき、一家円満で一ヵ年間に六万円から一五万円の黒字を出し、それを大半農業経営の改良にそそぎこんで合理的な経営へすすみつつあるが、食生活はおどろくほどきりつめている。とくに魚や肉をたべていない。それによって黒字を出しているのである。しかし、それにしても自分をとりまくいろいろの厚い壁にぶっつかりながら自分たちの生活をよくするためにはたらいている人たちの持っている問題について深く考えさせてくれるよい本である。定価一二〇円。

なおこの書物と同じような形式で同じ東京大学出版会から『日本のむこ殿』（読売新聞社会部［著］、有沢広巳［監修］定価一〇〇円）というのが出ている。外国の資本がどのように日本へ流れこみ、日本にどのような影響をあたえつつあるかを書いたもの。わかりやすくおもしろい。

（「しま」一〇号　全国離島振興協議会　昭和三十一年七月）

『家政のあり方』

今 和次郎［著］

（相模書房　昭和二十四年）

『家政のあり方』これは終戦後間もなく書かれた本である。著者はひろく日本の村々をあるき、農家の家政についてほりさげて見ている。そういう著者に着目して学習院大学の安倍能成学長は、家政学は女にのみまかせておくべきものではないことに気付き、今《こん》教授を同大学にまねいて家政学の講義をしてもらっているという。これは考えさせられる話である。さて今先生には、この書物のほかに一五冊ほどこんな書物がある。軽妙なスケッチで文章のおぎないをしながら、気らくにはなしかけている感じで書いてあるのでよみやすいし、また生活についての見方や考え方をおしえてくれる。定価一五〇円。

今先生のほかの著書、住生活・家政読本・女性服装史・暮しと住居・服装研究・造形感情・家政論・生活病理学・働く人の家・草屋根・アクセサリー・考現学概論・すまいの歴史・西洋文様史等がある。

（「しま」一〇号　全国離島振興協議会　昭和三十一年七月）

子どものための文庫・全集

この雑誌をよんで下さる人々の中には、小学校や中学校の生従がたくさんいると思います。毎号よい作文をおくっていただいていますから。さて皆さん方はどんな書物をおよみでしょうか。ちかごろ児童関係の書物はたくさん出ています。そういうものの中、これはよいと思われるものをザッと書いて見ます。

戦後出はじめて、ずっと長くつづいているのは岩波書店から出ている《**少年少女文庫**》で、もう百冊ほどになっています。これは全部外国文学を訳したものですが、その中には宝島・ロビンフッド・青い鳥・バンビなど有名なものもありますが、埋れた世界や、大昔の狩人の洞穴のような考古学に関係のものもあります。どの本も訳した文章がよいのと、原本がりっぱなので、よんだあとでほんとに考えさせられます。そしてまた日本以外の国の人たちがどんな風に物を見、学び、考えて来たかをおしえられる点で大へん役にたちます。一冊一三〇円から二二〇円くらいまでの間で、小学校の中級から中学生向にできています。

この文庫のまえに実業之日本社から《**日本少国民文庫**》というのが出ていました。山本勇三の監修で、二十冊ほど出ていました。これはいまの社会科関係のものが多く、『心に太陽をもて』とか『人類の進歩につくした人々』など大へんよい書物が多かったのですが、いまそれが新潮社から、内容も大分かえられて、十二冊一組で出ています。

筑摩書房から出た《**中学生全集**》は全部で百冊で完結しましたが、これはどこの学校でもよくよまれていますね。同じ本屋から出た《**小学生全集**》もいま八十冊ほど出ていますが、よいものを出すことを目的としてあせらずにじっくりやっているので、信用のおけるものを出しています。どの一冊をとって見ても、これはよくないというようなものはありません。

しかし、こういう本は大たいみな大人が子供にはなしかけているか、大人が子供のはなしをしていると いう感じがふかいのですが、児童の立場にたち、児童とともに工夫して、いろいろ学習しようとしている気持のよくあらわれているのは秋田書店の《**小学生クオレ文庫**》です。全九巻で、『七つの学級日記』『日本のクオレ』『放課後と日曜日』『理科班のかつやく』『夏休みの計画』『たのしい郷土しらべ』『よい子のいたずら』『世界ともだち通信』『生活と学習のくふう事典』からなっています。みなさんもおよみになると学習の工夫の上に大へん役立つと思います。一冊二三〇円です。

ポプラ社の《**子供の科学物語**》も、よい本です。宮下正美氏が書いています。全部で十二冊でる予定ですが、いま『科学のとびら』と『自然のちえ』が出ています。むずかしい科学をたくさんのめずらしい話によって親しみやすくしたものです。いままで日本人は科学的なものの見方に欠けていたとよく言われます。こういう書物がたくさんよまれて、みんなが自分たちの生活をよくするように工夫してくるとよいのです。

(「しま」一一号　全国離島振興協議会　昭和三十一年九月)

新藤久人［著］

『田植とその民俗行事』

（芸北民俗博物館内　年中行事刊行後援会発行　昭和三十一年）

新藤久人氏の『広島県に於ける田植とその民俗行事』がいよいよ出版のはこびに至ったことは喜びにたえない。

新藤さんは教職のかたわら、郷里を中心にして田植行事を丹念に調査された。そしてその年月も久しいものがある。ずいぶん御苦心も大きかったことと思う。地方にいて、大した援助もなく長年にわたって一つの事を研究してゆくには余程の根気と学問に対する愛情がなくてはできない事である。

幸い新藤さんはその根気と愛情を持った人であり、ついに調査の結果を一、〇〇〇枚の原稿に仕上げられた。そしてその間には、四回も書きかえられている。学者の方から仮に多少の異論が出るようなことがあるにしても、この熱情と努力には敬意をはらわずにはいられないであろう。——ということは、この熱情によってはじめて広島山中の田植行事、とくに花田植のくわしい実態が公にせられたのである。

花田植または大田植とよばれる行事についての詳細な報告書は、いままでの間にもう出ていてもよかったはずである。学者の間でも問題になり、これを知る世間の人も興味をもっていた。しかし実地についてくわしく調べる人は何程も出なかった。私の知っている範囲では臼田甚五郎氏、牛尾三千夫氏などがおり、臼田氏のものは、調査の一部が「歌謡民俗記」の中におさめられているが、牛尾氏のものは永年にわたる調査資料がまだ成稿を見ていないようである。これはわれわれ久しく待望しているものである。

こうした中にあって新藤氏のものが活字になるのはまったく画期的だと言っていい。ではこの書物がどんな意義を持ち、また価値をもっているかということについて考えて見たい。

一枚の田に数十頭の牛をいれて代掻を行ない、また美しく着かざった大ぜいの早乙女が一枚の田におりたち、男たちの笛太鼓、音頭によって田植歌をうたいつつ苗をうえる行事は、見た眼にも華やかであり、人の心をそそるものがある。

しかもこの行事が、島根、広島の山中に濃厚にのこっていることは早くから人びとに知られ、中央にも郷土の芸能として紹介せられたことがあった。だから中には中国山中の田植はすべてこのように華やかなものであるかのような錯覚を持ったものも少なくなかったのである。

しかし、このような行事はもともと中国山中のみに見られる特殊行事ではなく、ひろく日本各地に行われた行事であった。それが、ある土地では早くすたれてしまい、またある土地では神社や旧家の行事としてのこっている。実は神社や旧家の行事としてのこっているものの方が古い形であるとも考えられる。

もともと花田植は「サ」とよばれる田の神の降臨をまって田植の神事を行なうものであって、田植の余興のようなものではなかった。しかしそのまつりが今のような形式になったのも古い事で、栄華物語などにもはなやかな田植のさまが描かれている。絵としてのこされているものでは応永年間につくられた『大山寺縁起絵巻』に見えるのが古い。しかし宇野円空博士の『マライシアにおける稲米儀礼』によると、このような行事は東南アジアにも所々に行われているから、決して日本ではじめたものではなく、また平安時代からおこったというようなものでもない。

田植を行なう稲作民族の間にその原初から見られたものであろう。ただそれが今日中国山中に見られるほど華やかで整ったものではなかった。そういうものが日本で今日とほぼ同じような形式になって来たのが、平安時代ではなかったかと見られるのである。

そしてそれは、豪族か神社の田植に行なわれたものであろう。鳥取県湖山長者の伝説などはそれであるが、東北地方でも旧家では大田植を行なった言いつたえをもつものが多い。福島県磐城地方ではこれを太鼓田とよび、太鼓田を行なう家が三軒あったと言う。その三軒の家で太鼓田を植えると、田の神が田におりて来るので、一般の家々でも田植を行なった。

神社で御田または御田植式を行なっているものはきわめて多い。茨城の鹿島神社や大阪の住吉神社のものは特に有名だが、小さい社にもこの行事は見られ、四国西部では一般にハヤシ田と言っている。

さて田の植初めをサビラキと言う所が多いが、サはもと田の神のことである。千葉県から静岡県へかけてはサビラキにあたる言葉をサオリと言っており、サの神のおりて来ることを意味する。この言葉は少しなまって沖縄や奄美大島でもソオリとよばれている。

田植歌がサの神を迎えるためのものであった事は、音頭とりを島根東部ではサゲシと言い、田唄をあつめた本をサゲ本と言っている事でもわかる。そしてサゲシが田の中にたてる幣のついた竹をサゲ杖とも言っている。サオトメのサも同様で、田の神に仕える乙女の意味であると思われる。

さて田植を終えると田の神はかえってゆく。それがサノボリである。土地によってはサナブリなどとも言っているが、サがのぼってゆくのであるからサノボリの方が正しい。サののぼるとき、人びとはこの神にいろいろのわざわい、害虫や害鳥を持って行ってもらう祭を行った。これがサノボリ送りであるが、のちになまってサノボリを実盛《さねもり》とよぶようになり、害虫を背負うて行く人形を実盛様と言って、加賀篠原の合戦に手塚太郎に討たれた齋籐実盛にあてている地方が多い。

土地によっては、ただ虫送りと言っているところもあるが、広島の山中ではこの虫送りにともなって華やかな踊りが見られる。花笠踊や南条踊がそれであるが、花笠踊はあきらかに、念仏踊の系統に属するもので、ある送る虫の慰霊のためのものであったかとも考える。

こうした田植を中心にした一連の行事が、東は備中から西は周防までの村々に濃厚にのこり、更に神事としてよりも華やかな郷土芸能に展開してきたのは理由のあったことであろう。私はこれを砂鉄精錬や神楽などとの関連の上に見てゆこうと思ったことがあり、また真宗とも関連がありはしないかとも思っている。

この行事は備前にはいると、ほとんど行なわれなくなっており、西は長門へゆくと非常にうすれて来る。その間は真宗が盛んである。真宗が行なわれるようになったとき、この宗旨は雑修雑行を禁じ、神をまつることすら禁じている。そうした事から神社の行事を民間のものにしたのではあるまいか。この地方には古い官国弊社はいくつもあるが、御田植神事は物部、佐太の両社に見られる程度であり、神社の神事となっているものはきわめて少ない。つまり神社の神事が民間へうつされた事によって華やかなものになり、民衆的になったのではないかと思われる。そしてそのために古い行事がかえって生き生きとしているのであろう。

その故に今日ではすぐれた郷土芸能と見られているのであるが、ただ単に芸能としてのみではなく、その行事の一つ一つを見てゆくとき、稲作の発展や民間文化の交流について多くの事をおしえられる。

新藤さんはそういう研究の材料を大へんな努力によってわれわれに示して下さったのであるが、同時にそのような熱情をかきたてさせたのは、郷里の人々が花田植行事に生命のいぶきをふきこんでいて、見るものの心をとらえずにはおかないような生き生きとしたものを持っているからであろうと思われる。だから新藤さんはそういうもののとりこになって田植にともなう芸能を追いかけまわしたのであろう。そういうはつらつとした庶民のいぶきが、本書を通じて、この書を手にする人の胸をうつならば、人間がいかに美しく生きようと努力して来たかという事について考えさせられるであろう。そういう庶民の姿こそ、記録にとどめて今の人にも後の人にも示すべきであり、また生きる希望をつよめるよすがともしたいのである。（昭和三十一年六月一日）

（『田植とその民俗行事』序文　昭和三十一年十一月三日）

地方史研究協議会［編］

『地方史研究必携』『近世地方史研究入門』

（岩波書店　昭和二十七年・昭和三十年）

ちかごろ郷土史の研究がなかなかさかんになってきた。そしてそれは自分たちの郷里を知る上に大へんよいことであり、また先祖のあるいてきた道や努力を反省することによって、自分たちは何をなすべきかということをおしえられる。さてそれについていままで研究の手びきの欄でもいろいろの書物が紹介せられたのであるが、みなさんが一般の常識として、島にのこっているいろいろの歴史的な事実を知るための参考書として、岩波書店から出ている『地方史研究必携』（昭和二十七年、三一六頁、二八〇円）と『近世地方史研究入門』（昭和三十年、三一六頁、三二〇円）は是非ともおすすめしたい。前者の方は早く出たので、すでにおもとめの方も多いと思うが、地方史研究に必要な知識を要領よくまとめて、地方のことをしらべてゆく上に大へん参考になる。そしてこれは古代から現代までのことがのべられているのである。

後者の方はその後出たもので、古文書をよむのに大へん教えられる。とくに史料の利用法についての解説はていねいで、村の概要・貢租諸掛・村財政・村の政治・交通・農業・諸産業・村の生活・遺址遺物について資料を写真で示してそのよみ方をしるし、その内容がどういうものか、どういうわけで書かれたものかを説明してある。だから古文書などよんでゆく上には大へんよいたすけになる。こういう書物をたよりにして、みんなで郷里の歴史などしらべて見るようになるとお互いの活気もでてくるのではないかと思われる。われわれの見てあるいた島々でも古文書は決して少なくない。しかしよそからやって行ってしらべるのでは十分なことができない。地元の若い人たちがじっくりと研究していただけないものであろうか。

そろそろ夜も長くなるので、読書にはもってこいの時である。昼間のつかれはあろうが、若い人たちが相集って読書に夜をふかすのもよいものである。みんなのはたらいた金で本を買いもとめて書架にならべ、読書クラブをつくっているところも、地方をあるいているとよく見かけるのだが、島にはそういう事例はないであろうか。もしあるようならば、その会の様子や運営の方法などもおしらせ願いたい。まえにもこの欄で書き、また別の頁で作品の紹介のあった青ヶ島の小中学校で出されている「くろしお」という雑誌は、この島の子供たちをほんとに生き生きさせたばかりでなく、島の人たちの眼をさましたことも大きい。協議会事務局へも一冊おくっていただいているが、皆なが次々にまわしてよんでいる。そしていろいろとおしえられている。各島の文集など、この欄で紹介できるようになるまで、島のつづり方運動や読書運動が盛んになったらどんなにいいだろうと思う。たしかにそういう機運は動いていて、島の皆さんからおくられる作文は机上に山のようにつまれている。その中のわずかばかりを雑誌にのせて、あとをそのままにしておくのはいかにもおしいので、文集をつくりたいと思う。〔『地方史研究必携』は『新版 地方史研究必携』として昭和六十年に改訂刊行されている〕

（「しま」一一号　全国離島振興協議会　昭和三十二年八月）

宮本常一 他［編］

『風土記日本』〈全七巻〉

（平凡社、昭和三十二年）

庶民の風土記を

わたしがかねてからいだいていた意図は、庶民のわたしが、庶民の立場から、庶民の歴史を書いてみたいということであった。上層文化についてはできるだけさけたい。近ごろの歴史では、庶民はいつも支配者から搾取されていて、貧困でみじめで、その結果反抗をくりかえしているように、その点だけを力説して取り扱われているが、小作百姓の子に生れ、青年になるころまで百姓をしてきたわたしには、かならずしもそうはうつらなかった。瀬戸内海だから条件もよかったのかもわからないが、そののち全国をあるいてみても、やはりおなじ感じをいだいた。あるきつかれて、ゆきずりの民家にとめてもらった数も千戸に近いが、村人の大半はつつましく健全にくらしをあゆんでいる。そしてそういう人が農民の大半であるとすると、その人たちの生きてきた姿は明らかにしておきたい。その人たちはむかしから戦争ぎらいで、仕事の虫のように働き貧乏したが、生きぬく力をもち、隣人を信じていた。そして人の邪魔をしない人々であった。隣の不幸を喜ぶような人もないではなかったが、それにはまたそれ相当の理由がないわけではなかった。現在めざめた人というのを見ていても、わたしたちに納得のいかないことをしているものは多いので、庶民だけが非人情の非難をされるべきではない。

とにかくほんとうの大衆というものはしっかりしていると思う。モンテンルパ戦犯の教誨師をしておられた僧のことを新聞などでよんで心をうたれたことがある。その任務にあるときは戦犯たちとともに起居し、その生命を宗教家の信念からまもるために戦ったのだが、しかしわたしの感じいったのはその聖者のような行為だけでなく、かえってきて一僧侶としての生活に入ると、じつにひっそりと庶民の中に生きているることであった。わたしの周囲にいる人々は、みなそうした善良さと誠実なものをもっている。そういう姿を書きのこしたい。争ったり、いためつけたりだけが人間の歴史ではないように思う。

フィリピンの漁場をひらいたのは広島県田島の人々であった。明治三十年代のことだったが、ことばも通じない世界へ、ウタセ網をもってでかけていって、さんざん苦労した。しかし、とうとうそこに新しい天地をつくった。敗戦で引きあげてきて一二年、もう一度渡航できる日を待ちつづけ、やっと今年からゆるされるようになった。いってみると、向こうは待ちあぐんでいたという。その田島の人たちも新聞がどんなにフィリピン人の対日感情のけわしさを報じようとも、隣人としてのかれらを信じていたという。

それとはすこし話がちがうが、戦争がすんで日本がたいへん困っているときいたハワイやアメリカへ移住している山口県大島出身の人たちが、郷里へ慰問のためにお金や品物をおくってきたのが、金に換算して一五億円あまりにのぼっている。新聞種にもならねば美談にもならないが、この協力が窮迫を救ったことは大きい。とにかくみんなの見おとしている面を強調するのではなく、しごくあたりまえのこととして大ぜいに話しかけてみたい。

この『風土記日本』全巻をつうじての試みが、平凡に生きる人間の歴史の発見に役だつものであれば幸いである。一般大衆は声をたてたがらない。だからいつも見すごされ、見おとされる。しかし見おとしてはいけないのである。記録をもっていないから、また事件がないからといって、平穏無事だったのではない。孜々営々として働き、その爪跡は文字にのこさなくても、集落に、耕地に、港に、樹木に、道に、そのほかあらゆるものにきざみつけられている。

人手の加わらない自然は、それがどれほど雄大であってもさびしいものである。しかし人手の加わった自然には、どこかあたたかさがありなつかしさがある。わたしは自然に加えた人間の愛情の中から、庶民の歴史をかぎわけたいと思っている。

この叢書は、そうした意図を多少とも含めていると思う。と同時に、じつに多くの方々の心からなる協力がこの書をつくりあげていった。そうすればここには、庶民的な人生肯定の体臭がでていてもいいはずである。

（「風土記日本―中国・四国編―月報」平凡社　昭和三十二年十一月）

民衆の生命力　―《風土記日本》のころ

谷川健一氏から日本の風土民俗などについて話がききたいと申し込まれたのは一九五六（昭和三十一）年の春であったと思うが、問われるままに全国をあるいて目にふれた多くの事実を何日かにわたって話した。戦後の歴史学は、支配者の搾取によって民衆の生活がきわめてみじめで、また民衆は支配者に対して抗争に終始してきたように説かれたが、現実に見る村はそれほど暗いものではなく、同時にすばらしい底力をもっているものとして私の眼にはうつった。私はそういう民衆のあるいて来た姿について多く語った。谷川君はそうしたものを骨子にした風土記をつくろうという。名もない民衆の歴史を支配者の立場からでなく、民衆の立場—すなわちわれわれの立場から書いたものは少ない。それに沖縄や小笠原は戦後は日本のわれわれの領土のうちとして本土同様に取り扱った書物もほとんどないから、沖縄についてはとくに項目をもうけて人びとの注意をひくようにしようと話しあった。この仕事には大藤時彦、鎌田久子氏も編集委員として参加され、各巻の三分の二程度は編集委員が執筆し、編集委員の手のおよばぬところをわれわれの日ごろ親しくしている人びとにお願いし、記事にできるだけ一貫性をもたせるようにし、さらにそれがあたかも一人の人によって書かれているもののようにリライトすることにした。これはたいへんな仕事であったが、主として谷川君があたってくれた。今から考えて見るとわずか二〇ヵ月ほどの間に七冊を出そうというのであるから、ちよっと無謀といってよかったのではなかったか。しかしみな実によくがんばった。そしてとにかく新しい型の書物をつくりあげていったのである。執筆にあたった方々にもよく協力していただいた。いずれも進んで協力してくださった。そして単なる解説記事の羅列でない風土記ができあがったのである。

この書物についての批判はいろいろあった。とくに民衆の生活をあまく明るく見すぎているという声が多かった。支配者にいためつけられた民衆の生活はもっと暗くみじめなものでなければならないと考えている人が多かったからである。事実そういう暗さもある。しかしそれは、ただうちのめされ、うちひしがれたままの暗さでなく、その中からたちあがって自分たちの生活をたてて行こうとする努力の中に生ずる苦悩で、そこにかすかなる一条の光が見える。われわれはそのことについても訴える責任を感じた。

そこで《風土記日本》が終わるとすぐ次の企画にかかり、人間社会の最低の世界に生きつづけて来た人びとの姿をとらえた《日本残酷物語》ととりくむことになった。そして生きるという事実がどういうものであるかを示したかった。

このような生活力生命力の中から、われわれはどのような文化を生み出しそだてて来たかということをさらにほりさげて見て行きたいのが、これからさきの念願である。

（「国民百科」一一五　平凡社　昭和三十九年九月二十日）

庶民の立場から探求

『風土記日本』は私の著書とはいいがたい。大ぜいの人の手によってつくられた本であって、私はその企画の話しあいに参加し、また資料の一部を提供したにすぎない。執筆者は文化科学にそれぞれの立場と方法を持った方々であるが、それが一つの目的のために、態度を一つにして書くという事は容易ならぬ事である。それはオーケストラのようなもので、すぐれたコンダクターがいないと不階調音のために全体がぶっこわしになるものである。最近大ぜいの人で執筆する共著共篇とよばれるものにはそうした不調和なものが多いが、『風土記日本』は編集者諸君の非常な努力によって、その不備を一応なくする事ができた。そして一気によみ下せるものにした。これは一つのあたらしい試みという事ができるのではないかと思われる。

この書でねらった事は日本の庶民が、この風土の上でどのように生きて来たかという事、文化のにない手としての庶民の姿を明かにする事であった。しかも、それを庶民の立場から見てゆこうとした。更に第一巻九州沖縄篇は文化の入口としての位置を明かにしたい意図をも含めた。九州は長い間国外からの文化の入口であった。太平洋を容易にこえる航海の発達するまでは、国外からの文化の大半はまず九州に入ってきたのであるが、同時にここは日本の最前線であり、国境でもあって、外からの武力的な圧迫に対しては、また武力を以て対抗しようとした意欲をもっともつよく持ったところでもある。そして九州の風土にはこの二つの条件の持つ矛盾がにじみ出ているのである。

しかも庶民とくに生産者の世界には手がたい現実肯定と前進があった。どのような場におかれても絶望しないのが生産大衆の姿であった。この書物の編集印刷にあたって、編集者はしばしば徹夜し、また二ヵ月以上にわたる深夜作業があった。この人たちをして、そのような情熱へかりたてしめたものも、この書の中に含まれた庶民の息吹きがそうさせたのではないかと思っている。校正や印刷にあたった人々も同様な情熱をもって、この書の完成に協力して下さったのである。だからこの人びとも協力者として名をつらねて、責任と誇りとを分ちあいたかった。この次からはそうありたいと思っている。

（「書物の花束」№八七　BOOKSの会　昭和三十二年七月）

〔注：『風土記日本』全七巻　平凡社　昭和三十二年五月～三十三年十二月。A5判。先史時代から現代に及ぶ日本の地方文化を考古、歴史、民俗、産業にわたって、ひろく紹介し、民衆のエネルギーの展開を具体的に描出した。①九州・沖縄篇、②中国・四国篇、③近畿篇、④関東・中部篇、⑤東北・北陸篇、⑥北海道篇、⑦総記・索引篇。昭和三十五年

普及版刊行。『日本残酷物語』全七巻　平凡社　昭和三十四年十一月〜三十七年四月、四六判、監修宮本常一・山本周五郎・楫西光速・山代巴。民俗学的方法をもって忘れられてゆく日本人の姿を現代社会の底辺に探った。第一部・貧しき人々のむれ、第二部・忘れられた土地、第三部・鎖国の悲劇、第四部・保障なき社会、第五部・近代の暗黒、現代篇一・引き裂かれた時代、現代篇二・不幸な若者たち。平成七年平凡社ライブラリー版刊行。〕

神田三亀男［著］

『酪農人間』

（酪農事情社　昭和三十二年）

日本の農業はこれでよいのか。もうこれ以上に土地生産性や労働生産性をあげることはできないのか？この問に対する答はむずかしい。しかし、今日のような生産力しか農民が持っていないとすれば、農民はぐんぐんとりのこされてゆくだろう。勤勉ではあるが農民一人の一日のもうけは、都市労働者の半分にしかすぎない。そしてその差は漸次大きくなろうとしている。が、農民は絶望してはいけない。方法はあるはずだ。もっと土地を高度に利用し、もっと経営を合理的にし、大ぜいで力をあわせて働けるようにしてゆくならば……。そういう事についての大きな示唆を具体的に私にちに示してくれたのがこの書物である。広島県佐伯郡湯来町砂谷の砂谷酪農組合を育てて来た久保政夫氏が今日まで歩いて来た姿を、広島県農業技術課の技師神田三亀男氏は、久保氏の経営に関するあらゆる資料を検討しつつ、客観的にしかも人間的に描いている。

久保氏は大へんな夢想家である。しかもその夢を実現させないとすまない情熱と実践力を持っている。久保氏の頭の中には理想的な農民社会がくっきりと描かれている。そしてそれは実現出来るものだと信じている。その社会へ進んでゆくための手段として酪農を見つけた。乳牛はかつて身体のよわかった久保氏を見ちがえるほどたくましくしたばかりでなく、農業の計画経営の方法をおしえてくれた。一人の救われた道は万人の救われる道でなければならぬ。酪農の最初の試みは八丈島でなされ、ついでその体験が郷里で実践せられるようになって今日まで前後二七年。よき伴りょとしての夫人、若い仲間たちと、苦難にうちかちつつまっすぐに前方を見つめてあるいている姿に私たちはこれからの農村のあるべき姿を見るような気がする。

（中国新聞　昭和三十二年十二月二十三日）

島の調査報告書三点

最近離島の調査がさかんにおこなわれるようになった。それは個人によってなされるものもあるが、大ぜいでなされるものもある。九学会連合の奄美群島調査は三年にわたっておこなわれ、琉球列島の調査も多くの人びとによっておこなわれている。山口県蓋井島は農林省水産講習所によって昭和三十一・三十二年にわたっておこなわれ、瀬戸内海も祝島・走島などの調査が若い人たちによっておこなわれ、北海道奥尻島も三十二年京都大学探険クラブのグループによって綜合調査がなされた。

それにもまして、東京都が伊豆七島の調査にかけた情熱は大きい。文化財の面から観光の面から多くの学者を動員し、すでに三年にわたって調査をつづけているのは壮観である。だが、それらの成果が文字になるのがおくれるのは残念である。これに対して東京商工会議所の調査部の調査は調査日数もみじかいが、まとめるのも早く要領も得ていて、多くの教えられる問題を提起している。

『大島の産業と観光事情』（東京商工会議所調査部［編］　東京商工会議所　昭和三十二年）　東京商工会議所調査部の方々が、昭和三十二年に調査し、その四月にプリントにしたものである。調査の目的は資源はどれほどあるか、産業の現状はどうか、観光施設はどうか、それらについて今後投資対象としてどれだけの価値があるかを見ようとしたもので、態度がはっきりしているだけに問題もあきらかで具体性をもっている。島外にあるもので、この島を対象として事業をおこなおうとするには実によい参考になる。東京商工会議所はまたそうした人々によびかけるためにこの報告書をかいたのである。

『八丈島の産業及び観光事情』（東京商工会議所調査部［編］　東京商工会議所　昭和三十三年）　おなじ東京商工会議所調査部グループが昭和三十三年四月に前著と同じような態度で八丈島を調査したものである。八丈島はいま新興の意気にもえていて、島のあらゆる産業上の数字をととのえており、その中に不正確なところがないではないが、これを見ていくとき、島の今後の動向をよみとることができる。本書はその数字を島の指導者たちからの聞き取りにもとづいて分析して書かれたもので、この島の開発に大きい示唆をあたえるものである。島振興のためにはこのような調査報告書がたくさん出る必要のあることを痛感する。こういうものが島関係にはあまりに少なすぎる。できることならこういう報告書を参考にして、各自の島でも報告書をつくっていくならば、島外の者もその島にいかなる振興対策をたてればよいかを考えることができよう。

『蓋井島村落の歴史的・社会的構造』（松沢寿一他〔著〕 農林省水産講習所 昭和三十二年） これは水産講習所研究報告の中におさめられたもので、松沢寿一・国分直一・中村省吾・植松一郎の四氏によって書かれたもの。一つの島の人々の生活がどのように組みたてられているかを実に綿密にしかも簡潔にかかれている。この島は漁業に大きく依存して生活をたてたが、それすら年間一万円から五万円までの収入のものが大半をしめる。この貧しさの中にあっても島は古い伝統の中にあたらしい精神をもりつつ、新しい方向へ向かって歩みつつある。最後は自らの力にたよらねば立ち上りようはないのである。

（「しま」一四号　全国離島振興協議会　昭和三十三年六月）

『周防大島町誌』

町誌編纂委員会［編］

（大島町役場　昭和三十四年　非売品）

山口県大島郡の旧蒲野村、大島町、沖浦村の一町二村が合併して、その記念に刊行されたもの。一、〇五七ページの大冊であるが、最近の町村誌は多くの場合、町村合併の記念に、合併以前の町村がそれぞれこれをつくるのがならわしである。仮にそうでない場合は、まず中心になる町の町誌ができ、他はこれに追加の形をとる場合が多いが、この町誌は、新町域を一つの文化社会として編集していることに特色がある。その間身びいきもなければ、叙述にちぐはぐな地域差もない。これは編さん委員のよき協力によるものであるが、新町村の今後の経営はこうあってほしいものだと思う。

本町誌で教えられるのは明治維新以後の産業の変化と人口移動である。資本主義経済の発達にともない、町内でもいろいろの産業がおこり、また生産技術改良などにもずいぶん力をそそいでいる。そうして一方では海外への渡航者も相ついでふえていく。一般には出かせぎや離村は貧窮のためとせられるが、必ずしもそれだけでなかったことをこの書は物語っている。郷土に生きた人々の努力がたんなる美談としてでなしに叙述せられていることは後から来る者に多くの示唆を与えるであろう。

（中国新聞　昭和三十四年四月十八日）

川上村史編纂会［編］

『広島県川上村史』

（川上村史刊行会　昭和三十五年　非売品）

川上村はいま八本松町に合併せられている。叙述の仕方は大島町誌に似ている。約七〇〇ページの大冊である。西条高原の村の変化を描いてあますところがないが、私の心を打たれたのは付録の「平和への道」である。そこには戦争犠牲者の写真と略歴が三七ページにわたって出ている。一九一人にのぼる。国の正義を信じ、忠実にその生命を国家にささげた人たちと原爆に倒れた人たちである。われわれは、敗戦後、戦争の否定とともにこれらの人たちのことをも忘れようとしていた。戦争の否定とこの人たちの忠実な歩みとその犠牲は別である。この人たちのことは忘れてはならないのである。この人たちを忘れないことが本当の戦争否定へつながるものと思う。そのほかに平和への道の体験記ものせられている。いかにも村民によって書かれた感じを深くする村史である。ここにもじっくりと、しかも前方をはっきり見つめてあるいている人たちがいる。

（中国新聞　昭和三十四年四月十八日）

塩の本あれこれ

近ごろ塩に関して、よむ事のできた書物がいくつかある。

『日本塩業史』（河手竜海〔著〕）　昭和三十一年九月刊　関書院発行　岡山操山高校教諭の河手竜海氏の著。これは日本の塩業の歴史の中で最初にまとめられた概説書と言っていいのではないかと思う。塩の歴史をしらべようとするものにとっては是非とも一度見ておいてよい本で、社会経済史的な観点から、主として瀬戸内海の塩業の歴史を文献によって手固くまとめている。

『能登半島の揚浜塩田について』（日本専売公社金沢地方局〔編〕）　昭和二十九年四月刊　日本専売公社金沢地方局発行　非売品　能登には今も揚浜塩田がのこっている。その製塩の歴史、製塩方法、経営形態について調査したもので、写真および図が多く挿入されていて、古い製塩方法を知るためには重要な手掛かりになる。

『香川県愛媛県塩業組合（会社）沿革史資料』（児玉洋一・香川県塩業組合連合会〔編〕）　愛媛県塩業組合連合会）　昭和三十二年刊　いま手もとにおいてないので印象だけについて書くと、香川大学の児玉洋一教授が、香川、愛媛両県の塩業組合連合会の依嘱をうけ、学生をつかって香川、愛媛両県下の製塩史の調査をおこなったものをまとめて一冊にしたものである。もともとは筋を通した製塩史をつくる事が目的であったようであるが、学生の調査では十分に文献あさりもできず、実態調査の突っ込みも足らなくて資料の中からは製塩についての問題のあり方と、塩業の発展を一つの系列の上に秩序だてる事が困難だったようで、資料集のまま公刊せられたものである。したがって、多くの不備はあるけれども、瀬戸内海四国側の製塩地の実情を知るには、重要な手掛かりになるであろう。

「日本塩業の研究」〈第一集〉（日本塩業研究会［編］）昭和三十三年三月刊　香川県塩業組合連合会塩業展望編集部発行　非売品　専売公社綜合企画室の加茂詮さんは若い熱心な学者である。こうした人が役所の中にいられる事は実に心強い。その加茂さんが、昭和三十一年だったか、高松専売局へ転任せられて、たしか二年あまりいられたと思う。行かれるとすぐ、内海沿岸で塩の研究をやっている若い人々と連絡をとったり、座談会をしたり、三十二年には日本塩業研究会をつくりあげ、その最初の論文集を公にしたのがこれである。今日まで製塩史に本気にとりくんで来たのは、教育大学の楫西光速博士のみだったが、戦後には漸く多くの学者が育ちはじめた。この論文集はそうしたまじめな学者たちの業績で、瀬戸内海塩業の経済地理学的研究（富岡儀八）、塩改（広山堯道）、近世後期の塩田燃料問題（渡辺則文）、近代日本塩業の展開過程概説（加茂詮）、自給製塩制度の顛末（友成豊）、流下式転換後の塩業経営形態（長谷正視）、製塩業の近代化と立地条件（西村嘉助）の七つの論文がおさめられている。塩田燃料の問題などは民俗学徒もよんでおいていい論文ではないかと思う。

いままで民俗学では、火のたき方や火そのもの、または薪についての伝承が主としてとらえられていたが、薪が生活の中でどれほど必要であったか、それがどのような方法で、どんなところから採取せられ、それには山林についてどんな規約がなされていたか、というような事はあまり調べられてはいない。しかし、そういう事も非常に大切だと思う。

中国地方の山は、所々に大きな木もあったけれども、全般としては、明治の初めまでは今よりもはるかにひどくはげていた。そういう中で、火や薪に関する民俗も、今日のようなものが生れて来たのではないかと思う。同様に塩に関する消費者側の民俗も、その乏しさと、これを求める欲求の強さなどがからんでいよう。その塩を国の隅々まで行きわたらせる苦心をしたのは、専売制以前にあってはやはり庶民全体であったと思う。そういう事も文献の中からかぎわけられるものである。そういう点でこうした書物もいろいろのことをおしえてくれる。〔「日本塩業の研究」は現在も継続して刊行中（現在は日本塩業研究会発行）、第三三集が平成二十五年に刊行されている。〕

『日本塩業史文献複刻集　二』（日本塩業研究会〔編〕）　昭和三十二年刊　半紙半裁　プリント　日本塩業研究会発行　渡辺則文氏の所蔵文献七冊をまとめてプリントに付したもの。明治二十年頃のものであるから、専売制のしかれる以前の実情を知るには好個の資料で、「日本塩業改良の始末」以下七篇をおさめているが、井上甚太郎と生本伝九郎という二人の指導者の塩業についての論争を主としたものであって、そのきおいたった筆致の中に、当時の塩業経営の実態が生き生きとのべられていて心ひかれるものがある。われわれの対人的な民俗調査では、これほどのものは引き出しかねるのである。第一に、調査者自身に本当の基礎的な知識がかけているからであって、そういう点からすれば、こうした書物には是非とも目をふれておくべきであろうと思う。

『日本塩業史』（日本専売公社［編］）　全二巻　昭和三十三年三月刊　日本専売公社発行　非売品　上巻は戦前、下巻は戦後を取り扱っている。われわれに興味ある専売制以前の問題には、一〇〇頁余をさいているにすぎないけれども、その流通・構造にまでふれている。それ以後の事についても、フォクロアに直接つながる事はないにしても、専売制以前の切実な必要感から、今日では水や空気と同じように、食物に塩分はつきものである事をあたりまえと思うようになって来させるまでにはらった政策上の苦心のあとも知っておくことは重要な意味があるのではないかと思う。

『塩および魚の移入路—鉄道開通前の内陸交通』（田中啓爾［著］）　昭和三十二年九月刊　古今書院　田中啓爾博士が大正の終わりから昭和の初めにかけて、若い情熱をかたむけて調査された業績が近頃やっと刊行せられた。その実地調査は、東日本に限られたものではあるが、海岸から内陸へ物資がどのように運ばれていったかを如実に知ることができる。そしてこれは鉄道開通以後の今日と比較して、いろいろ考えさせられる問題を提起している。塩、魚の運搬にかぎらず、古い道と、そこを運ばれた物資、通行者たちの事は、何とかしてもう少し明らかにしておきたいものである。

『昔の高島』（岩村利五郎［著］　岩村武勇［編］）　昭和二十八年十二月刊　岩村武勇氏発行　非売品　岩村氏の祖父利五郎翁は、若いころ高島（徳島県鳴門市）で浜屋（製塩）の釜たきをしていたそうであるが、苦労して金もため、後には塩田経営者にまでなった。一代で財をきずく人だけあって、なかなかしっかりした才覚も持ち、記憶力もあり、いろいろの事を、その孫の武男氏に話してきかせたものを、昭和二十八年、祖父の十三回忌に刊行したのがこの本である。製塩業の古い姿を、その中で育ち、そこで労働し、やがて経営者となった人の体験を通して語られているこの書物には、当時の塩田村の姿が実にいきいきと描かれている。「浜屋は近頃こそだんなでおれるが、昔はいせつ（景気）が悪かつたけん、みな借銭をもつとつた。塩が一俵十二銭、十三銭では浜屋もせこかつた（苦しかった）。八銭というような値でなかつたら売れなんだ年もあつた。ほんで二百枚（浜名か？）でもだんなが出て働いた。借浜ではおなごまで出よつた。それが専売で、浜屋が気安うになつた。」という。

塩をたくにしても、明治の中頃まではまだ石釜であった。燃料も石炭にこり木をまぜてたいている。石炭一色になったのはやはり同じころであろう。入浜製塩のように、マニュファクチュアとしては進歩したものの中にも、なおこうした古風が、明治中頃まで残存していたのだ。そしてそれが、人の労働を苦しくさせたのだが、一つには働く人の多かった事にも原因があろう。つまり人が安くつかえたのである。

塩の消費については『塩俗問答集』（アチックミューゼアム刊）以後まとまったものがない。みんなの力でまとめておきたいものである。

（「民間伝承」二三巻四号　昭和三十四年五月五日）

芳賀日出男［著（文・写真）］

『田の神——日本の稲作儀礼』

（平凡社　昭和三十四年）

戦前東京で生活するようになって間もないころの事であったが、柳田先生が、エスノロジィ関係の書物を示されて、「未開人がいつもこんな獰猛な顔をしているとは思えない。彼らにも泣いたり笑ったりまたごく自然な日常生活があるはずである。そういうものがでていないというのは本物ではない。したがってこうした書物はそういうものがでていないということで学問として信用ができない。こういう学問は人間の学問であるから……」と話された事があった。私にとってこの言葉ほど深く考えさせられ、また忘れられない言葉はない。

私の長い調査生活の日々の心の底に生きつづけ、またたえず反省されて来たのは「相手の人々にどれほどとけこめるか、どんなに真実が話しあえるか、他人でない気持ちで接しあえるか」ということであった。民俗学という学問は人と人とが向いあってなされるものであるから、時に相手を問いつめるようになって、人文科学が訊問科学になることが少なくないないのである。

ところが、昨年十月東京銀座の小西六のギャラリーで芳賀さんの「田の神」の写真展を見た時、何とも言えない感動をおぼえたのである。たそがれの、うすぐらくなりかけた田圃道を、虫おくりのサネモリさまのワラ人形を先頭に、松明をふりかざしてあるいて来る人たちの姿に、私は幼少の頃のふるさとの野のたそがれを思い出した。あの頃は今よりもっと人々が仕事に追われていた。働いても働いても手の足らない生活があった。そしてたえず、周囲のあらゆるものから、しめつけられるような生活があった。それを百姓たちは力一ぱいはねかえしながら生きていた。虫おくりもそうした気持ちのあらわれた行事の一つであった。はなやかな気持ちはありつつ、人の力ではどうにもならない事を、神に祈るつつましさがあった。それは虫おくりの薄明の中のつつましさばかりでなく、芳賀さんの写真の一枚一枚にあらわれている。

それらが今一冊の本にまとめられて公刊せられた。写真は福島県磐城市上釜戸の正月さま、愛知県海部郡大治村馬島の種蒔き祝い、広島県山県郡千代田町・新庄町の大田植、愛知県中島郡祖父江町甲新田の虫送り、鹿児島県大島郡名瀬市大熊の新穂初と稲喰れ、鹿児島県日置郡市来町内門の田の神講、石川県鳳至郡能都町波並のあえのこと、から成っている。正月さま迎えから、刈上げ祭までの行事が、一ヵ所でこの写真に見られるような典型的な姿でのこっているところは少ない。

この本は一つ一つの行事がそれぞれ典型的にのこっている各地のものをあつめて、古い稲の祭の姿を復原したと言ってもいい。そして撮影された場所は六ヵ所であるが、そこに一貫した農民の生きぬこうとする謙虚だが、素朴にしてつよい姿を見る事ができる。しかも芳賀さんは、その行事の中で人びとのたくまざる姿をたくみにとらえている。近頃の写真には文明人が未開人を撮影したようなものはなくなったが、逆に演出が多くなって来ている。両方とも民俗写真としては資料にならない。しかしここには素直なありのままの姿がある。ところが、ありのままをとろうとする、とる方ではありのままではすまないのである。まず行事を十分のみこんでおり、そこで何がおこなわれるかを前もって知っていなければならず、またその行事のおこなわれる時にのみ出かけて行かなければ、たくまざる相手をとることはできない。さらにまた相手にどういう目的で写真をとるかを十分納得させておかなければならない。その理解がなければ、とられる方はたえず異質なものが周囲で邪魔をしている意識を持つか、または逆に誇張せられたものが出るであろう。それらのものを克服して、これだけのものを仕上げていったという事の中に、この写真集のよさはある。皆さんにおすすめしたい本である。

（「民間伝承」二三巻四号　民間伝承の会　昭和三十四年五月五日）

『日本の憑きもの』

石塚尊俊［著］

（未来社　昭和三十四年（新版　平成二十五年））

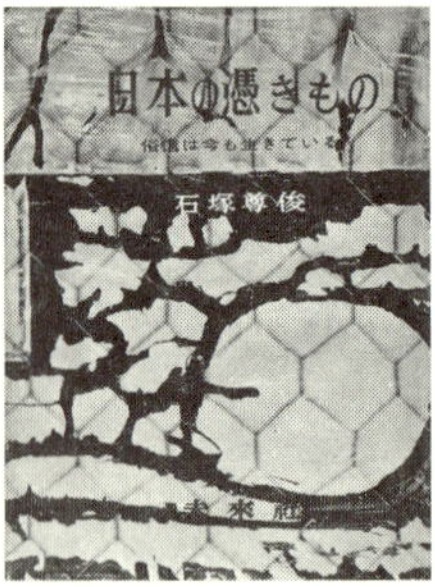

この著者のことはよく知っており、また久しく憑《つ》きものの研究をしていることも承知していた。そして協力を求められたこともあったが、こういうことはなるべく早く忘却の彼方へ押しやるのがよいと思って

協力も申しあげなかった。しかしいま本書を手にして、よくここまで追及されたものだと驚嘆もし、頭をさげる。それほどの書物である。

日本には各地に憑き物筋と呼ばれる家がある。オサキ・クダ・イズナ・キツネ・ゲドウ・トウビョウ・イヌガミ・ヤコなどといわれるものがいて、それのついている家筋があり、そういう人から恨まれたりにくまれたりすると必ず何らかのたたりを受けると信じられ、その家筋とは通婚をきらっている。これらのことからしばしば社会問題を引き起こし、しかも特にその問題になやまされているのが山陰地方であるが、著者はその中心地ともいうべき出雲市の出身で、この社会悪をなくしたいという正義感にたって学問的な純正な立場から、そのよって来たる根の深さとひろがりを、文献と全国的な実態調査によってさぐり、一般に訴えようとしたものである。

こうした問題が、ここまでほりさげられ、体系づけられたものとしては最初の書物といえる。この書物をよむと憑くという現象は日本の古い民族信仰と信仰組織の残存によるものであるが、そういうものに今日もなお大きく自らの生活を制約し、思考を拘束した社会が存在し、そのためにいかに不必要な緊張と摩擦を持たなければならないかがよく判る。そしてそれが人間の文化発達をどれほど阻害していることか。しかしそれについて、これを信ずるものを笑うことはできない。後進社会の保障のない不安定性が問題であり、またこれを助長する民間信仰制度がある。その上われわれの心の底のどこかにもこれと類似した問題がひそんでいる。したがって、これを他人事としないでまた単なる思いつきでなく、みんなで考えていくことから、問題解決の緒が見出されるのではないかと思う。

大衆の中へ、個人では解決のできない問題を提出して、皆で考えてよい方法を見出すということをわれわれはこの世紀の特徴としたいと思うのであるが、本書が提出している問題もその重要なものの一つであり、問題提出の仕方も客観的で、問題の根深さをよくとらえている。要はこういう問題に対して先進的な立場にある者が、どれほど適切に答え、また問題の中にある人々とともにこれを解決し得るかということにある。

（東京新聞　昭和三十四年八月二十四日）

中村由信〔写真・文〕
『写真集　瀬戸内海』

（角川書店　昭和三十四年）

「瀬戸内海」の出版計画が着々とすすみ、その写真展もひらかれたりなどしています由を承って、喜びにたえません。とにかく本になって出れば、この沿岸に住む人々に、多くの考えさせられる問題を投げかけます。一つの地域を、与えられた課題で、みんなが考えて見ることは非常にいいことだと思います。先般批評せよといわれました中村由信君の『瀬戸内海』も、そういう意味で、私には興味あるものです。中

村君の写真にも、内海の沿岸に生きる人々の生活の追及があります。

九月十九日にその出版記念会があって私も出席しましたが、写真をやっていないのは私だけのようで、これはいささか場違いのところへ来たなと思ったのですが、しばらくして、やっぱり来てよかったと思いました。集まっている人たちは、今日の写真作家のベテランたちばかりでした。それが若い後輩によせる批評と期待は、そのまま瀬戸内海の研究にもあてはまることだと思いました。

写真集『瀬戸内海』におさめられたテーマは、タイ網、おかみさん文楽、小豆島のお遍路さん、伊吹島産院、小島の郵便局、大長みかん、かりこ牛、宮島の管弦祭、先帝祭、おちょろ舟、海のシージプシー、島のお産婆さん、海の診療所、島のミュージカル神様、ロビンソン・クルーソー、ある舵子の話から成っており、テーマを追うて組写真でそれぞれの生活を描いています。風景はその間に少しはさまれているにすぎません。

こうしたものを見せつけられてただ風景の美しい瀬戸内海という概念をもっていた人々は、一つのおどろきをおぼえたようです。と同時に、写真もまったく民衆の日常生活のすみずみにまで、一貫した態度で目を向けなければならないことを教えられたというのが、多くの批評でしたが、さらにこの写真集の持つあまさのほかに、抵抗を感ずるものも出ていいという要求がありました。そうして共通した頌辞は、主題をもって対象を執拗に追及していく中村君の態度についてでした。

私はまた、そういう人々の話をきいていて、そういう人々の目と言葉と愛情に守られて、今日まで成長して来た中村君のしあわせを喜ばずにはいられませんでした。

中村君はもともとアマチュア写真家でした。岡山県直島の人で、生家はタイ網の網主。本人は直島精錬所につとめるかたわら、写真にこり出し、岡山の緑川洋一氏の指導をうけるようになり、さらにプロ作家としてたつことを決心したのですが、それは全く容易ではなかったのです。。この人にとっては、食うことも大切だったが食うようになるためには、まずよい写真をとることであり、さらには対象と真剣に四つに組むよりほかに方法はなかったようです。それがこの写真集を生んだわけです。

と同時にこうして瀬戸内海と取り組む人がふえて来ることはありがたいことです。彼はこの十月中旬から二〇日間、香川県佐柳島で自炊生活をやりながら島の人たちの生活を丹念にカメラで描き出したいと言っています。この人の前に道ははてしなく続いているようです。

（中国新聞　昭和三十四年十月十九日）

垣内稔［編］『安芸・備後の民話』第一・二集

（未来社　昭和三十四年（オンデマンド版　平成十八年））

『安芸・備後の民話』が一冊に盛りきれないで二冊になって出たことは偉観である。しかもその後も垣

内さんの採集はすすんでおり、第三集、第四集も期待せられるのだから、安芸備後は民話の宝庫ということにもなる。しかもこれらの話は書物の中から書きぬいたのはきわめて少なく、ほとんどが聞書であり、脚色も少ない。会話の広島方言がよく生きていて地方文芸への一つの開眼にもなるであろう。話者の多くは六十歳をこえた人々で、大体話者別に話があつめられていて、話者の話の傾向もわかる。そして八十歳をこえた人々がよい話を語りつたえているのがよくわかるから、こうした老人の元気な間に本気になって手分けして、こうした話をあつめれば、まだまだたくさんあつめられよう。

これらの話を類型的に整理して見ると、第一集では伝説二一話、人間と動物関係二〇話がもっとも多い。あとは和尚と小僧、おどけもの、おろか息子、おろか者、こっけい者など笑話系のものが一六話で、報恩、致富、呪宝、婚姻などの本格的な説話は一五話となっていて、本格的な昔話は多くない。したがって東北や九州のような本格的な昔話の多い地帯とは対照的であるが、派生的な動物と人間の関係譚、世間話と言うべきものの豊富なのは興をひかれる。

第二集についてもこの傾向はみとめられる。伝説が一七話、人間と動物が一四話、和尚と小僧、おどけものなど一〇話あり、動物報恩、呪宝、致富、婚姻、出世、継子いじめが一三話ある。そして第二集にはおろか息子やおろか村の話はない。笑話の多少はその地方の気風をも物語るもので、これはもっといろいろ掘りさげて見たいものである。

いずれにしても垣内さんはよい仕事して下さった。これによって芸備の民話を全国的にどのように位置づけるかの目安が得られる。本当の分析はこれからの仕事である。それにもましてこの書物は読み物としてもおもしろい。子供に直接あたえてもいいし、また親が子に安心して読んできかせることができる。

ただ、二冊の巻末にのせられた「わらべうた」は、どこでうたわれているものなのか明記していないのが残念である。この書物は単なる文芸作品ではなく資料としても価値あるものだから、うたわれている所と、うたった人の名は民話同様に詞章のおわりに付すべきであった。（中国新聞　昭和三十四年十二月二十五日）

『郷土の風俗』

林　唯一［著］

（家の光協会　昭和三十五年）

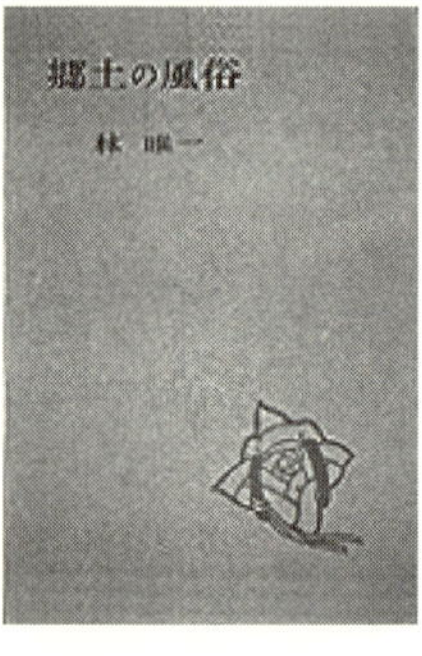

林唯一画伯が働く女たちの健気な姿に眼をとめて、深い愛情をもって描きはじめられて二〇年近い年月がすぎており、その足跡は全国におよんだ。
その間には大きな戦争があって、しばらくは旅行を休まざるを得ない日もつづいたのであるが、画伯はそれに挫折することなく、今日にいたった。
それは全く容易ならざる御努力であったが、同時に画伯をして、この画業に集中せしめずはおかないものが働く女たちのいのちの中にあった。それは未来を信じ、平和を愛し、よりよい明日を築くために、今日を充実して生きようとするものであり、その愛情や動作ばかりでなく、仕事着の工夫や着こなしの中にもよみとる事ができる。

しかもそれらの服装にも土地土地の差があって、風土性というようなものを強く感ずる。そしてそれが精緻に描かれ、よい解説もつき、風俗史的な資料としても、まったく得難いものだと言い得る。おそらく後代にあっては、得がたい古典の一つになるであろう。そこに観賞のためばかりでなく、考証の資料として、この画集のながく民衆の間に保持せられゆく要素がある。多くの人々にすすめてやまない。

（中国新聞　昭和三十四年十二月二十五日）

『瀬戸内海の魅力』

奈良本辰也［著］

（淡交新社　昭和三十五年）

奈良本氏は立命館大学で日本史を講じているばかりでなく部落問題研究所長として同和問題にとりくん

でいるエネルギッシュな学者である。しかもその生まれが周防大島であるために、瀬戸内海に明るいばかりでなく、瀬戸内海的な明るさを持っている。と同時に内海人に共通した叛骨と順応性を持っている。本書にはそうしたものがみちあふれている。歴史学者の見た瀬戸内海だが、ただ単に詠嘆に終わってはいない。歴史的なものの中から内海の魅力を見出そうとしつつ、その魅力は自然的な風光とそこに生きた人間の知恵と努力の累積によるものであることを理屈ではなしに、かるいタッチのよどみのない文章と美しい写真とでしめしてくれる。

しめしてくれた場所は室の津、小豆島、牛窓、下津井、塩飽、鞆の浦、尾道、因島、御手洗、木江、大三島、能島、来島、松山である。いずれも歴史的な過去を持ったところであるが、瀬戸内海はこれだけでつきるわけではない。そこでのこりの部分は下巻へまとめられるという。期待されるところである。

瀬戸内海の魅力はかつて栄えつつ、いまどうしようもなくおとろえていったものへの郷愁にまずある。港々の遊女屋、町屋、寺、石造物などにそれを見ることができる。それが立派であればあるほど、そして痛みがひどければひどいほど、栄枯盛衰のはげしさに心をゆさぶられるのであるが、しかしそういう中にあって、人々はやはり明日へのいとなみをつづけている。歴史的なもの、ほろびゆくものへの哀愁に対して、小豆島のオリーブ、墓とタコツボ、灯台、除虫菊、造船などいま生きている風景の写真に不思議な新鮮さが第二の魅力である。現在歴史的な風物も、かつてはこのように新鮮であったはずである。新鮮であることの中には、いつも意識のたくましさと、あざやかさがひそんでいるはずであるが過去の人たちはそれを白壁と直線で表現してくれた。自然の美しさの中に白壁、屋根や塔の直線またはゆるやかな曲線のつみかさねから来る明快さが単なる詠嘆的な回顧からすくい、歴史はなお今日のものであり、それがまた一つの魅力になっていることを見のがせない。

このことを写真と文章がたくみにからみあって、実に自然に物語ってくれているのであるが、同時に、そのことによって内海の本質を知ることができるとともに旅情をそそられる。

要するに内海の美しさは、内海の自然の美しさだけにあるのではなくて、そこに生きている人々の生のいとなみと自然とのからみあいの中にあるのであって、そういう人臭さがここにはよく出ており、瀬戸内海の魅力の特色をしめしている。

（掲載誌不明　昭和三十五年九月五日）

『加計町史』

小倉豊文［監修］

『芸州加計隅屋鉄山絵巻』

小倉豊文［解説］

（加計町　昭和三十六年）

加計は広島から西北へ一三里。太田川沿いの山間の小さな町である。その小さな町が上下二冊で一四〇〇ページをこえる大きな町史を出した。つづいて二冊史料編を出すという。町史二冊は叙述をもっとも簡にしてのことである。言いかえると、それほど資料が豊富だということになる。その資料もほとんど近世以後に限られている。そして明治維新までを上巻にまとめ、明治以後を下巻にまとめている。この町には記録資料をたくさん持っている旧家がなん軒もあり、とくに中国一の鉄山経営者であった隅屋の資料はたいへんなものであった。町史の編集はこうした旧家の資料あさりから始まったために、町史の編集にあらず家史の編集なりとの誤解をまねいたという。昭和九年加計町の小学校卒業者一一四人中、上級学校進学者ひとりというようなこともあるほど一般町民は教育に対する関心のうすいところであったから、この町の人たちの中には、一般町民は歴史などあろうはずがないと考えたに違いない。それを旧家にのこる古文書古記録資料の中から、この町の過去三〇〇年ほどの間の歴史を実に綿密に再現したのだから、これを手にした町民もおそらく、今は大いに満足し、この中から多くの共通の話題と将来の課題を見つけているに違いない。

さてこの町史の特色は、それほど豊富な資料にめぐまれながら、資料まけしていないことである。実にみごとな選択があり、また整理がある。

加計という町は、近世初期にはなかったといっている。ところが、そこが三つの川の落ち合いになっており、また太田川の川舟の港であったことから、月に三回市がひらかれるようになり、ささやかな町ができ、ここに在郷商人が集まって来、鉄山を経営したり、酒屋をいとなんだり、荷物運搬の問屋をしたりする資本家群と、これに雇われ使われる人々によって町が大きくなっていくのであるが、その周囲には山地にしがみついて田畑を耕作し林業にしたがう村々があり、そこでは薪炭、用材のほかに紙・麻・茶・タバコなどの商品生産があり、それが川舟を利用して広島に運ばれる。鉄山経営のほうもここにたたらがあったのではなく、加計から奥の山間に散在し、原料の砂鉄は石見から運んで来た。そして精錬せられたものが、ひとまず加計に運ばれて来たので、こうした運搬にしたがった人の数もおびただしい。そうしたこの町の産業と経済に関する記述はきわめて詳細であり、また生き生きと描かれている。資料の駆使が巧みである。下巻はそれらをうけて、明治維新の変革をこの町がどのようにうけとめ、現在へ展開して来るかを政治・社会・産業・交通・商業・文化・生活について見ていく。とくに教育の面に多くのページをさいているのはいい。とにかくこの書は町村史中の出色である。地方の小さな町が、これほどの町史を持ったことは驚嘆に値する。これは町当局が中途半端なことをしないで、じっくりと腰をすえて編集事業にとりくんだことと監修にあたった広島大学の小倉豊文教授を中心に、若い学者たちのよきチームワークの結果によるものであり、さらによき資料のあったことである。そこで、これから出る二冊の資料集がまたれる。

そのまえに町史編集の副産物として『芸州加計隅屋鉄山絵巻』二巻が復刻されたが、これは全くすばらしい。江戸時代のたたら（上巻）、かじ、勘場（下巻）などをこれほど、生き生きと描いたものは他に類例がないであろう。町史でもつくらないかぎり、こういうものの復刻されることはなかっただろうし、したがって一般の人の見る機会はなにほどもなかったであろう。これには小倉教授の解説も付せられていてそれによると、筆者は山県郡大暮出身の佐々木古仙斎だろうとのことである。古仙斎は鉄山職人たる吹差《ふきさし》の家に生まれ、若い日は鉄山に働いていたという。それが画才のあるところから師につき後に狩野派の画人として一家をなすようになったといわれるが、それだけに絵に生命の躍動が見られる。むしろ意あまって筆およばずという感じさえするのである。画材となったのは戸河内の横川鉄山だろうとのことであるが、この絵の生き生きしているのは一つには下絵であるためであろう。清書して完成せられたものではない。したがって別紙がはさんであったり、説明の文字が消されたりしているところもある。

上巻には山子が大木をきるところからはじまって、炭をやき、たたらに運び、たたら場では鉄を精錬し、次にケラをひくさまが描かれ、最後にこれからの作業に用いられる道具が描かれている。下巻には小鉄、食料などの運搬、勘場、小炭やき、かじ屋のさまを描き、最後に用具のスケッチがある。

ただこの絵巻には、砂鉄をとるいわゆる鉄穴流しの作業が描かれていないのがおしい。鉄穴流しは太田川筋ではおこなわれなかったためであるといわれる。

江戸時代には産業関係の絵巻がいくつか描かれている。私の見たものにも稲作、検地、捕鯨、烏賊釣、杣などがあるが、それらが江戸時代の産業技術を理解する上に実に大きく役だつ。この絵巻もそうした意味で、重要な意義をもつものであるが、ただ見るだけでもたのしい絵でもある。大方に推奨したい。

（中国新聞　昭和三十六年七月二十七日）

秋山健二郎・森　秀人［編著］

『山峡に働く人びと』《恐るべき労働》第一巻

（三一書房　昭和三十六年〈新版　昭和五十九年〉）

「雑魚の干《ひ》づまり」ということばがある。だんだん追いつめられてどうにもならなくなって行くさまを言う。古くからの生産様式による肉体労働者もこの中に入る。早く他の職業に転ずるなりあたらしい生産方式をとりいれればよいのだが、長い生活体験が身についた垢のようにこびりついて容易に転換できない。そうした人びとの生活を『現代日本の底辺』を書いた秋山健二郎・森秀人の二人がひきつづいて物したのが本書である。林業労働者・イカダ流し・炭焼きと山畑農家・岩壁をよじる労働・山を行く猟師たち・鉱山労働者の生活を現地に調査した実感のあふれるルポである。

「恐るべき」は「おどろくべき」という意味に解してほしいとはじめに言っているが、かつての労働のほとんどが、このおどろくべきものであったのが、機械化や社会保障制度などによって苛酷な労働はずっと減少して来たのであるがしかし古い労働形態の世界はまだひろい。そして一方で生産能率化のために、この人びとはより以上に圧迫されていく。

第三巻の『海に生きる人びと』、第四巻の『農山村の底辺』も第一巻と同様な態度による調査ルポ。第二巻の『恐怖の労働』は、逆に機械化され能率化された――その機械の手先になって機械におしひしがれながら働く人びとの生態を報告するという。誰に頼まれたのでもなく著者のヒューマニティによって現地調査され報告されているだけになまなましさがある。欲を言えば単に労働の紹介だけでなく、それが生産労働の地域性や歴史の上でどういう位置をしめているかの解説があるといい。

（中国新聞　昭和三十六年七月二十七日）

『山国の神と人』

松山義雄［著］

（未来社　昭和三十六年（新版　昭和五十九年））

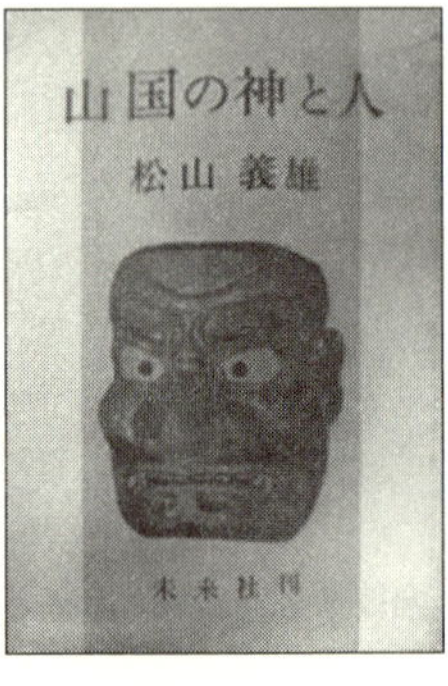

天竜川の中流、長野県と静岡県の境は山岳重なりあってもっとも不便でありまた多くの古俗をのこしているので知られている。著者はそのうち、長野側の遠山といわれるところを故郷とし、そこに住む人々の生活の息吹をまでつぶさに体験し、知る人である。そういう著者によって故里人の生活とその伝承が書かれているのであるから、行間にその実感がにじみ出ているのは当然といえよう。

内容は木挽の技術や生活からときおこし、その伐りたおした木を川におとし、さらに川を下していくヒヨウの話。山中にけものを追う猟師の話。いろいろの山の神と天狗、山男、それから憑きもののクダショウの話。そういうものを追いはらって村人の生活をまもる称宜の話などからなっている。

きびしい自然の中に生きていくために、山村の人びとはこの自然にまけてはならぬとして、肩をいから し昂然として生きているのだが、それでも杣人など杣腰といって異様な曲り方をしてしまうといい、また それこそ命をちぢめる思いで冬河の水の中で働いたヒヨウが、つい浪費して自分の家へ持ってかえる金が なくなったばかりか、借銭のためにからだを質に入れて翌年も働かされるサガリ金の話など、都会では想像のつかないようなきびしい生活があり、その故にまたいわゆる迷信深くもあり、それがまた現在も生きて生活体系をなしているというのが後半の話であるが、とに角読んでいて神さまの御気嫌をこれ位とらなければこの山中では生きて行けなかったのだとしみじみ思う。

しかもこの書は遠山地方の生活のほんの一部をかたっているにすぎない。ここにはぶかれているが猪の話や遠山祭のことなど書いているとまた何冊かの本になるだろう。だからもっと掘りおこしてもらいたいとともに、旅を愛する人も、秘境の話に興味をもつ人も、人生とは何かということを考える人もよんでほしい本の一つである。

ただ資料を提供された人の名や住所が文章の終りについているとありがたかった。直接に逢って話をきいて見たいようなすぐれた古老がこの書の裏にかくれているのをしみじみ感ずるからである。

（掲載誌・掲載日不明）

柳田国男［著］

『定本 柳田国男集』〈全三一巻、別巻四〉

（筑摩書房　昭和三十八～三十九年（新版　昭和五十年））

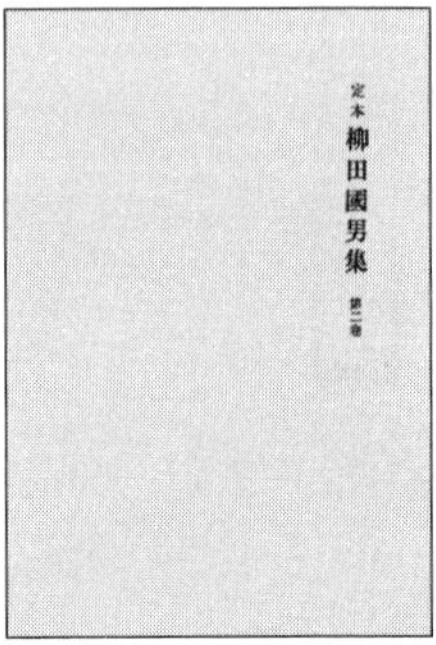

柳田先生は日本における民衆の文化の発見者であり、また民衆にも歴史があるという事実を学問によって示された最初の人である。発見者（創見者といってもいい）そのものは創造性にとみ、かがやかしい栄光につつまれるものであるが、そのためにはすぐれた英知とたゆまざる努力と持続する追及力がなければならぬ。柳田先生はそうした発見者としての条件をそなえているばかりでなく、民衆に対する深い愛情を持っている。先生は庶民ということばをつかわない。その中には上位者のなんとない侮蔑《ぶべつ》感が含まれているからである。そして常民ということばをつかってこられたが、これは今日までついに一般常用語になっていないけれども、民衆はこういうことばに誇りを感じて使用してよいのではないかと思う。

先生は民衆を愛したといってもいわゆるひいきのひきだおしにしたのではない。民衆の持つ文化の歴史の深さと久しさ、民衆の英知に頭をさげたのである。そのような英知や文化を炉辺での老媼《ろうおう》が孫にしてきかせる話や日常の何気ない会話の中に見いだしたのである。先生の民俗学的な最初の著書『後狩詞記』『石神問答』『遠野物語』がこれを示している。すなわち、当時の知識人が荒唐無稽と笑い捨てたものの中に学問の礎《いしずえ》をおいた。これら民衆の文化の多くは文字を媒介としなかった。文字なき社会はすべて無知とせられ、そこには歴史はないと考えられていたのである。従来の史学者の目と方法によるならばそのとおりであろうが、ことば一つの中にも歴史があり文化があることを見いだすためには日常の用い方を見るばかりでなく、その分布をしらべ、またこれを比較検討しなければならない。先生は人間の生活や生産には何ほどの意義をももっていないカタツムリのような小動物の方言をあつめて、国の両端に古いことばがのこる事実を示し、方言周圏論をとなえられたが、民衆の文化の新旧をたしかめていくうえに、この方法は重要な意味をもってくるのである。そして方言の文化史的な意義を明らかにした実績を次々に公にされた。

私はかつて、徳島県下で帯のことをボシとよぶ方言があるのに興をおぼえて先生に報告すると、これは重要だから、ずっと気をつけてしらべて見るようにと、先生も気付いている事実をいくつも話してくださったのだが私の方はそれからなかなか資料もあつまらず、研究もすすまぬうちに、先生は『手拭沿革考』を発表されはじめ、先生のたゆまざる追究力にすっかり頭をさげてしまったことがある。

先生の昔話研究にうちこまれた情熱も大きかった。起源は『遠野物語』に発した。そして『桃太郎の誕生』『昔話と文学』『物語と語り物』『方言と昔』と展開し、昔話の意義とこれが民衆文化史の重要な素材であることを明らかにされた。

先生は昔話と伝説は厳密に区別し、伝説はむしろ民間信仰と深いつながりを持ちつつ伝承分布したもので、それらを検討して民衆生活の姿を明らかにしようとし『山の人生』『日本神話伝説集』『一つ目小僧その他』『山の神とヲコゼ』『信州随筆』『妹の力』『伝説』『木思石語』『神樹篇』などを次々に公にし、民衆が何を考えていかに生きたかを示された。

先生はまた民衆の中の女性や子供のはたした大きな役割りをも『女性と民間伝承』『小さき者の声』『木綿以前の事』『こども風土記』『婚姻の話』などによって示された。

こうしてわれわれのまえに民衆の文化と歴史が展開してくるのだが、この研究の発展のためにはたえざる旅行と、地方同好の士との深い交流がなされた。『海南小記』『雪国の春』『秋風帖』『北国紀行』『豆の葉と太陽』など一連の紀行文の洞察の深さと文章のしらべの高さ。そこに民衆を信じ愛しつづけた先生の姿がある。そしてしかも日本文化の根源をつきとめようとする『海上の道』に見る思考の総合力と発想の若々しさ。これが八十歳をすぎた人の著書と信じられるだろうか。先生の著書のすべては発見者としての発見の方法とその具体的な事実と、さらには、これを読む者への提言を含んで、たえず未来をはらんでいることにこの若々しさがあるのだと思う。しかもこれらの著書が二八巻にまとめられて世にとわれようとしている。私はその影響の大きさを期待している。〔注：最終的には全三一巻、別巻四の三五巻になった〕

（北海道新聞　昭和三十七年一月三十一日）

『女の一生』

モーパッサン［著］・杉　捷夫［訳］

（岩波書店　昭和九年初版）

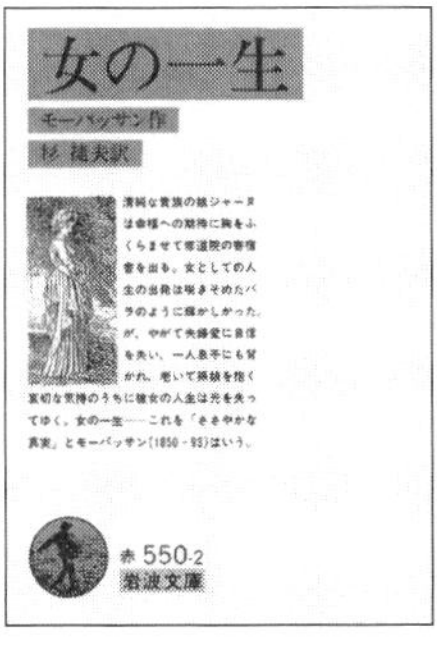

（写真は現在の岩波文庫版）

私は戦前岩波文庫を全部あつめる気で出版されるごとに買っていたが、旅が多いために買いそこねるものが少なくなかった。そして苦心してあつめたものも戦災で焼いてしまった。旅でよむのに小型の本は大へん便利である。読んでしまうと、巻末によんだ日と簡単な感想を書くのが常であったが、書物をやいてからはふたたび本気で文庫本をあつめる事もなく、一々感想を書く事もなくなった。

昭和二十一年であったかとおぼえている。焼けあとの愛媛県今治の町をあるいていると、バラックの小さな本屋が目につき、その店先に文庫本の『女の一生』が一冊、俗書にまじってならべてあった。私はそれを買った。それには戦前のような伏字はなかった。戦前読んだとき私は心をうちのめされたように思ったことがある。そこには男のわがままで恥知らずでだらしない姿が描かれている。そしてその事によってただ善良で生活力の弱い女がうちひしがれていく。女は信頼と愛情によって生きついでいるのであるが、愛情がどのようにつよくても、自らの力で立ってあるく能力のない者にとってその運命は暗い。モーパッサンは非情な筆でそうした男女の葛藤を描いているのだが、よんでいる私は男であり、私にも多くの弱点がある。だらしなさがある。そういうことが、私の周囲の女性に何らかの意味で痛苦を与えることになったり、裏切られた思いをさせるような事になってはいないか。責任のがれなことを言ったりする自分について考えさせられたのであった。

私は今治で買った『女の一生』を国民服のポケットの中に入れて、汽車の中、汽船の中、または汽車や汽船を待つ間にもよんだ。ちょうど汽車の中でよんでいたとき占領軍の兵士と日本の女が乗っていた。女がしきりにわめきはじめたので私はその方を見た。兵士は笑っていたが女は涙をながし、男の軍帽をとって窓の外に投げた。兵士はやはり笑っていた。私はここにも不幸なジャンヌがいると思った。女に自立性が乏しく男に隷属している限り、性を中心にした男女の葛藤はつづき、しかも女の敗北があるのではないかと、その男女を見た。外は明るい瀬戸内海の海である。だが悲劇はここにもあった。せめて敗戦を契機にしてほんとの人間性をとり戻し、人が人を信ずる世の中を持ちたいものだとしみじみと思ったのである。

（「図書」一六六号　岩波書店　昭和三十八年六月）

〔原題 “Une vie” 原書は一八八三年刊〕

羽原又吉［著］

『漂海民』

（岩波書店　昭和三十八年）

漂海民というのは、海上を漂泊しつつ、一か所に久しくとどまることのない漁民の仲間である。一家族が小舟を家にして海産物を中心にして採取し、それを交換して生活をたてる。今日ではあまり見かけなくなったけれども、明治の終わりごろまでは西日本の沿海のいたるところに見られた。著者は日本漁業経済史を体系化した最初の人であり、漂海民についてはやくから深い関心を持っていて、旧著『日本古代漁業経済史』の中でもふれているが、その後なお多くの史料を得て本書を完成したのである。小冊ではあるけれども日本の漁業がどのようにして発達したか、その中で漂海民がどのような役割りをはたしてきたかを的確にとらえている。

漁民には移動し、移住しやすい性質があり、それによって漁村が沿岸各地に分布するようになるのであるが、その中で古い伝統を持ってきたのが、海士《あま》や海女《あま》であった。これは海草やアワビのような貝類を主としてもぐってとったものであるが、はやくから方々に出かせぎをおこない、また旅先に定住している。能登の舳倉《へくら》の海女など福岡県鐘が崎から移住したものであった。このアマたちももとは船ずまいをしていたものが少なくなかったが、海にもぐらなくても船ずまいをして、網をひいたり、釣りをしたりする者も少なくなかった。このほうを家船《えふね》といっている。そして広島県三原市能地の家船漁民のごときは、百か所の枝村を瀬戸内海沿岸につくったという。九州西海岸にも家船は多かった。

これらの家船がもともと日本で発生したものでなさそうなことは、東南アジアにもたくさんの漂海民のいることでわかる。その中でも中国の蛋民《たん》はひろく知られているところである。日本の民族や文化を形成した要素は複雑であるが、漂海民の分布の上から見ていって、日本文化の中に南方文化と大きな縁故があるのではないかと著者は見ている。ただ漂海民は政治的な結集力がなく、農民にかわって文化の主導者になり得なかったために忘れられ勝ちになっているのであろう。それだけに日本文化を海の面から見ていくことは重要な意味がある。著者はすでに八十歳をこえた高齢であるが、若々しい情熱をもってなおこのような書物を書いたのも、従来のものに見おとされ勝ちな世界を検討してもらいたい念願に出たものであると思う。

（産経新聞　昭和三十八年十二月一日）

『美女とネズミと神々の島』

秋吉 茂［著］

（河出書房　昭和三十九年（河出書房新社　昭和五十九年））

『美女とネズミと神々の島』は著者が新聞記者としてルポをかくため、鹿児島市の南方にうかぶ薩南諸島のうちの悪石島に一ヵ月ほど滞在したときのことを、読物としてまとめたものである。風波の荒い海中の火山島に三八戸、一八〇人ほどの者が住みついて来た生活の断面を見る。そこにはウソとにくしみを知らない人たちが昔からの島人としての生きる掟にしたがって身をよせあって生きている。害虫やネズミなどが多くて作物もろくにできず、よい港を持たないために大型の漁船もなく、せっかく造った動力船も波にさらわれるような自然のきびしさの中にありつつ、島民はひたすら自然と神意にさからわないようにして、サツマイモとムギ飯を主食にし、平和な日々を送るための努力がつづけられている。長く封鎖せられた世界だけにここには洗骨の風習や、流行病のときには瀕死の病人を海に流す風習も見られる。すべてが神の掟―島を守るための掟にしたがっているといってよいが、人びとはその中で、やはり他の世界とおなじように一人一人が生きる喜びやかなしみを持ちつつ、日々の問題を処理している。

著者の筆は流麗軽快で、著者が接した人々の姿をよく伝えている。そしてこれは志乃という美しい不幸な女性、区長、宿主の政次郎夫婦、永瀬先生夫妻、上原校長、志乃の夫になる一二三四五というどもりの男、みんな善意にみちた人々の織りなす人生賦である。

だがその人生がいかに美しくても、この島の人びとをいつまでもこの貧しさと不便さの中において、神の恵みを唯一のたよりにするような生活をさせておいてはならぬとしみじみ思う。評者も昭和十五年この島々をあるいたことがある。その時よりはずっとよくなっているようである。だが本土の発展に比してくらべものにならない。私はこうした島の人たちのくらしを少しでも高めるようにしたいと思って離島振興法制定のお手伝いもし、またその後今日まで離島のお世話もして来ているが、こうした書物をよむにつけて重い責任を感ずる。

単なる同情では問題の解決はつかない。みんながこのような事実を認識し、政治的に解決するよりほかにないと思う。そのうち私ももう一度この島々をまわりたい。またこうした書物を単なる秘境もの、エキゾチックなものとしてでなしに、多くの方に読んでもらいたいものである。

（「週刊読書人」　昭和三十九年九月二十八日）

大杉 栄［訳］ P・クロポトキン［著］

『相互扶助論』〈大杉栄全集 第一〇巻〉

〈現代思潮社 昭和三十九年〈写真は増補修訂版 同時代社 平成二十四年〉〉

私が『相互扶助論』をはじめて読んだのはまだ二十歳になっていなかった。小学校を出ただけであったから書物を読んでも十分理解する力はなかった。おそらくはその中に書かれているいくつかの実例が理解できた程度のものであっただろうが、実に深い感銘をおぼえ、壮大な叙情詩を読んだようで、動物も人も生きるためにまた種をのこすために互いに助けあい、しかも戦闘的でないものほどそうして生きている姿がきらきらと光る太陽のもとに浮彫にされているように脳裏にきざみつけられたのであった。

そしてこの書物の若者はクロポトキンであるはずなのに、私には大杉栄のような気がして、頭の中では区別がつかなくなってしまった。それから私は何冊か大杉栄のものを読み、大杉栄を通じてクロポトキンをも知ったのであるが、その後間もなく私はそうした書物から遠ざかってしまった。意識してそうなったのではなく、自然にそうなっていき、ある意味では私はクロポトキンや大杉の世界を忘れ去ってしまっていたといっていい。

それを今四〇年近くを距ててもう一度読む機会を得たのである。読んでいて私は初めて読んだときと同じような感激をおぼえた。そして初めて読んだときのことは何も彼も忘れ去っていたように思ったが、生物のあらゆるものが生きていくためには群をなし、その群の中において個々が連携し助けあうことによって共同体（本書では共産という言葉をつかっている）を形成して来たことについての示唆は私の頭の中からは少しも消えていないことを発見したのである。私がこの書物を読んで以来今日までの四〇年近い年月も、実はひたすらにこの著者のような態度で物を見、事の真実を追究して来ていたともいえる。

ふりかえってみて私にとってこれはおどろくべきことであると思った。『相互扶助論』は決して学問的専門の書ではない。今日からみれば訂正を要することは多いと思うが、若くしてシベリアの荒野を歩き、そこに展開された生きとし生けるものの自然の姿、生きるという事実の中に含まれたすばらしいエネルギーとその社会的均衡の所以を考えさせられた著者の、それからそれへの連想が体系だてられたことによってこの書物は生まれたものと思う。そのためにとらわれない発想と視野の広さがある。

人が人を動かす説得力は、そこに示された事実のたしかさと深さ、論理の正確さにもあると思うが、それにもまして事実を通してそれらの中に含まれている真実と法則をしめしてくれるところにある。この書はそうした説得力を持った書物である。

しかも訳文が達意で、いわゆる翻訳調でなく、訳者と著者の区別すらつきがたい。それはそのまま訳者が著者と同じほどの感激を持ってこの書を読み訳出にとりくんだことにあるだろう。

生物の進化の主要作因は同一種に属する動物間の生存方法のための激烈な闘争によるものであるということが、多くの進化論者によって論ぜられて来ていたことに対して、クロポトキンは彼の眼で見た動物生活の相互扶助と相互支持の事実が生命維持や種の保存、さらに将来の進化のためのもっとも重大な点ではないかと考えさせられ、この書物を書く動機になっている。したがってそこにはダーウィンの進化論が一応肯定されている。そして共同体を形成させる力になるものは、愛よりは漠然としているが、しかし遙かに広い、共同心または社会心の感情もしくは本能がわれわれを動かすところにあるとして、例証せられる動物や人類が著者の議論に都合のよい側から観察され、その社会的性質のみが力説され、その非社会的利己的本能はほとんど論ぜられていないという駁論を予想しつつこの書物は書かれている。だからこの書物は相互扶助学ではなく相互扶助論と題されている。そしてこの主張は生存競争や階級闘争論とは全く別の立場からなされているのではなく、同じ進化論の中の一要素として論じられていることを忘れてはならない。

しかし著者は相互扶助を必然的なものと見つつもユートピア化している面がつよい。それは著者の人柄によるものであり、また著者のヒューマニズムをそこに見ることができる。相互扶助的なものの発展の中に一つの理想社会を夢みたのである。マルキシズムの洗礼をうけた人たちにとってはこの書は甘すぎるかも知れない。しかし現実の世界の中に自分たちの理想とする社会の萌芽、あるいは、法則的なものを見出し、それを育て全体的なものにして行こうとする建設的意欲は、社会の前進を希う者にとってはもっと強く押し出されてよいのではないかと思う。いつまでも現状の批判のみにとどまっていてよいものではないと思う。そういう意味で、この書は生きることを正当化し勇気づけるための意欲を持たしめるすぐれた書物であり、私は一人でも多くの読者を得たいと思う。

（「図書新聞」昭和二十九年九月十九日）

『日本の犬と狼』

斎藤弘吉［著］

（雪華社　昭和三十九年）

世の中には世論や世評を背にして、これだけのことは自分がやらなければ、ほかにやる者がないのだからという自負をもって、大してもうけにもならないことに精魂をかたむけている人が、世人の眼のとどきにくい所に少なからずいるものである。本書の著者もそうした一人である。かつての西洋崇拝時代に日本犬など全く忘れ去られようとしていたのを、その絶滅を惜しんで調査研究と保存にのり出し、さらに明治二十年代にほろびてしまったといわれる狼の研究にも手をつけ、その中心になって活動していた。

そうした著者の人柄については、巻末の戸川幸夫氏の「斎藤さんのこと」が、くわしく物語ってくれる。著者は肺癌にかかって余命いくばくもないのを計算に入れて、自分のなさねばならぬ仕事に精出した。本書もその一つである。

本書は著者がいままで何かに発表したものが多く一貫したまとまりはないが、日本犬に対する愛着、それも愛玩的な愛着ではなくて学問的な情熱にかられて、まとめあげたもので、第一部には日本犬に関する文献が多く紹介され、第二部は著者の日本犬調査旅行記が中心になっている。第三部は狼のこと、第四部は日本犬の特質についてのべられ、第五部には東京渋谷駅頭に銅像となってのこっている忠公ハチのことがくわしく書かれている。あの銅像がどうしてできたかを知って心あたたまるものをおぼえ、そこに著者の人柄のにじみ出ているのを感ずる。

もとより啓蒙の書ではないのだから、専門家以外の者が読めば、興をおぼえないであろう部分も多いが、そういう所は逆に専門家を喜ばせることになろう。しかし、一般読者にとっても日本犬調教のための旅行記やハチ公の話はきっと心をひかれるに違いない。著者は日本犬をもとめて全国を歩きまわり、いろいろのよき人にあい、同時に多くの日本犬にも出あうことができた。それがはげましになっていよいよ日本犬の研究に没頭している。特に興をおぼえるのはチベットを探検して名を知られた河口慧海師と親交があり、慧海師のチベット仏典研究の態度には大きく学ぶものがあったようで、自らも昭和元年以来今日まで日本犬研究に全精力をかたむけることになる。

本書は単なる読み物ではなくしたがっていわゆる面白い書物ではないが、生きるということはどういうことかを考える人、また日本犬に興味を持つ人にはすすめたい。（日本読書新聞　昭和三十九年十月二十六日）

昭和四十年代

富永盛治郎［著］・渋沢敬三［監修］

『五百種魚体解剖図説』〈全五冊〉

（角川書店　昭和四十〜四十二年）

富永さんの魚体解剖図がいよいよ出版せられることになったのはほんとに喜びにたえない。富永さんは長い間海の上で暮した。魚をとるためではなくて見るためであった。魚が海の中でどんなに生きているかを見つめ、そういう生活と魚の体質とにどんな関係があるかを知ろうとしてとった魚はその場で解剖して相関関係をさぐった。だれにたのまれたのでもないけれども、それがわからなければ、魚族の保護も合理的な漁法の発見もむずかしいと考えた。しかし魚の種類は多い。その一つ一つについて追いまわした。そのうちに年をとられて海上生活はむずかしくなった。その間に描いた解剖図はたいへんな量になった。これを出版することは容易ではない。このままにしておくのはいかにも惜しいと渋沢敬三先生が出版を引きうけられたのだが、先生は中途にして逝かれた。しかし先生のご遺志によって日の目を見ることになった。富永さんにとっては長い長い道であった。だがその蓄積はきっと多くの人々に、また学問の上に役立つであろう。生涯をかけた仕事には何人をも動かさずにおかぬ真実なものがある。

（『五百種魚体解剖図説』内容見本　昭和四十年五月）

松永伍一［著］

『日本のナショナリズム』

（大和書房　昭和四十年）

私はこの著者のものはできるだけ注意深く読んでいる。民間の伝承を単なるセンチメンタリズムで見ようとするのではなく、近代的な姿勢でとらえようとしているからである。と同時に、実によく文献にあたってしらべている。

そしてこの書の場合はそうした文献を十分あさった上に九州山脈の背梁筋にある高千穂（そこは日本神話のふるさととされているところである）、五家荘（平家の落人の子孫だといわれる）、椎葉、米良、南へ下って鹿児島地方などを丹念にあるき、そこに生きている人たちの生活の中にへばりついているかさぶたのようなもの、しかもその地の人たちにとってはそれを誇りにしているような習俗が逆にどれほどその生活をゆがめており、また無意味なものであるかを訴えようとしている。

著者は天孫降臨の神話を高千穂の地に定着させようとして努力した先人の姿とこれを利用しようとする者の姿をあばき、同様な手法で、五家荘の平家落人伝説のデッチあげとその底にひそむ山民の劣等感を戯画化してとらえている。

しかしその山中における日常生活がどういうものであったかという具体例として米良、椎葉の生活を紹介し、また鹿児島地方の俗信の中に生きる人びとの姿を描いている。そうした生活はきびしい自然の中に生きる貧しさが生んだものであり、それが堕胎、間引や人買いをさせることにもなった。哀調をおびた労働歌にもなれば、百姓一揆をも連発させた。それを裏返しにしたものが、この地方に見られるナショナリズムであると見ている。

著者ははじめ「秘境の日本人」と題して論を進めたというが、出版社の要望で改題したという。むしろ「秘境の日本人」の方が適切であったかと思う。ただこの書を読んでいてこれほどの情熱を持った著者ならば、このようになかばあざわらうような言い方をするまえに、もっとじっくりその土地に入り込み、時にはこの人たちと生活を共にしつつ、なぜそこにそのような生活が存在しなければならなかったかを内側から見てほしかったと思う。その方が訴える力もはるかに大きかったのではなかろうか。

私は著者のあるいた所をほとんど歩いているから読んでいて一応理解できるが、そうでない読者には現実的なものは十分理解できず理論めいたことばだけが現実の上を吹きすぎている感を抱かせるのではなかろうか。

（日本読書新聞　昭和四十年五月十日）

文化財保護委員会［編］

『田植の習俗』一〈全五巻〉

（平凡社　昭和四十年）

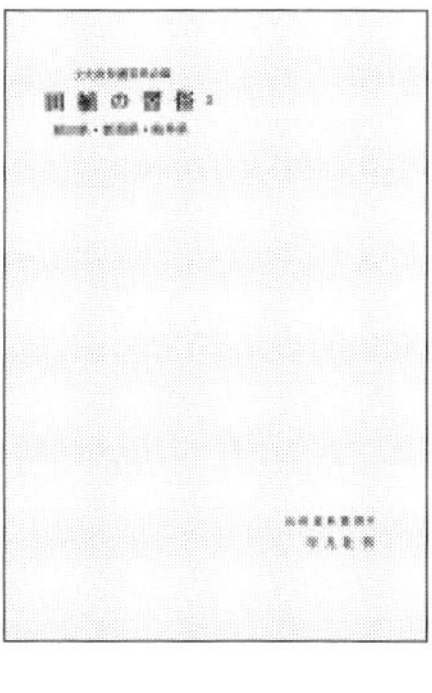

やっと陽の目を

文化財保護委員会で昭和二十九年以来続けられていた民俗資料調査の第一冊、岩手県の田植習俗がやっと公刊せられた。同委員会は公の組織を利用して全国にわたって、最近絶滅衰退しつつある民俗資料のうちとくに日本民族文化の開明のために重要な手掛りになると思われるものをえらび、各地の篤学の有志に依頼し調査記録作成を続けて来た。しかもその調査費たるや、全く雀の涙程度のもので、他の学術調査費などにくらべるとお話にならないものであったが、そうした中にあって地方在住の学徒は協力を惜しまず調査をすすめ、中には地方の教育委員会その他からその結果を出版したものも若干ある。『子供組の習俗（長野）』、『中馬制の記録（長野）』、『民俗資料―桑取谷の正月行事・佐渡の車田・木地屋習俗・ドブネの製作工程（新潟）』、『田植習俗（茨城）』、『八幡古表神社の傀儡子（福岡）』、『奥三河の木地屋（北設楽郡木地屋研究会）』などは私の眼にふれたものであるが、そのほかにも多数出版せられているであろう。しかしそれらは地方で出版され、しかも宣伝が十分に行き届かないからこれを知るものは少ない。当然それはもっと多くの人たちの眼にふれるような形式で発表せらるべきものであったが、文化国家というものはそういう事業にさく予算はいたって少ないものと見えて、なかなか公刊の計画がすすまなかったのである。それがとに角第一冊が日の目を見た。これをきっかけにおそらく続々と資料の出版がなされると思うが、四兆円をこえる予算を組む大国家だから、こういう微々たるものの出版費はつい忘れ勝になるのであろうが、とに角断絶することなく続けてもらいたい。

問題投げる車田植

そこで本書におさめられた資料であるが、岩手県北上山中の伊手と小友という二部落を中心にして、田植習俗と正月行事を調査したものである。伊手の田植で注目されるのはお田の神をあそばせる行事である。苗三把を田の中にたて、昼休みのあいだそのままにしておき、午后その束をといて四方に後退しながら植えていく。渦巻のように植えていくこともあってこれを車田植といったという。この一つの習俗がいろいろの問題を投げかける。車田植はここにあるだけでなく方々にあるからである。もう車田植はおこなわなくなっていてもいまも各地をあるくと、小さい円形の田が、広い田の中にポツンととりのこされているのを見かける。私の見ただけでも何十というほどある。田植は単なる労働ではなくて神祭をともなったものであり、その神祭にともなって田楽をおこなう所もあったわけである。伊手の東北一五キロほどのところにある小友にもまわり田植はあったというが、神事的なものはともなっていない。小友は全体的に儀礼的な習俗が少ない。それは開拓の歴史が新しいことにあるようである。国の端々には古い習俗がのこると簡単に信じられ勝ちだが、むしろ開村の古さに影響されることが多いようである。それは正月行事などについても言い得ることである。

伊手の正月行事を見ると、年の暮にまずオタテギをたて、節餅つきをし、ミタマメシをつくり、トシナ（年縄）をかざり、若水を汲み、団子飾りをし、道具をやすめ、庭田植をおこない、成木責めをし、また正月十五・六日にはモノマネ、カセドリ、ネブト追い、ヤッコガシなど実に多くの行事がある。しかもそれが一軒一軒でやり方が少しずつ違うのである。が小友の方は行事がかなり簡単になっているようである。これも開村の歴史と関係のあることと思われる。今一つ貧しい村ほど行事は乏しくなるようである。

水田農耕の展開

民俗学も若い学問だと言いながら、もう五〇年の歴史を持って来た。この学問でいままで一番大きな欠点はインテンシブな調査の少なかったことである。たとえばここに見られるように綿密な田植習俗の調査など、今までほとんどおこなわれていない。さてこれほど綿密に調査されたものによって比較して見ていくと日本の水田農耕がどのような方法でどんなにして国の隅々まで浸透発展していったかを追及発見できるような気がする。そういう意味でこの民俗調査は非常に重要な意義をもっており、他のあらゆる民俗についても、それが滅亡しないうちに調査し記録しておいてもらいたいものである。それはこういう組織を利用することによって初めて可能になる。個人的におこなう場合にはどうしても恣意的になる。民俗資料の精確な記録が豊富なことが、この学問の健全な発展をうながし、日本文化を見る正確な眼をつくるもとになるのではないかと思う。それにしても官庁の仕事としてこの書物は定価が少し高い。もう少し安く入手でき多くの人にゆきわたるような配慮があっていいと思う。

（図書新聞　昭和四十年五月十五日）

『日本の葬式』

井之口章次［著］

（早川書房　昭和四十年）
（写真は筑摩書房版　昭和五十二年）

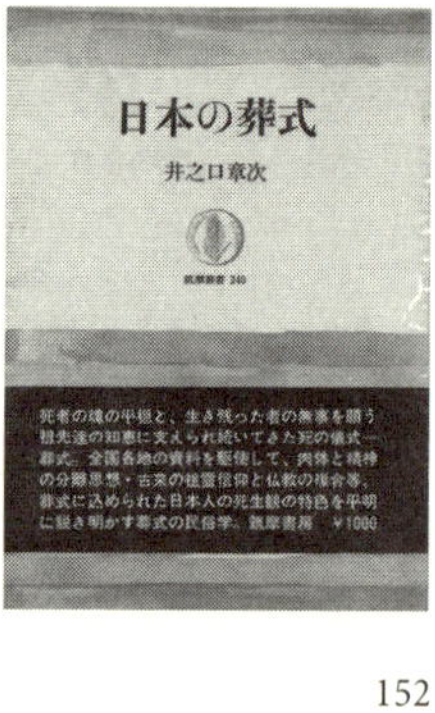

この書の著者は不思議な人である。人の死はいやなものであり、ましてそのとむらいをすることなど若い者にはおよそ興味のないものであるはずなのに学生時代から人の死と葬式の習俗の研究に取組んだ。実際に民俗調査をした人なら誰でも体験のあることだが、死の話や葬式の話は相手もいやな顔をするものである。そういう話をしていると、自分の身の上にも不幸がおそいかかって来るような気がするものである。それをまた好んでそうした話をきいてあるいた人である。

日本人は身体と魂は別々のもので魂は勝手に身体からぬけ出て浮遊するものだと考えた。死もまた魂が身体からぬけ出すときにおこる現象で、魂を身体によび戻せば生きかえるものとして死にあたっては魂よばいをするところが多かった。そのまた死体に猫の魂が入り込むことがよくあった。

一方死者のけがれが同年の者について不幸におとしいれるとも信じられ、同年者は耳ふさぎというまじないをする風習も各地に見られる。ところで魂は死後どこへ行くのであろうか。地獄極楽へ行くまえに善光寺へいくとか熊野の妙法寺山へいくとかいろいろの言い伝えがある。

さて人が死ぬると葬列にしたがって泣きながらあるく泣き女のいたところが多い。土地によっては泣き女をわざわざやとって来て泣いてもらうこともあった。そして魂は結局あの世へいってしまうので、死者のためのいろいろの後始末もしなければならないし、また死者のけがれが身について不幸にならぬようなまじないもしなければならぬ。

ところがその魂も三〇年五〇年たつと神になると考えた。それでいて人びとは死者のために墓をたてている。そのために日本中が墓だらけになるだろう。そこで先祖の墓は仕方がないとして自分の代からは墓なしにしたらどうかと説いている。

仏教が伝来してから死生観も葬式も全国一律になっているように思い勝ちだが、土地土地によって実におびただしい習俗のあることを教えてくれる。それはみんなが死をおそれつつ、みんなそこへ追いやられていくことについてのあがきのようにも見える。そして仏教だけでは律しきれなかった日本人の古くからの死生観をそこに見ることができる。

（「週刊読書人」　昭和四十年七月十九日）

『日本の葬式』の著者井之口氏とは十数年来の親交を願っている。そしてこの著者に心をひかれ、また畏敬の念を寄せているのは、その間一貫して、死を中心とした民俗の研究をつづけて来られたことである。死は誰もが一度はぶつかるものであり、死後どうなるものであるかについて何人も深い関心を寄せているが、死後の世界を見、これを実証した人もない。それだけに推測や想像をたくましくして来たものである。死ぬるにあたっては、死にいたる病がそのまえにある。それは多くは暗く絶望的なものである。その絶望的な様相が死のかげを暗いものにする。そのため死の問題にふれることを一般民衆はあまり好まなかったのであるが、著者はその問題にとりくんで来た稀有の人である。それまで死の民俗学的考察を体系的に研究しようとする者はなかった。それだけにこれを体系化した実証的な大著を著者に要求するのは私一人だけではない。しかもその事業を大成するものは著者をおいて他にないと信じている。

だが今回発表の『日本の葬式』はわれわれが待望しているような大著ではない。著書のあとがきによると、かつて発表された「仏教以前」を全面的に書きあらため、多くの人に関心を持ってもらいたいために話題をふやし、読み物としておもしろいようにつとめた、とある。そういう意味からすると啓蒙の書である。しかし単なる啓蒙の書でもない。著者の多年にわたる研究の集大成のダイジェスト版と言ってよいものかと思う。そしてきわめてあぶな気のない論理を展開している。

著者は日本人の生死に関する考え方の中にある基本的なものは肉体は魂の宿であり、魂は肉体から容易にはなれるものであるということに着目し、そこに焦点をあてて死に関する習俗の追及をこころみている。

まず内容についてざっとふれて見ると、魂は身体からぬけ出て浮遊するものであり、夢は魂が浮遊するときにおこる現象だとし、死もまた魂のぬけ出ることによって生ずる現象と見る。そこで死にあたっては魂をよびもどす行事がおこなわれている。そのよび戻し方も山に向っておこなうもの、井戸に向っておこなうもの、あるいは家の棟に上って枡やフゴなどをつかってよぶものなどいろいろあるが、とにかくすこしずつ形式はかわりつつも全国に分布していることを事例によって示している。但しこのように魂をよび戻そうとするのは死んではならぬ人が死のうとするときであり、普通に死んだ人の場合はよび戻そうとしないし、戻って来ない方がよいと考え、死者のよみがえらないための死水の習俗があると見ている。

人の死の前後には肉体だけあって霊魂がないので、成仏できないでいる無縁の霊や猫霊などが入り込む。またそういうものは死体をほしがるものであると考えられていた。

また、同齢者同士には共通の心霊が行きかよい、死者のけがれが同齢者にもおよぶと考えて、死のしらせをきかぬしるしとしての耳ふさぎをおこなう。それも少しずつ形式をちがえつつ全国にわたって、習俗の分布が見られる。

次に人が死ぬるとすぐ善光寺へまいって来るものだとの俗信があり、その弁当として枕飯か枕団子をすぐ供えなければならないとされているが、著者はその時期は身体から魂のぬけているときであり、それに枕飯を供えるのは米の飯の魅力によって死者の霊をよび戻し死者をよみがえらせることにあったのではないかと見ている。そして墓地もまた死者復活を待つ殯《もがり》の場所の発展したものだとしている。

葬儀にあたっては各地とも互助組織が見られ、葬儀そのものは村人の管理に移される例が多いが、死者の取扱は家族の者がおこなう。しかも死体を荒縄でしばりあげる風習がある。これは死霊に対する恐怖ではなくて無縁の霊がぬけがらの死体に入りたがっているのを防ぐためにしばるのではないかと著者は見ている。

次に葬列について見ると、問題になるのは先松明で、これは依代であるとともに忌火の移動だとしている。竜頭や四花《しけ》も死者の霊の依代と見る。棺にかける死者の着物もそれによって死者の霊魂を墓地に移動させるためであり、衣類を持ちはこぶことが霊魂を運ぶためだということが忘れられてから、棺を白布でまく棺まきが始まり、それがあったために善の綱の考えが取り入れられたという。

葬法にもいろいろの方法があった。土葬・火葬・水葬・野葬・林葬が中世にはおこなわれており、そのほかにも風葬・曝葬・洞窟葬・死体保存などがあるが、今日では主として土葬と火葬になっている。日本人は肉体は霊魂の宿と考えたから霊魂のぬけた死体は粗末にあつかう風習が見られたが、霊魂の方は適当な宿を見つけると、それに宿って再生すると考えられた。それが再生説話や転生説話を生んでいく。

死人の出た家には忌がかかると考えた。忌とは「たとえば真黒なものがべっとりとへばりつくような感じで受けとめてきた」と著者は言っている。その忌のかかっている間を喪屋をつくってこもる風習が各地にあったが、今日墓上に屋形の霊屋をつくるのは喪屋の退化もしくは象徴だという推測への橋わたしの役目を果していると著者は見ているが一つの達見であろう。

次に死者が生前に願をかけていた場合にはそれを戻しておかないとこの世と断ちきり得ないと考え、願もどしをする風習が各地にある。それにもいろいろの方法があり、その方法の中に霊魂に対する考え方がうかがわれる。著者は死とは霊肉が一瞬にして分離するものではなく徐々に分離して完全に死ぬまでにかなりの時日を要し、その過程にあたっていろいろの習俗が生れて来たと見ている。

さて死者の霊は年忌を重ねているうちに、神になると考えた。その弔い上げのときたてる塔婆にY字形のものをたてる風習が各地に見られるが、これは幣物をささげるのに都合がよかったからで、葉つき塔婆といわれるものに通ずるものと推定している。

そこで日本人のもともとの他界観は地獄極楽というようなものではなく、海の彼方または天空の世界へ魂のゆくものと考えた。そしてそのような魂はきよらかなものであり、人びとはきまった日にその霊を迎えて魂祭りをした。盆と正月がそれであった。

ところで死者のために墓をたてるのはもと供養塔の意味があり、それも上層階級だけのことで、庶民の間におこなわれるようになったのは江戸時代の中ごろからのことである。そういうことは習俗で、習俗は時代により環境によって変り得るべきものなのである。墓はかならずしもたてなければならないというようなものではない。

以上が本著にのべられていることのごくあらましである。日本における葬礼は仏教によって統一せられているように見えるけれども、実は複雑多岐をきわめている。仏教以前からの習俗が強く残存しているためであり、仏教そのものも古い習俗を否定するのではなく、むしろこれを利用して弘通《ぐずう》していった面が大きいからであろう。したがって仏教行事と見られるものに古来からの習俗が含まれており、また仏教行事も宗旨によってかなりの差がある。たとえば真宗では火葬が主になっているが、他の宗旨では土葬が多くなる。とに角複雑をきわめている葬式習俗、習俗であるが故に気のつかぬ間に変化していくこともあって、複雑になって来たものをここまでに整理し体系化して示されたことは一つの分野を開拓したものであり、本書は多くの人にすすめたいのである。だが限られた紙数の中ではどうしても言いおとしたことが多くなる。たとえば古代にあっては死穢をおそれたことは大へんなものであったようである。それがやがて神になっていく過程は年忌の供養をくりかえすだけで十分だったのであろうかどうか。

あるいはまた肉体と霊をわけて死を見、その事点で多くの資料を整理せられたことはきわめて興がふかいのであるが、それでは霊とか魂というものは一つだけであったのだろうか。神霊などというものはいくつにも分けることができ、そのために多くの末社をつくっているが、人間の魂も一つだけでなく、いくつもあったり、また一つのものをいくつにもわけることができたりするものではなかったかと考える。本著の習俗の中にそれと思われるものをいくつも見かける。

どこまでを生と見、どこからを死とみるかということの中にもそうした魂の複数制が問題になりはしないだろうかと思う。著者はおそらくそうしたことについての資料も持ちあわせており、そういうことについて説く用意もできているように思う。したがって神になり得る魂というものにもいろいろの種類があったのではなかったかというようなことについてもふれていただきたかった。

著者はまた古い文献をも時折使用しているが、もっと多くそういうものについてもふれていただきたかった。たとえば絵巻物の中に見える葬儀は多く夜間おこなわれている。現在も鹿児島県宝島などでは夜間おこなわれている。葬列のときの先松明はそういうものの名残ではないかと思っているが、おそらく著者の手持ちの資料の中にそれがあるはずであり、それについての意見もあるはずである。ところが本書ではスムーズに展開していくために大事な資料をかなり伏せてのべているのではないかと思われる節がある。限られた紙数で、一種の読み物にするためには止むを得ないことであろうが、実は著者に問いたい疑問をかなり多く持っている。それには著者の持っている葬式に関する資料の一切を公刊する機会を持っていただきたいと思う。本著がそういう契機をつくるものであって欲しい。

（「國學院雜誌」國學院大學　昭和四十年十月号）

鳴海助一［著］

『続津軽のことば』第三巻

（続津軽のことば刊行会　昭和四十年）

方言は今日まで悪いことばとして学校では排斥せられてきた。しかも方言をすてきれずに上京した少年が、その方言を笑われて自殺したという話もある。東京へ出て来て方言からぬけきれないものが肩身のせまい思いをすることはきわめて多い。

このような悲劇を生んだ原因はことばをよいことばとわるいことばにわけたことにある。それが卑語でないかぎり、日常つかっていることばに、よいもわるいもないはずである。ただ、そのことばがお互いの間に通じあうものでなければならぬから、共通語は必要である。共通語は単なる標準語ではなく、比較的ひろくつかわれているものや、歴史的にはっきりしていて、今も死語になっていないようなものはそれが地方でおこなわれていても、一般に使用できるようにすべきだと思う。

いま鳴海助一先生の『続津軽のことば』第三巻を読んでしみじみそう思うのである。先生は津軽の方言をとりあげ、その意味、つかい方、全国の類語、歴史的な考証、ことばにつらなる津軽地方の生活について、実にたんねんに記述しておられる。こういうことばの中には、いつかは消えてゆくものもあるであろうし、時には、わけもわからずにつかっているものも多いであろうが、このように記述しておけば、これは、ことばの一種の戸籍のようなものになる。そして今後は非常に貴重な資料として残るばかりでなく、今この中にあることばを、共通語としてつかっていいものがたくさんあることを発見する。

津軽は本州の北端ではあるが、海上交通の便もあり、上方地方へ積み出す米・海産物などの物資も多く、その交流もかなり盛んであったと思われるが、語彙の中にもそのおもかげをうかがうことのできるものがある。

たとえば、シタネエル（これは私は下萎えるの意ではないかと思うが）・シノ（ふるい）・ジンツタマコ（ずずだま）・ソラシ（田畑などを荒らす）・グランケ（ろくでなし）・ダマシ（あやすこと）・テェゲバン（手木番）・テェンド（仲間）・トトギ（つりがねにんじん）・ナェ（おまえ）など、多少なまってはいるが、古いことばをたくさん見出すことができる。そして、こういう書物を読んでみると、すくなくとも津軽地方の人が、そんなに卑屈にならねばならぬ理由はないことに思いいたる。

共通語を持ち、それを自由につかいうることは大切だが、自分たちのつかっている日常語が、どんな意味をもっているかを知る方がもっと大切なのである。実感のこもったことばで考えなければ、ほんとうの考えはうかばない。

私はそういう意味で、この書物が津軽の人たちに、多数読まれることを希望してやまない。

（東奥日報　昭和四十年十一月四日）

伊能嘉矩［著］

『台湾文化志』（全三冊）

（復刻版　刀江書院　昭和四十年（原本は昭和三年））

近頃、戦前に刊行された印象にのこる大著の再刊が目につく。本書もその一つである。本書の著者伊能《いのう》嘉矩《よしのり》氏は巻頭の小伝によると慶応三年岩手県遠野に生れ、明治二十二年二月十一日、在学中であった岩手県師範学校で寄宿舎騒動をおこして放校され、東京に出て新聞編集の仕事などにたずさわり、かたわら坪井正五郎博士主宰の人類学会々員となり、文化人類学に心を寄せるにいたった。

たまたま日清の役の勝利によって台湾が日本に領有せられることになると、同島の地理、歴史、人類についての体系的な研究のほとんどなされていない事実を知り、二十八年十一月台湾にわたり、総督府民政局に職を奉じ、島内の調査にしたがいつつ、その報告を人類学雑誌に連載した。

しかもその調査は当時恐れられていた蕃界にもおよび困難をきわめたものであったが、官の権力にたよることなく、いく度か死生の間をさまよいつつ踏査し、在島十年にして内地にかえり、理蕃沿革志、蕃情調査の編集などにしたがい、また史料編纂委員会の委員としても活躍したが、自身の事業として台湾文化誌の完成に生涯をささげ、しかも大正十四年五十九歳をもって永眠するまでについに刊行を見なかった。上中下三冊でおよそ三千頁に達する大冊であったからである。幸板沢武雄博士らの尽力奔走によって昭和三年刊行せられるにいたったが、台湾についての体系的な著述としては日本人の手になったもののうち、本書にまさるものはないであろう。

その主要な目次のみあげて見ると、清朝以前において支那人に知られたる台湾、領台原始、文治武備沿革、治匪政策（以上上巻）、教学の施設、社会政策、特殊の祀典及信仰、修志始末、経政沿革、農工沿革、交通沿革（以上中巻）、商販沿革、外力の進漸、拓植沿革、蕃政沿革、台湾の割譲、台湾に於ける地勢の変遷（以上下巻）となっており、台湾におけるあらゆる文化問題にふれており、その記述がきわめて実証的であり客観的であることによって、台湾における過去を理解しようとするためには第一に開かねばならぬ価値を今日も失ってはいない。

戦後考古学・文化人類学（民族学）徒による海外調査活動は目ざましいものがあり、それらによって日本の世界における文化的民族的位置と関連も次第に開明せられつつあるが、ソ連、中共、南北朝鮮、台湾などについての日本人としての学術調査はほとんどゆるされていない。

そして、隣国でありながらきわめて遠いところになってしまっているのであるが、戦前におけるすぐれた調査結果の反省と検討もこのあたりで一度本格的になされた上で、それが今後の文化交流に役立つように準備されていいのではないかと思う。そういう意味では本書は決して単なる旧著ではなく現在的な意味ももっていると考える。

（日本読書新聞　昭和四十年十一月十五日）

清水正健［編］

『荘園志料』

（角川書店　昭和四十年（原本は帝都出版　昭和八年））

このたび清水正健氏の『荘園志料』が角川書店から復刻再刊せられる運びになったことは私としてはこの上ない喜びである。私は元来民俗学徒であるけれども、民俗学徒はともすると現行の習俗を論じてすぐそれを古代または始源の姿に説き及ぼそうとする風が見られたのであるが、実はその間に中世の世界があり、それはともすると見忘れられがちになっていた。それは私自身についてとくに強く反省せられたことであった。そしてその欠陥を私自身何らかの方法で補いたいものだと思っていたとき、私は『荘園志料』を常民文化研究所の書架に見出し、暇あるごとにこの『志料』をよむ機会を得た。昭和十七年から三十年頃までのことであった。まず自分の育った瀬戸内海関係のものは丹念によみ、全文を書きとり、他の地方のものは自分に必要な部分をメモにとった。そして中世社会を理解するよすがにしたのであった。私自身にとって、この書は実に多くのことを学んだし、この書によって中世を理解する緒をつくったといってよかった。しかし、この書自身それほど広く世間には流布しなかったもののようで、今日では書名は知っていても実物を見かけたことはないという人が多かった。もともと荘園関係の資料が、原文のまま、あるいは省略して収められていて、専門の学徒以外にはとりつきにくいものであり、流布が限られていたのは当然であったが、中世を理解し、荘園一般の構造や変遷を知ろうとするためには、これほど便利で、また役に立つ書物はないと言ってよい。しかも中世社会の研究は戦後は著しく進んで来ている。そして久しく空白を感じていたこの時代の歴史的意味や社会構造が明らかになって来つつあり、歴史学徒の中世によせる関心も深まっているだけに、この書の再刊は意義深いことと思うのである。

（『荘園志料』内容見本　角川書店　昭和四十年十二月）

『沖縄風物版画集』

儀間比呂志［画］

（岩崎書店　昭和四十一年）

（写真は　昭和四十九年刊の限定版）

今日ふるさとを出て生活している人びとで、そのふるさとを背負っているという感じの人は大変少なくなった。しかし儀間さんはふるさとをしっかりと背負い、ふるさと人の心をもって生きつづけて来られた。その数々の作品にそれが実によくあらわれている。しかも儀間さんの作品の中のおきなわびとは実に健康で生き生きしている。みんなが力一ぱい生きている。私は儀間さんの版画を見ていると、千年近くもまえに描かれた『扇面古写経』の絵を思い出す。そこに描かれた人たちもみな健康であった。沖縄でもまたその健康でたくましい力が、沖縄の本土復帰を早めたのであろうと思うが、復帰後このたくましいものが萎縮しないように祈る心は儀間さんの版画を見る人のすべてにあるのではないかと思う。実はそれは儀間さんの今日まで制作しつづけて来た本心でもあり、またねがいでもあると思う。

（『沖縄風物版画集』内容見本　昭和四十一年四月）

『版画風土記　沖縄』

儀間比呂志［著］

（私家版？　昭和四十一年）

（後に海風社版『新版画風土記　沖縄』平成元年）

「沖縄は日本である」ともっとも切実に思っているのは沖縄県人である。その沖縄は二五〇年ほどの間、島津氏に占領されて圧政に苦しんできた。一方清朝へも朝貢していた。明治十二年になって沖縄県としてはっきり日本への帰属がきまったが、他の県同様に取扱われたわけではない。異質なものとして見られ、また取扱われてきた。それらのすべては内地人の偏見によるものであったが、沖縄の文化が基本的には日

本文化と同系であり、しかもより多くの古風を温存していることを明らかにしたのは柳田国男先生であった。先生の学問的追及と沖縄を日本人全体に理解させせようとする活動は目ざましいものがあったが、それは日本全体には何ほども浸透しなかった。一方、沖縄県人の日本人としての自覚は明治・大正・昭和を通じてきわめて深いものになっていった。孤島苦になやまされ、島民を理解しない行政の中に生きつつも。そして太平洋戦争の末期、米軍の上陸作戦には全島をあげて戦った。祖国防衛のために。それを内地人はどれだけ理解していることか。米軍占領後、沖縄はまるで異国のように忘れられてしまった。

この書物を見ているとそのいきどおりがつよくあらわれている。沖縄の風土を版画で描き、それに文章をつけたものであるが、絵と文章はよく結びついている。著者の胸のうちにうつぼつとたぎるいきどおりが、あらあらしいタッチの絵の中にも見え、文章の中にもうかがわれる。著者は一人でも多くの内地人に沖縄を、沖縄県人を理解してもらいたいのである。著者は限りなく郷土を愛している。と同時に本土への復帰を願っている。それは最後の頁の絵、「辺土岬《へどみさき》」によく表現されている。母が子をしっかりと抱きしめている。その絵のように日本は沖縄をしっかりと抱きかかえてもらいたいと念願している。

私は本書の絵を見ていて、沖縄県人がもっともよく表現されているように思った。佐藤首相が沖縄へいったあと、すぐ上京して来た琉球大学の学生が「私もあのデモに出ていったのですよ。出ていかずにおれなかったのです。それも佐藤首相をやっつけようというのではないのです。それなのに米軍の宿舎へにげるなんて、ほんとに失望しました。それだから二〇年もほっておかれたのですね」と言った。この学生の気持はそのままこの書物にもあらわれている。ここに見るカットをいれて三六葉の版面は決して牧歌的なものではない。したがって観光用のものではない。琉歌と舞踊と泡盛ではなく、ここにはきわめて健康な、時には苦渋にみちた沖縄人が描かれている。とくに「火風」の版画はすばらしい。台風にたち向っている三人の顔は、そのまま沖縄人があるいてきた姿を示している。

なお、本書が風土記といわれるゆえんは島の風土について書いているからで、その項目の主なものをあげて見ると、守礼の邦、進貢船、江戸上り、空手、人頭税石、歌と踊りの島、壺屋、芭蕉布、蛇皮線、糸満の女、闘牛、エイサー、宮古島のハーリー、ソテツ、墓などがある。著者はそれらのものに沖縄を代表させている。それらを通して沖縄県人としての現在的な立場を主張している。そういう意味で沖縄を理解しようとするもの、関心をもつものにとっては深い共感をおぼえるであろう。沖縄はもっともっと理解されなければならぬ。それは単なる同情であってはならぬ。同胞として同志としてである。そういう意味で本書は多くの方にすすめたい本である。いささか提灯もちのような記事になったけれど私としては卒直にこの書に感動したことをのべたまでである。

（「美術手帖」二六五号　美術出版社　昭和四十一年四月一日）

有賀喜左衛門［著］

『有賀喜左衛門著作集』〈全一〇巻・別巻一〉

（未来社　昭和四十一年）

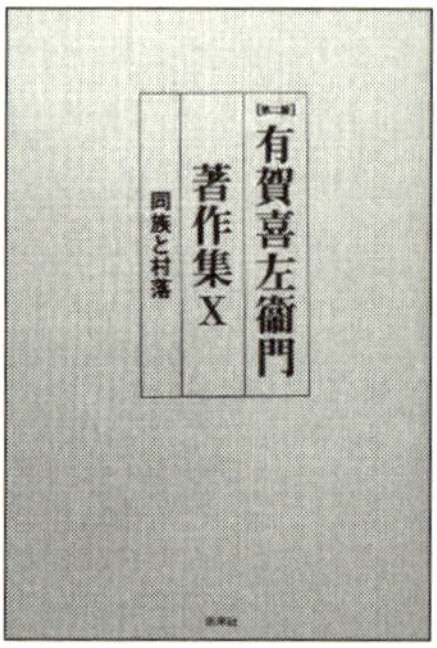

有賀先生の著作集が刊行せられることは先生の教えをうけている者の一人として喜びにたえない。先生の著書はそんなに多くはない。だからかつて単行本になったものは皆よむことができた。先生は発想はきわめて理論的組織的だが、同時に抒情的で、読むものはそのためいかにも息が長いという感をうける。そしてその底に何かがまだひそんでいるという思いをいだかせる。事実そうなのである。『日本家族制度と小作制度』ははじめ『農村社会の研究』という名で公にせられたが、それがさらに内容が倍化せられ論理の目をこまやかにした。『大家族制度と名子制度』などもおなじく大きく発展させ得る内容をもつ実証的な研究であって、その研究の発展過程を一つ著書の中で示し得る人として先生の学問的な態度と方法論にはまなぶべきものが実に多い。それは先生の詩人的素質にまつところが大きい故であろうと考える。

（『有賀喜左衛門著作集』内容見本　昭和四十一年六月）

『遠野物語』

柳田国男［著］

（聚精堂　明治四十三年）
（現在は岩波文庫・角川ソフィア文庫・集英社文庫など）

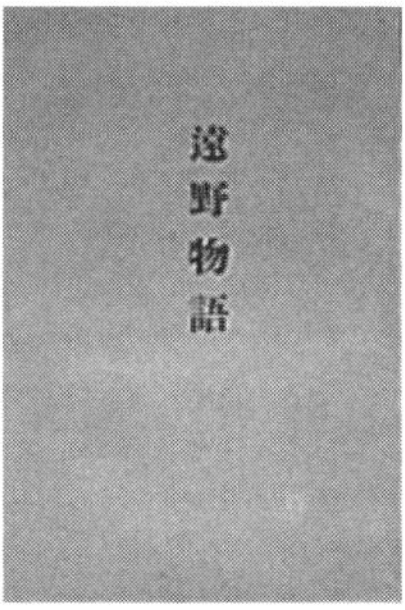

「昨年八月の末自分は遠野郷に遊びたり。花巻より十余里の路上には町場三ケ所あり。其他は唯青き山と原野なり。人煙の稀少なること北海道石狩の平野よりも甚だし。……遠野の城下は則ち煙花の街なり。馬を駅亭の主人に借りて独り郊外の村々を巡りたり。……猿ケ石の渓谷は土肥えてよく拓けたり。路傍に石塔の多きこと諸国其比を知らず。高処より展望すれば早稲正に熟し晩稲は花盛にて水は悉く落ちて川に在り」

この『遠野物語』の序文に心をひかれて私が岩手県遠野の町をおとずれたのは昭和十五年の年の瀬もおしつまったころであった。宿を町の中にとってそれから三、四日遠野平をあるきまわり、早池峯の下までいって泊って来たことがあった。そしてこの物語の書かれた明治四十三年ごろに比して何ほどもかわっていないことをたしかめて、深い感慨をおぼえた。この書物は明治四十二年、遠野の人佐々木喜善氏から遠野地方の民間伝承をきき、書きためたもので、当時佐々木氏は二十四、五歳、著者柳田国男先生は十歳の年長であった。柳田先生は年若い佐々木さんの話に『今昔物語』の世界が現実に生きている事実を知った。

それまで文字を持たない農民たちを無知蒙昧《もうまい》と断じて来たが、文字を持たずとも、口頭の伝承によって彼らは彼らなりの文化を持って来たのである。

そしてこの書物や、同年に出た『石神問答』、前年に出た『後狩詞記《のちのかりことばのき》』を起点にして日本の民俗学は展開して来るのである。私が『遠野物語』にはじめて接したのは昭和九年、大阪の沢田四郎作博士の書斎であった。そのときの心ひそかなおどろきはいまもおぼえている。農民に日ごろ用いられている粗野と思われる言葉も、大して粉飾を加えなくてもこのように整理記録するとあじわい深いものになるのであろうか、と。

それまで伝説など美文調で書かれたものは多かった。しかしそういうものに心をひかれたことは少なかった。が『遠野物語』は先生の筆力の故か、農民の言葉の中にわれわれをひきつけるものがあるのか、実はその両方であったわけだが、私はこの書物をよんで、口頭伝承の記録整理の仕方を教えられたのである。昭和十年、この書物は増補して再刊され、容易に手にすることができ、以後この書物を手本にして私の民俗学の聞取りはすすめられていく。

またこの書物を読んだ多くの人たちがまるで聖地巡拝のように遠野を訪れた。中には山下久男さんのように、わざわざ志願して遠野高等女学校の先生になって、この地の伝承の調査のために長い年月をかけた人もあった。

だが、私が昭和十五年に訪れたとき、佐々木喜善さんはなくなっており、大きな家の軒下で老母がひとり菰《こも》を編んでいた。

『遠野物語』には不思議な話がたくさん書きつらねてある。村人たちはその不思議を真実なものとして語り伝えていたのであるが、私が訪れた家々のいろりばたの人たちも、道づれになった老婆も、まだその不思議を信じてうたがわなかった。「このごろオシラサマが方々でいなくなるという話をきくが、きっと戦争へ味方をたすけにいっているのであろう」と二斗入りの稗《ひえ》の俵を背負って、それを塩とかえるために遠野の町へゆく老婆は話してくれたが、戦争にはとうとう勝てなかった。オシラサマはよく飛ぶ神様だと信じられていた。

昭和二十年の夏であった。私の家は戦災で焼けた。無数の焼夷《しょうい》弾がふりそそいで来たが、何とかして消しとめたいと思って努力した。しかしついにおよばなかった。猛火が家を包んだ。家の外から見ると、もう書架へ火がついていた。私はとっさに家の中へかけこんで、そのもえている書架の中から一冊をぬきだした。『遠野物語』であった。他は何も彼も焼いてしまった。そして書物は三日間くすぶりもえつづけた。私は焼けあとで『遠野物語』をよんだ。いかにも素朴であった。そして焼けたことさえがなかばおとぎ話のように思えた。と同時に遠野はどうなっているだろうか、あそこにはいつまでも素朴な平和があってほしいものだと、ふと思った。昨年遠野をおとずれて、見ちがえるようにかわっている町をあるいた。新しい時代がここにもはじまりつつある。しかし、私は『遠野物語』によって民俗学の世界にふみ入り、『遠野物語』によってどうやら今日までこの学問を捨てないで来たのである。

（「一冊の本　3」朝日新聞東京本社学芸部編　雪華社　昭和四十一年七月）

日本民俗学会［編］

『離島生活の研究』

（集英社　昭和四十一年（国書刊行会　昭和六十二年））

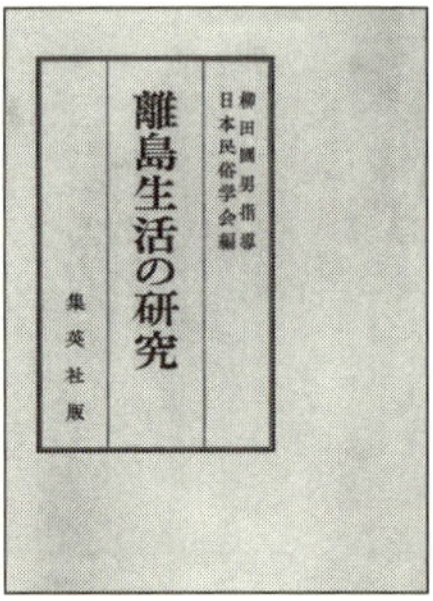

柳田国男先生は離島の民俗学的研究に執念に似た熱情をもっておられた。日本文化解明の大きなカギになると考えたからで、この書物も先生の念願の一つのあらわれである。戦前から調査計画をたて、実現を見たのは昭和二十五年から三ヵ年間、三〇余島を調査した。

ここに収めたのは一九島、北は宮城県江島から南は鹿児島県宝島におよび、その中には交通のきわめて不便な伊豆利島、御蔵島、青ヶ島、新潟県粟島、鹿児島県黒島、甑島《こしきじま》なども含まれている。島の概況・衣食住・婚姻・産育・葬制・生業・労働慣行・信仰など生活全般にわたって、島ごとにまとめて報告されているため、それぞれの島の地域的特性をうかがうことができる。また戦後間もないころの島の生活のきびしさ、漁業などずいぶん古風であったことがうかがわれる。ただ一島の報告が三〇頁から六〇頁程度（それでも九六〇頁の大冊になる）なので、報告を割愛した部分が多いと思われる。

しかし調査者たち一七人が、桜田勝徳、大藤時彦、和歌森太郎氏をはじめ、自他ともにゆるすエキスパートであり、情熱をかたむけての調査であったから記事も正確で、要を得ており、資料的価値は高く、今後、離島生活の研究には必須の書となるであろう。本書はもっと早く出版すべきであったが経費の調達がつかず、柳田先生未亡人の寄付によって刊行を見たという。

（朝日新聞　昭和四十一年十一月一日）

五来 重［著］　赤尾 譲［写真］

『微笑仏―木喰の境涯』

（淡交新社　昭和四十一年）

私はいままで木喰行道《もくじきぎょうどう》についてしらべたこともなければ関心をもったこともなかった。したがって柳宗悦の業績について接する機会もなかった。ただ木食応其《おうご》については若干の興味をもち、高野文書をよんだり、現地をあるいてしらべて見たことがある。関東をあるいていた乞食僧が高野へ戻って来て豊臣秀吉を向こうにまわして一歩もひかなかった見事さに心をうたれた。そして民衆は一般に低く見られ、見くびられ、愚昧の者と考えられ、家康など「百姓の前にてはずいぶん威張るがよし」とか「百姓と種油はしぼればしぼるほど出るものなり」などと言われて来たけれども、仮りにその地位を与えられるならば、上層階級の人びとと力量において才能において何らかかわるところのないものであることを痛感するとともに、

この応其と対決した秀吉自身も庶民の出身であることに興をおぼえた。

いま『微笑仏―木喰の境涯』をよんでいよいよその感を深くする。但し木喰行道には深い教養はなかったように思われる。文字や文章を見てもきわめて無雑作であり、そこに記されている内容からしても仏教の教理に深く通じた人ではなく、最近まで各地で見かけた回国行者の一人であったと見ていい。

こういう人たちに何人も出あったことがあるが、ほぼ共通していることは話し上手であり、その言っていることがどこまで本当かわからぬようなことが多い。時には神仏の霊力をとき、自分もまたその霊力をそなえているという。広い世間のことを知っていて、その旅先で出あった体験を語る。そして何か一つの特技をもっている。呪いが上手とか、加持祈禱が上手とか、時には絵を書き、表具などもおこなう。ただ正業につくことがきらいのようであった。貧しく暮しても放浪して思いのままのことをして見たいと考えている。

世間にはまたそういう人を面白がって迎え入れるような村があり人がいた。村にはまたそういう人を受け入れる設備があった。どこへいっても無住の庵・堂・寮などといわれるものがある。三十戸、四十戸ある村ならばたいてい一つはある。仏壇があって板敷の広間があり、それに畳を敷き、いろりを切った間がついている。村人はそこをいろいろの集合につかう。が日常は空いたままになっている。その仏壇にまつられている仏像を見ると、京都あたりの仏師の作ったと思われるものはほとんどない。素人くさtermsのあるものが多い。

私は長い間地方をあるきまわったもので、そういうお堂の中はよくのぞいて見たし、時には村人に話をたのまれて話しあった経験を無数に持ち、時にはまたそういうところへ住んで見たいと思ったこともしばしばあるし、時にはまたそこに人の住んでいるのに出会ったことがある。僧といわれるには修業が足りぬ。多少の経文は知っているが大したことはない。行者とか法人とか法印とかよばれていることが多いが、これはたまたまやって来てその土地に何らかの因縁を生じて住みついたもので、その土地出身という人はいなかった。そしてその人が死ねばまた無住になる。

そういう人が村にいてくれることは村人にとっては心強かったようである。世間のことも知っている。病人が出れば加持祈禱もしてくれる。いろいろ相談にものってくれる。だから村人がこれは悪い人ではないと思えば、堂庵が無住であるかぎり、そこに住んでもらうことを希望した。きだみのるのいる八王子市恩方の山寺もそういう寺だし、今東光の住みついた大阪府八尾市の天台院もそれに近い寺であった。天台院は今東光の住職になるまえまでは山伏が住んでいた。こういう大家を引き合いに出すのはいけないけれども、放浪性と若干の宗教性のある人間は一様に発表欲があり、自己顕示欲があって、どこかへ自分の名をとどめておきたいような気持をもっていた。下手な歌をつくったり、絵をかいたり、また彫刻などもして見る。村人にはそれが時にりっぱなものに見えた。よい仏様があるから見てくれと案内せられて、素人くさい稚拙な仏像であったということは多い。

木喰行道もそういう回国行者の一人であり、またその作品ののこされた寺など見ても、りっぱな格式をもったものは少なく、おそらく気のおもむくままに、あるいは請われるままに足をとどめて、木彫をおこなったものであると思う。しかも本人の書きのこした記録があり、それをたどることによって、全国に残存している作品をその制作の年代順に見ることのできるのは回国行者の姿が浮き彫りにされて教えられることがきわめて多い。

こういう行者でその伝記のかなりあきらかなものに円空がある。円空は江戸初期に出た。そして世間で問題にされるようになったのは、木喰行道よりはおくれて、戦後のことであった。しかし円空に注目したのはおなじような旅行者であった菅江真澄で、その遊覧記の中でふれており、北海道での旅は円空のあるいた道を歩いている。行者たちにはおよそそのたどる道すじのきまりがあったようで、木喰も北海道ではおなじ道をあるいている。そして木喰行道は真澄よりは二〇年ほどまえに渡道していくつかの仏像をきざんでいるのだから、そのうわさ話は真澄の耳に入っていたに違いないし、作品も見ているに違いないが、真澄の綿密をきわめた観察眼のきわめてするどい紀行文の中に登場して来ないのは、真澄がその作品を大して高く評価していなかったためかもわからない。

つまり、柳宗悦が問題にするまではありふれた仏像の一つとして世間も見すごして来たのであるが、その伝記と行跡があきらかにされて、その人生の経歴の上に作品をならべて見ると、この行者の、行者として歩いた道と作品が体系化されて、そこに庶民の精神史がうきぼりにされ、実に深い感慨をおぼえるのである。

もし無数の無名の回国行者たちのライフヒストリーが発掘せられるならば行道に見られるような精神発展史が行道ほどでなくても明らかにされることと思う。

しかもこのような精神発展史は民衆生活に密着しつつ、一方では風雪にたえた力強さをもっていると思う。行道の作品の芸術的な価値は私にはわからない。しかしその作品の中にあらわれた生命力のたくましさ、執拗さには心をうたれる。ひるむところがなく、たるむところがない。そして作品を通じて精神の発展を見ることができる。死にいたるまで作品の中に疲れを見出さず、いよいよ人生への肯定を見出すのである。

いわゆる偉大な民衆の一人であったといえると思う。そして行道にとって仏法の教理も、自己の作品の巧拙も大して問題ではなく、自分が体験し理解したものの表現に全力をあげていたと思われる。そしてその作品をのこし得る場をもとめて歩きつづけたのであろう。

草に埋もれたこうした人生は無数にあった。これをもとめ明らかにすることができるものならば、多くの人びとの協力によってさらに多くの円空や行道に準ずる行者たちの姿を明らかにしたいものである。

(「民芸手帖」四二　東京民芸協会　昭和四十二年三月一日)

日本交通公社［編］

『全国秘境ガイド』

（日本交通公社　昭和四十二年）

この書物をよんで見ると秘境という概念やイメージもずいぶんかわったものだと思う。「手軽に行けて、案外人びとに知られてない所」あるいは客が日に三〇人くらいくるところも秘境であり、鶴がわたって来ると毎年新聞に報道せられているようなところもここでは秘境として取りあつかわれている。つまり観光客のために、割合人の訪れることの少ない、見おとされているところを観光関係のジャーナリストたちが、一県に一ヵ所ずつえらんで紹介したもので、秘境ということばを極く軽くあまい解釈をしてかからないと、読む方の側ではだまされた感をふかくすることになるかもわからない。

さて紹介されたものを大きく分類して見ると、景勝地一八、史蹟伝説地一四、温泉一四ということになっている。温泉の中には鉱泉も含まれている。そしてここにいう秘境は唯単に山間僻地のかくれ里というのではなくて、観光別に一見する価値がありながら見おとされて、こんなところもあったのかと思われるようなところがあげられているという点においてあわただしい旅をする者にとっては秘境気分が味わえると思う。しかし東日本と西日本ではかなり事情が違っていて、北上山中の上有芸、安家洞、吾妻山中の秘湯、木曾王滝の奥、岐阜揖斐川上流の山中など東日本では秘境といわれるにふさわしいところもたくさん紹介せられている。

いずれにしても、旅なれてくると観光客のおしかけているところよりは人の見おとしてしかもいって見ると案外よいという場所をもとめたくなるのは人情である。そういう人たちにとってはこの書物は旅の仕方をおしえてくれるものがある。同時にここに紹介せられたような秘境ならば、一般観光ルートからすこしはずれて見ると実はずいぶんたくさんある。そしてそういう所は大ぜいでゆくのでなく一人二人でゆくことに価値がある。そうなると秘境というのはひそかにいっておもしろいという意味も含まれて来る。

（「週刊読書人」昭和四十二年四月十日）

林屋辰三郎［著］

『日本　歴史と文化』（上・下）

（平凡社　昭和四十一年）

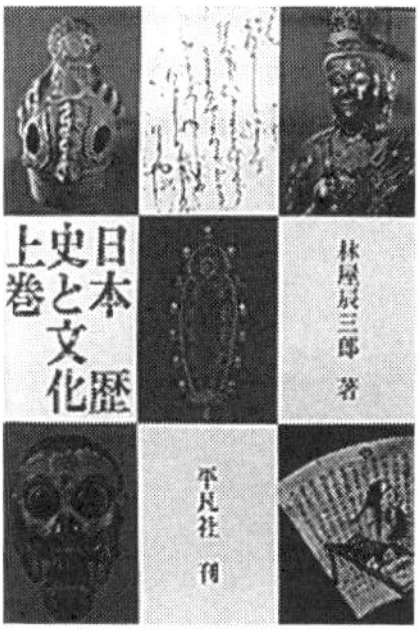

最近いろいろの豪華な書物、古い名著の復刊などがあいつぎ、ようやく文化国家らしい色彩をおびて

きつつあるが、日本文化とはどういうものか、どういう特色をもち、どのように発展してきたかについて、手ごろにまとめられたものは少ない。本書はB5判五〇〇頁二冊からなるものであるから、手ごろというには少し大きいが、とにかく日本文化の歴史を見てゆくうえには是非よんでおかなければならない書物になるであろう、実はまだその上巻が刊行されたにすぎないのだから、著者は「はしがき」で言っているごとく、日本は中国に対する国際的自覚と祖先たちの過去の結集のうえに誕生し、また山嶽の国であると同時に海洋の国であり、他国と隔絶し独自の世界をつくる鎖国的作用と海を通路として国際的な交流をおこなう開国的作用をもったことに着目し、自然の美とのからみあいによって生れた文化の歴史を見ようとしている。そして上巻は序章「歴史と文化」、第一章「古代の誕生」、第二章「律令の世界」、第三章「王朝の盛衰」、第四章「中世の形成」、第五章「道理の世界」と筆をすすめて南北朝の内乱で終わっている。日本列島の上に人の住んだのは一〇万年もまえからのことであり、長い無土器文化の後一万年ほどまえから縄文式土器が出現する。狩猟や漁撈などを中心とした呪術性のつよい社会であったが、二〇〇〇年まえに稲作技術が伝来して弥生時代がはじまり、稲と鉄によって農耕社会が形成せられてくる。と同時に小国家が群生し、やがてそれらが統一せられて大和国家が誕生する。この頃から大陸と盛んに通交するようにもなってくる。古代国家はトモ〈伴〉をもって形成せられたが後にべ〈部〉の制度が朝鮮半島からもたらされる。部には奴隷制的傾向があったと見られる、

六世紀頃には内乱があいついだが、そういうことからかえって官司の制度が完備してきて、仏教の伝来によって国家的な組織の基礎がかたまってくる、そして律令国家の成立をみるのだが、それには朝鮮半島

を経由するのでなく、直接隋や唐と交渉を持ち、文字をもった国が大きな役割をはたし、国史編纂が律令国家の形成に役立つ。国家制度の上では、農民が班田制によって編成され、支配者は仏教によって、民衆を統一した。しかし支配者の間には権力の闘争があいつぎ、都が平城京から平安京にうつされる。一方班田制には多くの矛盾があって荘園が次第に発達してくる。そういうものをふまえて藤原氏の摂関政治が出現するが、公領もなおひろく存在し、荘園に対して国司〈受領《ずりょう》〉たちの対抗があり、受領に支えられて院政が発達し、これを支えて武士が登場してくる。そしてついに平清盛によって武家政権が成立するが、源頼朝によって守護地頭の制がもうけられると、公領も荘園も次第にその権力におされ、とくに承久の乱によって鎌倉幕府の権威が全国にゆきわたる。と同時に荘園制の崩壊が始まる。

いっぽう支配者の仏教が、平安時代を通じて念仏宗の普及を中心に民衆の心のよりどころとしての宗教となり、また、宋との通交から銭貨が多量にもたらされ、貨幣経済が発達し、下層民の商工業面での活動がめだってくる。

著者は中世史にもっともくわしい一人であり、とくに王朝から武家政治への変遷と、民衆の自覚を巧みに叙述して教えられるところが多い。また各章の末に、その時代の文化を物語る写真を多くのせ、赤井達四郎が解説を書き、古文書の読み方は巻末にしめしてあって理解を助ける。下巻の完成をまって利用度の高い書物となるであろう。

（「武蔵野美術」六二号　武蔵野美術大学　昭和四十二年六月二十五日）

三上次男・小山富士夫［編］

『世界美術全集』一八——朝鮮

（角川書店　昭和四十二年）

角川書店の美術全集も漸く完成が近づいてきて、待望の朝鮮篇がでた。朝鮮は日本にもっとも近く、また日本にもっとも大きな文化的影響をあたえたにもかかわらず、戦後日本にとってもっとも遠い世界になってしまっていた。そしてとかくわれわれの意識の中から消えそうであったが、このような書物がでることによって朝鮮に対する認識をもう一度深めてゆきたいものである。この書を見ていていろいろのことを教えられる。朝鮮は漢代以来、シナ文化の大きな影響をうけたところであるが、それにもかかわらず、それをこなして、自分たちのものにしていったことが一つ、朝鮮北部に成立した高句麗は騎馬民族国家として武を好み、その文化の中にも武力を表現したものが少なくなかったようであるが、五世紀に入って北方仏教の伝来があり、支配者たちの間に厚く信仰せられ、新羅、百済もまた南方仏教をうけ入れて、仏教を中心とした文化が大きく展開してくる。そして今日のこっている文化的な遺跡や遺物の中には武力を表現し象徴するようなものはほとんどなくなってくる。この点日本文化と大きな差が見られるのである。

朝鮮は六六八年新羅によって統一され、九三六年には高麗がこれにかわる。さらに一四九八年李朝時代に入るわけであるが、高麗以後は上層階級は仏教と儒教が精神的な支えとなり、仏教文化のしめる比重が大きい。しかし李朝に入って陶磁器が貴族の世界から庶民の社会へ普及して、多くの窯が発達する。その技法は文禄、慶長の役を通じて日本へももたらされて日本の窯業を飛躍的に発達させる。多くの内乱や王朝の交代がありつつ、いわゆる尚武の国ではなく仏教、儒教が普及してからは、それらによって社会的秩序をたもつことに努力せられた姿を現在にのこる美術品を通じて見ることができる。絵画なども、いわゆる雄勁なものは少ないが、平和な美しさがある。朝鮮の文化はこれからもう一度見直されていいのではないかと思う。

（「武蔵野美術」六二号　武蔵野美術大学　昭和四十二年六月二十五日）

大間知篤三［著］

『婚姻の民俗学』

（岩崎美術社　昭和四十二年（新版　平成七年））

結婚といえば一人の男と一人の女が、結婚式というものをして、その披露宴をもよおし、家庭を持つことであり、昔は見合婚が多かったが、今は恋愛婚が多くなったくらいに考えている人がほとんどで、結婚

論議などもそういう観念のもとになされている。しかしそれは組みたてられたイメージで、現実におこなわれている結婚はもっといろいろの様相をもっているし、その歴史的な反省をすれば、その時代時代の社会制度とからみあいながら男と女の愛情の結ばれ方もまたいろいろであった。

本書はそういう結婚の様相を、前半では主として古い文献にもとづきながら、物語風に具体的にのべ、後半では、伊豆大島、福島県白河、富山県、愛媛県御槙村《みまきむら》、対馬などにおけるフィールドワークをきわめて要領よく整理して、一読して誰にもわかるような筆致で書いている。そして最後に日本結婚風俗史をかかげている。

女が結婚して男の家に入るまでの間には実にいろいろの手続きがあった。そして、アシイレなど今日では罪悪のように言われている婚姻も、伊豆大島ではむしろそれが二人の愛情をふかめ、家を形成していくための訓練期間であったともいえる。また白河付近では、嫁の里がえりがきわめて多いし、富山では、嫁の里から嫁入さきへのツケトドケが実に多い。岐阜県では富山から嫁をもらうとよいといわれているそうだが、岐阜ではそういう風習はうすれる。

愛媛南部は年令楷梯制のはっきりしたところで、成長にともなういろいろの儀礼が多いが、今日の日本の社会通念になっている年功序列型もこうしたところに由来するものだと思っている。対馬では結婚のときには平生着のままで婿方へ引きうつることが多かったというが、それはずっと昔の風習をのこしているともいえよう。

しかも結婚の仕方はこの書に報告せられた以外にもいろいろあった。いずれにしても過去にあっては結婚とはどういうものであったかをきわめて具体的に教えてくれる。
ただこの書にはいろいろの様式の分布領域や、なぜこのような様式が生れたかを十分に説明してはいない。実はそれはこれからの研究であるといっていい。

（日本読書新聞　昭和四十二年十月二日）

加藤秀俊［著］

『車窓からみた日本』

（日本交通公社　昭和四十二年）

（後に『加藤秀俊著作集』一一巻　中央公論新社　昭和五十五年に収録）

近頃汽車へ乗ると、物めずらしそうに窓外を見ている人は少なくなった。若い者ならトランプをしたり花札をひいたりたべたり、目的地へつくまでは窓外は無縁の世界になっているものが大半である。強いて窓外を見なければならないこともないであろうが窓外にうつりゆく風景は心にとめて見ると教えられるものが多いし、人によってはよい勉強にもなる。この書物はそうした車窓風景の見方を教えようとしたものである。そういう点で第一部の「車窓の民俗学」は多くの示唆を与えてくれる。何気なく見て通るカカシ

とか看板とか屋根とか、それにそれぞれの地域差があり特色がある。ただ何故そうなっているかということについては十分答えていない。但し読者がこのような方法で窓外風景を見ようとするには紙とペンをもってたえずメモをとってゆかなければならないので、かなりの努力を要する。そうでないと第二部の車窓から見た日本のような印象記になってしまう。この場合は見る人があらかじめ持っている知識で物をいうことになり、風景そのものの中から法則や特色の発見はうすくなり、見る人によってずいぶん違ってくることになる。

殊に本書は一種の、交通公社からの課題旅行に対しての答案のような弱さがある。中に挟んだ写真も著者の話題に関した特色ある風景があげられているとよいのだが本文とからみあうものが少ない。第三部は地方都市の生態論であり、その存在意義と特色をとりあげている。著者はまれに見る才人で、ごく何でもないようなものにも関心をしめして、多くの人に深い注意をうながす術を心得ている。したがって読む人たちに「そいつは気付かなんだ。そういうこともあるか」と思わせ、ついつりこまれる。本書もそういう書物である。この書をよんで窓外の風景に心をとめる人が一人でもふえることをのぞみたい。しかし、メモをとらないと、単なる印象に終って知識にはなりにくいものである。さてメモをとるということは簡単なようだが、実はひどく骨の折れるものである。私はメモのかわりに写真をとるようにしているが、これにも実に多くの欠点がある。写真をとったりメモをしたりすることは実際にはむずかしいものである。どうすれば一番効率があがるか、著者の体験がどこかで語られていると、私などには大いに参考になる。私ばかりでなく、心ある読者の多くの実感だと思う。

（「週刊読書人」昭和四十二年十月九日）

今津中学校郷土研究クラブ［編］

『三谷郷土誌』

（三谷郷土誌刊行会　昭和四十二年）

近頃文化財保護委員会の指導と援助によって、緊急民俗調査が盛んになり、それと同時に一般書店には見かけることのできない民俗調査報告書が多数出版されつつある。それらの中にはりっぱなものもあるが、そうでないものも少なからずある。

『三谷郷土誌』はそういう調査に刺戟をうけていると見られつつそれとは別個に滋賀県今津中学校の生徒と、そのOBたちによって滋賀から福井県小浜へこえる街道の両側にまたがる県境ぞいの村を五ヵ年間かけて調査したものがまとめられた二六〇頁あまりのB５判の大刷である。内容も村の生活のあらゆる部分にまでゆきわたって調査されており、たとえば安永六年から昭和十二年までの水田につくった稲の種類のこまかな記録などは稲作の変遷を見ていく上に大へん大事な手がかりになる。あるいはまた川上祭の宮座のことなど、中学生でよくこれほどしらべあげたものだと感心させられるほどであり、若狭街道の交通史なども、交通の変遷に興味をもつ私にはいろいろ参考になることがある。

さて五ヵ年かけたというのは一ヵ所に五ヵ年というのではなく、一つの村の中を五つに区分し、毎年その一ヵ所ずつを調査し、その都度郷土研究クラブの機関誌「郷土調査」に発表したものを一冊にまとめたもので、このようなすばらしい調査のでき上ったのは一つはその指導教官である橋本鉄男氏が滋賀県きってのフォクロリストであり、木地屋研究の第一人者であり、同時にすぐれた教育者として生徒たちの調査を通じてのチームワークや、物を見る眼をやしなうことに努力せられたことにある。調査は主として夏休みにおこなわれ、十人内外が参加しており、一ヵ所大体二週間であったという。

専門的な調査書として見れば物足りなさはあるが、これが少年たちの手になったということと、一つの村の谷々にほぼおなじような比重で調査がすすめられ、みなおなじように暮していると思われる中にも、かなりの差の見られることにはいろいろ考えさせられる問題がある。

そういう問題をほりさげようとする者はこの書を手にして現地へいって自分自身で追及することだと思うし、ただよんで見るだけでも大人の目のゆがみのはいっていないことで湖北の山村につつましく律義に生きている人々の姿をまぶたに描くことができる。

（日本読書新聞　昭和四十一年十月三十日）

田川郷土研究会［編］

『津野』〈福岡県田川郡添田町津野地区民俗資料緊急調査報告書〉

（田川郷土研究会　昭和四十二年）

今回は『津野』をお送りいただきましてまことにありがとうございました。さっそく拝読させていただきましてまことに興をおぼえました。

短時日によくこれだけのものをおまとめになられたと感じ入っています。近年ダム水没地の民俗調査が方々で進められており、その報告書もぼつぼつ出ていますが、折角調査しても経費その他で中途半端なものをつくったり、部数が少なかったりで、りっぱなものが少ないのですが、よくこういうものをお出しになったと、まずダム犠牲者になる者にとって何よりよい記念品になると考えます。

内容もいろいろの問題をもっており、これを機にさらに発展させていただくとおもしろいのではないかと思います。とくに古文書のたくさんのこっていることから人口の変遷、名主・名子のことなどかなりくわしく知ることのできたのをありがたく思っています。私も先年、国東半島で若干聞き書きをとったことがあり、また阿蘇小国地方の中世における小領主の成立と、それが江戸時代にどのようにうけつがれていったかをほんの少々しらべて見たことがあり、それらを通じて、津野もまた遡源の方法によれば中世村落の姿もある程度までさぐりあてられるのではないかという希望をもちました。また「年代尽日記」というおもしろいもののあることも興をおぼえます。この地方にはそういう慣行がひろく見られたのでしょうか。これも先年熊本県菊地郡西合志村で寛政年間からのものを見せてもらったことがありますが、この方は農業経営の内容まですっかりわかり、一部を写しましたが、所蔵者の家が二、三年まえに焼けてすっかり資料も失ったとききました。この方はやけるまえまで記録しており、良いものでした。

それから狩猟の話などもおもしろいと思いましたが、山の神のまつりなど、どうなのでしょう。昭和十五年南九州をあるいたとき、大隅から日向へかけていたるところで狩の話を聞かされて実におもしろかったことをおぼえています。ノートを戦災でやいていまは記憶もうすれていますが、九州でこんなに各地に狩猟が盛んであったのかと、できればさらに追及していただきたいような気がいたします。

ユイがここではまだ生きているのもおもしろく、屋根師に長州があるのも興をおばえます。長州のどこなのでしょう。福岡付近では昔は安芸から屋根師が来たといい、大分、宮崎へも広島県安芸郡の屋根師が行っています。その仲間が鹿児島県大口市の木地山へ二、三軒定住しているのです。御地の場合ももう少しくわしく知りたいものです。

また家屋についても、ずっと昔から一棟だったのでしょうか。二棟だった時代はなかったのか――と申しますのは中ノ間の幅が普通一間半になっていますが、そこに二棟の軒が通ってトユがかかっていたのではないかという疑問をもつからです。なぜ中の間は幅がせまかったのか――何か手がかりになるようなものはないでしょうか。前記の熊本の旧家の明治十年の西南戦争にやけた家が二棟造りで中ノ間の幅のせまかった記録があったのです。そういう家が屋根をふきかえるとき、小屋組（梁から上）をしかえたという話を方々でききます。家が今のようになったのは案外あたらしいのではないかとも思います。すべての間にたたみをしくようになったのはいつからであったか、たたみ以外にむしろなどしいたことはなかったか――衣生活についても染織のことがもっと知りたいことです。陶器がどこから来たか書かれているのは私にはありがたいことです。交易と文化伝播の系路範囲を見るのに役立ちます。同様に鋸、鎌のような金物がもとはどんな系路で入って来たものでしょうか。

それから薬師堂、観音堂の多いこと、その大きさはどの程度でしょうか、集会にもつかわれますか。津野だけの現象でしょうか、そのほかにもありましょうか。

拝読していて興をおぼえるとともに疑問百出いたします。彦山という駅は汽車で二度ほど通過しました。しかし下車したことはありません。心をひかれたのですが――いま「津野」を拝読しましていろいろのことを教えられるとともにこういう御研究がますますおすすみになりますよう祈りあげます。とりあえず御礼かたがた感想の一端を申しあげます。

（「郷土田川」二六　田川郷土研究会　昭和四十二年十一月五日）

中村　哲［著］

『柳田国男の思想』

（法政大学出版局　昭和四十二年）
（写真は新版　昭和四十九年）

柳田先生がなくなられて五年になる。そしてその間に柳田国男全集も刊行せられた。しかし、先生の評伝、あるいは学問の評価について研究せられたまとまった著書は出ていなかった。いまようやく中村哲氏の『柳田国男の思想』が公にされた。実はこの書は雑誌「法学志林」に昭和四十一年から二年にわたって連載されたものが主になっている。

中村氏は法学者であるが、いわゆる学問上の弟子ではない。ただ中学生のころから柳田邸に出入りしており、親近感をもって先生を見ることができるとともに、弟子でなかったということによってかなり客観的に先生を見ることができる。それだけに私には興深く拝見できた。

著者は「民俗学の中心の関心は日本人の固有の信仰であり、宗教社会学なのである」と言っている。この提言には異論を持つ人もあるであろうが「民俗学の不幸な側面としては、採集者には民俗学的な発想や整理を許さず、ありのままの報告者にとどめて、柳田のみがこれをドラマティックにまとめあげるものと考えられたことにある。（中略）このことが柳田のもとには多くの若い学徒が集まったにもかかわらず、その人々の自由な発想をみとめず、その人々への寛容さをもたなかった限界である」ということばは思いあたる節が多いとともに、体系的な評伝や学問評価の生まれて来ない原因になっているものと思われる。

元来先生の学問には国学の流れをくむ発想が基本にあるように見え、その思想は歴史の継続性を重んずる保守的な立ち場にある。それには民俗学以前の柳田先生の歩いた道に問題があり、農村の出身者でありつつ、開明官僚としてエリートコースをあるき、やがて朝日新聞の論説委員となり、政治および農村問題について論じている。そしてその中ではたえず農村への愛情を示しているけれども、その農村は祭祀《さいし》的村落であったと指摘している。

その視点から民俗学への深まりがおこって来る。祭祀的村落とは祖先崇拝（個別的な家の信仰であって、それは神の名称の下に人間自身を祭ることである）を中心にした、家父長的な家の集落であり、そこに固有信仰をさぐろうとしたのであり、これらの信仰を持つ常民を学問の対象としつつ、常民の中にはいなかったと著者は見ている。

著者は柳田先生に深い信頼感を持ちつつかなり歯にきぬをきせぬ発言をしている。

できればこの書をきっかけに単に柳田国男論にとどまらず、民俗学の方法についての討論なども、もっと活発になされていいのではなかろうか。

（東京新聞夕刊　昭和四十二年十一月十五日）

〔注：柳田国男全集とあるのは『定本　柳田国男集』（全三一巻　別巻五巻）のことであろう。これは昭和三十七年一月から昭和三十九年十一月までに別巻五、索引編を除く三五巻が刊行されている。〕

中国新聞社［編］

『中国山地』上

（未来社　昭和四十二年）

長い間、新聞に連載されていたものを私はかなり入念に読んだ。読みつつ記者は何を訴えようとしているのかがよくわからなかった。いろいろのことが雑然と出てくる。山を捨ててゆくものもあれば残って百姓を続けようとする者もある。和牛から乳牛へきりかえられてゆく話もある。とにかく中国山中にあらわれているもろもろの現象をかなり忠実に追い求めてはいるけれども、それでは、この山中をどうすればよいのか、また見通しはどうなのだというようなことについては、何かぼやけたものがあった。しかし連載が終わって切り抜きをもう一度見なおし、また見出しをノートに書き出して見ると、実に大きな問題をかかえておりつつ、そこに住む人も自治体も、為政者も根本的な問題解決の手がかりすら見出していないということが、そのまま描き出されているという感を深くした。

そしていま書物になったものを手にしてみると、今度は問題別に整理されて、はじめに地域的に分類して連載されたのに比してずっと印象があざやかになり、地域別の問題ではなく、中国山地全体が、ほぼ共通な問題を持ちつつ、いままでは地域別に、また自治体中心にその問題をとらえ、解決しようとしていたところに、根本的な誤りのあったことを教えてくれる。と同時に、この書物は実にずっしりとした重さで、日本人全体に問題を投げかけている。

中国新聞はかつて瀬戸内海を取り上げて、同じように記事を連載したことがあった。それがこの地域に住む人たちのみならず、為政者にも瀬戸内海全体を一つの地域社会として考える態度を植え付けたといってよかった。しかし瀬戸内海の方には、当時すでに新しい方向はかなり明らかになりつつあった。ただ多くの零細な農漁民や船乗りを新しい波に乗るようにしていく力ということが、最も大きな問題であったが、中国山地の場合は、すべて古いものの崩壊しつつある段階にあり、新しい芽にはまだほとんど見るべきものがないという感を深くする。

人間の社会は動くままに放置しておいてよいものなら簡単だが、激しく動く社会はそこにいろいろのひずみをつくる。そして、いやおうなしにいままでの秩序をこわしていく。その現象がいまいちばん強く現われているのが中国山地であろう。それを巨視的に問題をとらえるのではなくそこに住む一人一人の人がどのように受けとめているかというところに焦点をおいて、問題を見ていこうとする。だからそこに住む人たちの社会的な圧迫からくる息苦しさ、困惑、そしてどうにもならなくなっていく姿が、他人ごととしてでなしに読む人たちの胸にせまってくる。

上巻では、くずれゆく村、山がない、和牛のふるさと、消える特産、活路を求めて、原野を開く、変わる暮らしを大きい項目として、それぞれこの山中に生きる人の生活を描いている。

「二十戸が限度、それ以上減ると、なだれ状態になって部落はなくなる」「わしらも出ることを考えなかったではなかった。しかし出ても百姓のほかにできる手職はない」京都大学へいっている娘にじいさんが「向こうで恋愛しちゃいかんで」と言いきかせる。「炭はしわい仕事よの」「何とかしないと暮らしがもたない」「しゅうとめさんがなくなったら、蚕はやめよう」「わしが働ける間はええが、いずれは規模をせばめていくことになりましょう」これらのことばは村の生活にあきらめを持っている者ばかりではなく、理想社会を夢みて努力している人のことばも含まれている。そしてためらいと前向きのいかんをとわず、ためいきに似た苦悩に満ちたものを感ずる。

このような声によって中国山地の社会は構成されている。それでいて、読みつつ絶望を感ずるのでなく、何とかならぬものか、何とかしなければならない、という思いをいだかせるのは、この調査にあたった記者たちが、ここに生きる人々の姿に愛情と執着を強く持っているからにほかならない。

わたしたちはこの書を読むことによって、中国山地が共通の問題を持つ一つの地域社会であること、またそういう考え方、見方に立たねば問題解決の方法がないという事実を教えられる。

しかしそれは中国山地だけの問題ではなく、国家全体の問題としてとりあげるとともに、私はそういう書物を政治家も学者もじっくり読んでもらいたいものだと思う。

（中国新聞　昭和四十二年十二月十一日）

大庭良美［著］

『日原風土記』

（日原町教育委員会　昭和四十三年）

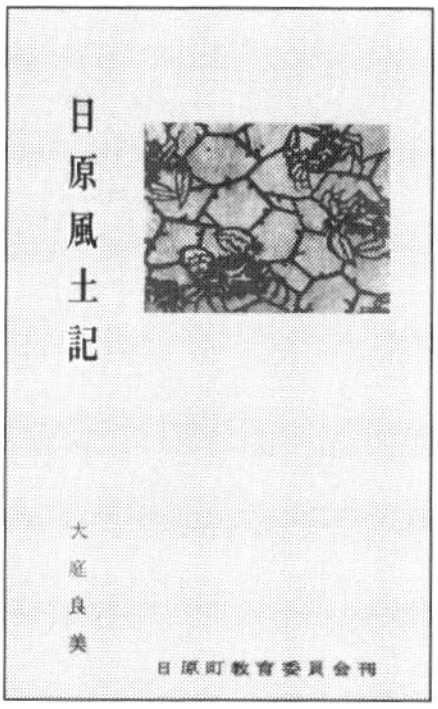

この本の読者の大半は日原町に住む人びとだろうと思います。日原は私も御縁があって二度ほど訪ねたことがあります。その御縁を結んで下さったのが大庭さんです。大庭さんは、さきに『石見日原村聞書』というすぐれた書物をかきました。わずかばかり刷ったために多くの人の眼にふれることは少なかったが、読んだ人たちは皆感嘆しました。感嘆したのは二つの理由からでした。一つは大庭さんがたくさんの古老をたずねて、実に丹念にその古老たちから昔の話をきいて書きとめたことです。もう一つはそこに語られている話の内容です。西石見の山中の幕末から明治の初へかけての生活が、古老の体験と見聞をもとにして書きつづられています。農民の立場からその生活の書きつづられた書物はきわめて少ないのですが、これはその少ない一冊であるばかりでなく、きめこまやかに書かれていることからも大へんすぐれている書物であるからです。そこに書かれている生活は決してゆたかではありません。しかし、皆さんが田や畑を耕しつつ実に誠実に生きて来た姿は読む者の心をゆさぶりました。

ついで、沖本常吉氏によって『日原町史』が書かれました。この書物をよんだとき私はまたおどろきました。それはこれまでに見られた各地の町史とは異って、日原という土地でおこなわれた政治や戦争については あまり力をそそがず、そこに生きている皆さんの先祖の生活——どんなに生きて来たかということについてもっとも力をそそいで書かれています。そしてそのことから昭和四十二年度の柳田国男賞を受賞しました。

柳田先生は日本民俗学を創始し、文化の根底を築いて来たのは常民（民衆といってもよいでしょう）であることを明らかにしたすぐれた学者です。日本では民衆は支配者たちから無知であり、考えも浅く、妄動しやすいものであると思われていました。徳川家康は「百姓は殺さぬように、生かさぬように」とか「百姓の前ではずいぶんいばるがよし」などといっていますが、そういう考え方で民衆は見られ、取りあつかわれて来ており、今もその気風はのこっていますが、しかし、日本という国をここまで発展させて来たのは民衆だったのです。

日原をあるいて見ると実に美しいと思います。そこにある山が美しく水が清らかであるからだということもありましょうが、それ以上にこの天地を美しからしめているのは皆さんの営みです。拓かれる限りは拓いて段々の田が重なり、山の木もよく見るといちいち手入れがしてあって、キチンとしています。その中に皆さんたちの家が、思い思いの位置をしめてつくられている。皆さんたちにとってはこれが安住の世界であったことを思わせます。しかもそこにある一木一石もみなさんと長い生活をともにして来た思い出がまつわりついています。すべてのものが皆さんにとって自分たちのものであるという思いでつつまれています。

そうした日原の自然と、そこに生きて来た皆さんの祖先のことについて誰にでも手軽な形で読めるような本にまとめることは大へん意義のふかいことだと思います。厚い大きな日原町史をよむのは骨が折れます。しかしこの本のような大きさなら誰だって手にして読むことができます。また、書いた人が大庭さんなので、ふるさと人の愛情がそのまま語り口調になって、そこにある一木一石がそのまま皆さんに語りかけるような親しさを行文の間に感じます。そしてこの書物は町民の皆さんにほんとの親しみをもって読まれるであろうとともに、若い人びとにとっては多くの過去について教えられるばかりでなく、ふるさとを見直す機会もつくられるのではないかと思います。

いま地方の人たちはぐんぐん都会へ集まりはじめています。田舎よりは都会の方が収入も多く、生活がたてやすいからということになっています。しかし、それは経済的に文化的に都会の方がめぐまれているという理由に基づくもので、それだけでは人は満足できません。もっとのびのびと自然の中にいたいという本能があります。そしてそのために都会に集まった人たちは余暇あるごとに観光と称して地方へ出てゆきます。その数が延べにして一年間に一億五〇〇〇万人にものぼっています。田舎から都会へ出ていっても、田舎から縁をきることはできないようです。

と同時に経済的にゆとりさえあればふるさとにも家を持ち、余暇にはそこですごし、また年をとればふるさとですごしたいという人も多くなると思います。いま目のまえにおこりつつある現象によってやがて田園はあれはててしまうのではないかとうれえる人もありますが、ふるさとをしっかり守ろうとする人と、ふるさとを出てもふるさとをなつかしみ、そこにつよい愛情をよせる人びとによってふるさとは時代とともに、生きつづけてゆくと思います。

私はこの書物をずっと読みまして、日原が今日のようになるためには、実に多くの人が、その時代時代にあうような産業をおこし、土地をひらき、文化的な積みかさねの努力をして来た事実を知りました。これからさきも時勢にあうた町づくりをしてゆくことによってこの土地にふさわしい発展がつづけられるのではないかと思います。しかもこの書物をよんで、このような思いをいだく者は私一人だけではなく、おそらくすべての人がそうであろうと思います。

（『日原風土記』序文〈日原風土記によせて〉　日原町教育委員会　昭和四十三年一月一日）

『古典文学と民俗』

三谷栄一［著］

（岩崎美術社　昭和四十三年）

最近岩崎美術出版社が「民俗民芸叢書」と題して民俗学関係の図書を次々に出版しているが、本書はその第二三冊目にあたる。

著者は民俗学者というよりも民俗誌学者で、民俗学的文献資料を縦横無尽に引用して、中世文学の背後にながれている民衆の物の考え方、信仰などをさぐりあてようとしている。そして著者の丹念な博捜と記述によって、子供たちの草履かくしのときのとなえごとや、ホタル狩りのときの童謡はそのまま見ごとな文献整理の態をなしており、また草履かくしのときのとなえごとにある「橋の下の菖蒲」ということばから、五月に歌垣のおこなわれたことを推定し、ホタル来いということばのいろいろの変化から、田植え行事に祖先神の来訪との関係を見ようとしている。

また子《ね》の日の遊びの行事と根合わせという中世おこなわれた行事との関連を見ていった着想など、民俗学を学んでいるものにとっては教えられることの多い本である。

とくに中世の文学には、民衆の日常生活の中に物の考え方、見方などがずいぶんはいりこんでおり、しかもその発想は創造的なものではなく、生活慣習に根ざしたものが多いから、それを明らかにしないと、理解できないような文書が少なくないのであるが、著者はそういう面への接近を民俗資料の検討によってはかっている。古今伝授や徒然草についての解釈はそういう点からなるほどとうなずかせてくれるものがある。

ただ、この書物で気になることは、最初に「方法の世界」と題して柳田国男・折口信夫の学問の入門書的な概説があったそのあとには、「方法の展開」と題して、専門の学者によびかける論文がならべられていることである。初心の者が読んだのではイメージがわいてきにくいのではないかと思う。

著者はあらゆる書物をあさり、また実に広く物を知っていて、自分に必要な資料を引いて論をすすめているけれども、読む方にそうした基礎的な知識がないと、十分理解できないのではないか。つまり読者の対象をどこにおいているのだろうかということに一つの疑念をもつ。これは一つにはいろいろの学術誌へ発表した論文をあつめたことに原因があるようで、一般読者を対象と考える場合には、女の家とはどのようなことをするのか、十日夜《とおかんや》とはどんな行事なのか、典型的なものを具体的に書いた上で論考をすすめると、読者にはずっと理解されやすくなるのではなかろうか。

著者が読者との対話を意図し、読者に素人《しろうと》をも予想する場合には、その親切さは必要な条件のように思う。

（信濃毎日新聞　昭和四十三年二月五日）

『児やらい』

大藤ゆき［著］

（岩崎美術社　昭和四十三年（新版　平成八年））

「児やらい」ということばは面白いことばである。子を育てることを昔の人たちは〝やらう〟と考えた。育てて一人前にして世の中へ押し出すことである。子を育てることを〝テシオにかける〟という。こまご

まと心をくだいて大きくする意味であろう。その子供をやらうのである。この書物は民間におけるそうした習俗を妊娠誕生から十五歳になるまでにかけて、全国的に実にこまごまと資料整理して秩序ある文章にしたものである。

この書物は戦前（昭和十九年　三国書房）に一度公刊されたが、その時は七歳までの資料をまとめたものである。それでもそのころには民間の産育について資料の整理せられたものはなかったので、ずいぶん重宝な本として喜ばれたのであるが、今回はそれが十五歳までとり入れられたばかりでなく、その後採集された資料が増補せられていて、内容を豊富にしている。

昔の子供の育て方を知ってそれが何になるかということになるが、昔の人が人生というものについてどのように考え、また子供をどんなに見ていたかを知ることは、現在の文化を考えていくうえにいろいろ教えられる。ここに載せられている記録は、今日からみれば迷信といわれるものがきわめて多い。子を産むに当たって産小屋を利用したことなど、産をけがれと見たためであるが、それは女を侮辱したようにもとれる。しかし、生まれ出た子に不幸がかからないようにする手段であったとみれば、それは親の愛情のあらわれということになる。産婆をトリアゲバアサンといったのも、子供をこの世のものに引き上げる意味があっただろうと、各地の例をあげている。そして三日祝い・名付け祝い・宮まいり・食いぞめ・初節供・誕生祝い・氏子入りなどいろいろの行事を経て幼児から少年に、さらにおとなへと成長していく。

そうした行事も土地々々で違っている。時には、その子が背負って生まれて来たであろうと思われる不幸をふるい落とすために、その子を道の辻などに捨てて、他人に拾ってもらう行事など、それこそ今の人には考えられぬ感覚であろうが、子供に寄せる親心をそこにうかがうことができるのではないかと思う。
読んでいて心をしみじみとさせるとともに、子を育てるというのは、親にとってどういうことであったかを考えさせてくれる。そしてこの書の本文の最後のところで「子供が十三歳ぐらいになると、親はいよいよ精神的乳ばなれのための心がまえをしたのであった。そして十五歳になると、はっきりと区切りをつけて、公の仕事に参加させ、それ以後は家の中でも村の生活でも一人前の若い衆として取り扱ったのであった。この精神的な離乳、つき放しをしなければ、親よりもすぐれたものにはなれないということを、ながい間の生活の知恵として、日本の母たちは身につけていたのである」という著者のことばは、そのままこの書物の内容を物語るものである。

（信濃毎日新聞　昭和四十三年五月二十日）

谷川健一・宮本常一他［編］

『日本庶民生活史料集成』〈全一〇巻〉

（三一書房　昭和四十三年）〈第一期は一〇巻、昭和五十九年までに全三〇巻・別巻一〉

生きてゆくということは大へんなことである。ことに地位も権力も持たぬ丸裸にひとしい民衆がきびしい自然に対決し対応しつつ、生きるための世界をひらき、きずき、守って行くということは。ここにはその民衆たちの生きて来たなまなましい見聞と体験と工夫の記録を、徳川幕府政治下二六〇年と明治初期にわたってあつめ、編集し、世に問うことにした。これらの記録の中には今日まで、それぞれ利用せられ、その名を知られたものもあるが、集大成されたことはなかった。集大成せられて、あらためてこれを見なおすとき、私たちはそこにまざまざと民衆がみずからのいのちをまもるためにたたかって来たエネルギーのたくましさを見、いまわれわれもまた庶民の系譜につながる、人であることを痛感する。単なる過去への郷愁や回顧でなく、民衆とはいったい何であるかを反省し、また民衆のエネルギーや英知を知ることが今日の民衆であるわれわれを聡明ならしめる重要な鍵にもなると思う。

（『日本庶民生活史料集成』内容見本〈編集委員の一人として〉昭和四十三年六月）

『筑波歴史散歩』

宮本宣一［著］

（宮本宣一遺稿刊行会　昭和四十三年（改訂版　崙書房　昭和五十五年））

昭和三十八年茨城県で民俗緊急調査が行なわれることになり、調査にあたる人たちの研修会を筑波町でひらくから来るようにと茨城県教育委員会からの要請があったので、青森県下北半島の学術調査のため北の方へ行く途中を筑波へ寄った。筑波へは昭和三十一年六月、新生活運動の研修会があって一度行ったことがある。妙なもので、新生活運動の推進者になっているような人も、郷土研究をやっているような人も皆相似たところ―ふるさと思いなところがあって、つまり、二つのあつまりのどちらにも顔を出すような人が案外多くて、三十八年に筑波へ行ったとき「今度は民俗学ですか」とニコニコしながら声をかけてくれた三十一年度の顔見知りの人が何人かいた。

宮本さんもそのお一人ではなかったかと思う。ニコニコしてやってこられて、「あなたとは同姓で、名も一字違いですから」といわれたとき、私はうれしくなってきた。

そしてこんな話をしたことをおぼえている。

「宮本という姓のものには民俗学をやっている者が多いのですよ。東海大学の文学部の教授をしている人に宮本延人、立教大学に宮本馨太郎という教授がいます。馨太郎さんのお父さんは勢助といいましたが、これが民俗学者で服飾研究の大家、幼名を常吉とよび、奥さんをオツネといったそうで、私が常一なので、〝つね〟が三人そろったと喜ばれたことがあります。ところが今度は宣一という人に出あった。一の方が共通しています。これは誰が見ても親類だと思いますよ。それにしても同姓でおなじようなことをしているものが多いのですね。」

宮本さんは大へん喜ばれて、おなじような学問をしている宮本が集まって話しあいたいといわれ、私も機会をつくりましょうと約束したのであった。

さて会場での話を終わったあと、研修者一同は民俗採集はどんなにすべきものかを実地に見聞することにして、山を下って北条に来て、まず古い家などを見てまわり、宮本さんの家へ行って、そこへ古老に来ていただき、古老をかこんで私の質問の仕方を見ることになった。大へんなごやかな集まりで、二時間ほど古老からいろいろのことをきき、私自身もよい勉強になった。

宮本さんはいい人であった。心からふるさとを愛しておられた。しかもふるさとの将来のことなどもいろいろ心配しておられた。地方を歩いていると、時折こうした人に出あう。

珠玉のようにピカッと光っている。私の恩師、故渋沢敬三先生（日銀総裁、大蔵大臣であった）は、「地方をあるいていて時々ピカッと光った人に出あうことがある。頭がさがるね。何もかもわかっていても決して自分を押し出さぬ。それでツボはちゃんとおさえている。ああいう人のいるところは土地の人も皆刺激せられてよくなっている。ああした人がほんとうの国の宝だよ」とよく話されたが、宮本さんはそうした人であった。

さて私はそれから青森の方へ出かけたのである。その翌年は土浦へ同じようなことで話しに行き、また潮来へも行った。しかしそのときは宮本さんにお目にかかることはなかった。そればかりでなく、その後もずっとお目にかかることはなかったし、音信もおろそかになっていたが、決して印象から消えるような人ではなく、折があったらお目にかかりたいと思いつつ、実はいそがしすぎたのである。昭和四十一年であったか、私は近畿日本ツーリストの委嘱で、日本教育テレビで放映する「日本の詩情」の監修をすることになり、シナリオライターの姫田忠義君に筑波へ行ってもらうことにした。宮本さんになかなかお目にかかれないので、せめて同志の者に行ってもらい、ついでに筑波を中心にしたフィルム作成に御援助していただきたいと思った。

宮本さんは実によく御協力下さったようで、姫田君はすっかりうれしくなってかえって来た。そのときのフィルムへおさめた禅定は実に貴重な資料であり、御座替り祭もめずらしいものとして心にとまった。その宮本さんがその年の六月に突然なくなられた。まったく突然であった。たしか御通知をいただいたとき、私は大阪へ行っていて、おくれて通知を拝見し、おくやみも申しあげないままにすごして来た。

そして三十八年のときのお約束もはたさぬままに終わった。それからもう満二年、今年は三回忌をいとなまれます由、そして遺稿集も出されるとのことで、御遺族の方から校正刷をおくっていただいて、いま拝見し終わったところである。

御遺稿を読んでいると、宮本さんのように心からふるさとを愛した人も少ないのではなかろうか、ふるさとにいることがたのしかったと思われる。東京での就職をすてて郷里へかえり、それをくやまれなかったのも、ふるさとを愛していたからであろう。そして人間としてふるさとびとの中にいることをたのしんだのである。

筑波禅定は荒行の一つである。楽な登山の道があるのに、わざわざ苦しく危険なところをえらんでのぼってゆく。その禅定のことにかまけて書いた巻頭の一文は、いかにもたのしそうである。それからそれへと空想をたくましくしながら――。これではこの人には禅定が禅定にならないではないかと思って読んでいると、しまいには禅定に名をかりたふるさとの夢ものがたりをしている。考証めいたことをしているが、そんなことはどうでもよくて、ただこの山を愛するがゆえに、ああもあろう、こうもあろうと讃美しなければすまない気持にかられたものであろう。

蚕影山神社にまつわる伝説の考証は草深い田舎の小さな社が、民衆による精神的支えは決して小さくはなく、ひろい地域の人びとに信仰支持されている事実を述べておられる。

そしてふるさと人の心にひそむ伝説の意味を見てゆこうとしておられる。

筑波川辺散歩は、おそらくここに書かれているようなことを頭に思いうかべつつ歩いたものであろう。私はその人のかなしいまでにふるさとを愛し、時には草おしわけて古いものをもとめて歩いた姿を思いうかべることができる。

多気城址に立っては立ち去りがたい回顧の情をもよおされたことであろう。

ある意味でふるさとにおぼれた人であった。おぼれきった人であった。その思いを文学的に表現するにはちょっと気のひけるような、大人くささがあり、といって学者ぶってむずかしいことをいうにはふるさとはあまりにも親しみふかいところである。考証にかこつけながら、実は文学的に思いをのべたのではなかったであろうか。

その人いまはなし。しかし私はこの書の中に著者のしみじみとした愛情と詩情をよみとり、この心がいつまでもこの地の人びとの心でもあってもらいたいとねがうものである。

（『筑波歴史散歩』〈遺稿集発刊によせて〉宮本宣一遺稿刊行会　昭和四十三年六月）

文化庁文化財保護部［編］

『木地師の習俗』一（滋賀県・三重県）

（平凡社　昭和四十三年）

椀や盆をつくり、杓子・鍬柄などを作る者を木地師または木地屋といい、そのうち椀や盆のように円形のものを作る場合はろくろを用いるのでろくろ師ともいっている。木地屋はそのはじめ近江の琵琶湖の東の山中に住みそこからおいおい全国にちらばっていったようである。この書物は、その根源地の永源寺町（湖東）とそこからわかれた朽木谷（湖西）に焦点をあてて沿革・現況・生産技術・生活・制度を詳細にしらべたものを第一編とし、三重県における木地屋の村と生産技術、生活習俗についてしるした第二編から成っている。前編は橋本鉄男、後編は堀田吉雄。いずれも民俗調査のベテラン。木地屋がどのような生活をしていたかについて教えられること多大である。しかも技術者も伝承者ももうほとんど死んで、今後このような調査はこの地方では不可能に近い。実に貴重な資料である。文化財保護委員会の委嘱による木地屋の調査はこのほか岩手・宮城・新潟・石川・岐阜・愛知でもなされており、出版が期待される。

（「民具マンスリー」一巻三号　日本常民文化研究所編　慶友社　昭和四十三年六月一日）

菅江真澄［著］

『菅江真澄遊覧記』〈全五巻〉

（平凡社　昭和四十〜四十三年（新版　平成十二年））

菅江真澄は三河の人、若い日から旅をこのみ、三十歳のとき郷里を出て、信濃、越後をへて秋田に入り、太平洋岸は松島のあたりまでゆき、北海道にもわたり、三十九歳ふたたび本土にかえり、陸奥各地をあるいて四十八歳ふたたび秋田に入ってからは他へ出ず、文政十二年七十六歳で逝ったが、その間郷里へかえったことはなかった。その途中物した日記は七〇冊余におよんでいる。文中多くの和歌と考証癖から来るわずらわしさの出ているところはあるが、その観察眼はするどく、とくに植物についての観察は精緻をきわめ、また各地の風俗についての記述は日本に今日まで存在する紀行文中随一である。しかも真澄には国学のふかい素養があった。最近東洋文庫でその抄訳五冊（第五巻は印刷中）が刊行された。訳文は杉本重三郎氏、解説と註は内田武志氏がつけた。私も名をつらねているが、これは出版のお手伝をしたにすぎぬ。真澄の偉大さと、これを真に世に紹介するためにはたした内田武志氏のご努力は、はたで見ているものとしてただただ頭がさがった。

（「言語生活」二〇一　筑摩書房　昭和四十三年六月一日）

今井幸彦［編著］

『日本の過疎地帯』

（岩波書店　昭和四十三年）

人口の大都市集中による過密化については、多くの発言があり、政府もさまざまな対策を講じている。しかし、都市の過密化の裏側にある農山村の過疎化の問題は、ほとんどかえりみられていない。今井幸彦編著『日本の過疎地帯』は、「人口減少に伴って従来の地域生活のパターンが維持できなくなった状態」である〝過疎〟の実情をえがきだし、その原因や影響を探った本として注目される。

京都市のうちの広河原は市の中央からバスで二時間半いったところだが、そこでは七〇戸のうちに二十代の男は一人という新聞投書を見て、著書がそこへたずねていって見たところから、この物語りははじまる。それは、著者と〝過疎〟との出会いであった。

平地で食いかねた人びとが生活条件の悪いところへだんだんはいりこみ、不便な生活にも耐えしのんできたのが、平地地方でよりゆたかな生活が山地よりも容易に得られるようになってから、ぞろぞろと山をおりはじめたのは昭和三十年ごろからのことであった。都市の生産は第二次、第三次産業を主とする。これに農業人口が吸収されはじめたのであって、それは世界的な現象であるというが、日本ほど急激にあらわれている国は他にない。しかし、それは別に言えば、今まで農業人口の比重が大きすぎたためでもあった。そして、このままでいくと、昭和六十年には関東四一〇〇万、近畿二二〇〇万、東海一七〇〇万、他の地域に三〇〇〇万ほどが住むことになり、第一次産業人口は昭和三十八年の一二〇〇万が五六〇〇万に減るだろうといわれている。

このような大きな変化が急速におこって来たのは、今まで農村人口がだぶついていたためであり、余剰労働力をもっていたからであった。その余剰労働力を吸収して第二次、第三次産業はのびはじめたのであるが、一方それをうながしていったものに燃料革命があり、山村の重要産業であった薪炭生産が壊滅したこと、交通革命によって通勤区域の拡大したこと、共同体制のくずれて来たことがあげられる。しかも、出ていった者は働き手であり、残ったものは女と老人が多く、老人だけ残されたところでは自殺者が相ついでいる。そして、中には廃村にまで追い込まれたところも少なくない。京都市広河原の奥の八丁のごときもそれである。

過疎現象のとくにつよくあらわれているのは中国山中である。しかし鳥取県では人口流出はほぼとまっており、島根県においてはなはだしい。鳥取の人口流出のとまってきているのは、都市の配列のよいこと、耕地に適する土地の広いこと、道路投資をおもいきっておこなったこと、作物のきりかえ早く、都市と農村の間に見る消費生活のひらきなどほとんどないことがあげられる。

島根の場合はすべてその逆であり、とくに石見においてははなはだしい。しかし、すぐれたアイデアがあり、熱意があればある程度までくいとめられるのではなかろうか。飯石郡赤来町程原はシイタケ栽培に成功し、クリ、カキをつくってハワイ観光旅行に出かけたものも十数人あるという。中には仁多郡横田町三井野のように、スキー客を導入して成功したかに見えたところもあったが、それがかえって村落共同体を破壊してしまった例もある。

一般に中国山中の村々は一戸当たりの耕地面積がせまい。中国地方でただ一つふえている広島県でさえ、県のほぼ中央を東西に切って、北側にあたる部分はいちじるしい過疎が見られる。この過疎地帯の真ん中を東西に縦貫道路が通ることになる。それがどういう結果をもたらすか。いずれにしても、日本のあらゆる混乱は農村の崩壊からきていると言っていい。

そしてその結果として老人の自殺、医療設備のなげやり、教育環境の劣悪化がもたらされ、防災などの労働もほとんど女性の肩にかかってきている。もうこのまま放置しておけない状態である。

ではどこから手をつければよいのか。まず行政区画がこのままでいいかどうか、道州制が新しく問題にされていい。捨てられた田畑が都会人にただ同様で買い取られはじめているが、これをそのままにしておいていいかどうか。いずれにしても何らかの理想と目標をかかげ、これに対処しなければならない。

それについて中国新聞社編『中国山地』(未来社)に見える批判——「〝都市化の時代〟といわれながら、都市そのものの生活が、きわめて浮動的で未来をはらむ文化や伝統を生み出す方向は、まだ見いだされていない。単なる農村の都市化は都市の矛盾をそのまま農村に持ち込むことになる。農村の側の主体的なエネルギーを生み出さなければならない」——は、傾聴すべき多くのものがあるが、著者自身は過疎という難問に答えを出そうとはしない。

もしそこに庶民の知恵というような形で何らかの方向が打ち出されてきたならば、そのときこそ日本は〝現代のペスト〟への対策をつかみ、そしてそれに打ちかつこともできるだろう。「その〝勝利の日〟を期待してやまない。それは〝過密なき集中〟と〝過疎なき分散〟とが同時に実現される日である」と、著者は結んでいる。

以上が本書のごくあらすじである。いったい、このような現象がこれほど急速におこってくると考えたものがあったであろうか。それが都市の繁栄に対比せられることによっていよいよいたましくなるのだが、この問題は国民全体に与えられた課題として、その解決を考えて見るべきものであろう。

（東京新聞　昭和四十三年六月十一日）

木下順二［著］

『夕鶴・彦市ばなし』

（新学社　昭和四十三年）

木下順二の生いたちと作品の背景

木下順二は大正三年（一九一四）東京に生まれ、小さいときは東京ですごしましたが、中学校、高等学校は父の郷里である熊本ですごしました。そして大学生活はまた東京でおくり、戦争がはげしくなって長野県伊那谷ですごしました。若い多感なときに熊本と、伊那谷ですごしたことが、村や村人の生活を深く考えさせることになりました。

中学生の頃から英文学にふかい興味をもち、大学のとき中野好夫から戯曲について教えられ、劇作活動に入りました。この中野さんの影響によって民話＝昔話と昔話の伝承せられている世界に目を向けました。その頃全国昔話記録というシリーズが柳田国男先生の監修によって刊行せられていましたが、木下さんは、その昔話集に心をひかれて読みふけりました。

昔話というのは年寄りから子供へと口から口へ語りつがれてきていたもので、今までこれを記録した人はほとんどありませんでしたが、その重要なことに気がついて柳田先生は知人にすすめて、そういう話をあつめさせ、本にすることを計画しました。

昔話というのはまったく作り話で、しかもそれが現実にはあり得ないようなことが多いのですが、それがどうしたことか全国にひろがって語りつたえられています。話の内容はすこしずつちがっていますが、誰も宣伝もせず、書物にもたよらないで、そういう話が全国にひろがっていったということは、そういう話をおもしろがり、耳をかたむけて聞く人たちが、もとはたくさんいたということになります。ところがそういう話は学校教育が進むにつれてつまらぬ話、役にたたぬ話として忘れ去られようとするようになりました。そんなとき、そんな話が全国にひろがっており、しかもいままでほとんど記録せられていないのはだいじな文化遺産が知らぬ間に失われてしまう、何とか書きとめてのこしておかねばならない。そう考えて柳田先生が昔話の記録運動をおこしたわけです。

そうした昔話集を木下さんは読んで大へん心をうたれたわけです。心をうたれるにはうたれるだけの理由がありましたでしょうが、その一つは田舎のすみきった空気の、しかも実にしずかなひとときのある自然の中で生きている人たちの生活のありさまが、昔話の中には実によく出ているということです。

ほんとに静かなところにいて、何一つ物音のしないところで声をたてて見ると、その声が方々にこだまして、遠くの方へきえてゆくのがわかります。しかもその音のかさなりが私たちの心に何ともいえないほどのひろがりをあたえてくれます。「瓜子姫とアマンジャク」の話はその自然のしずけさの中に生きた人の心がわからないと、ほんとにわからないと思います。「夕鶴」などもおなじことです。私は鶴の声は知りませんが、子供の頃夕空をわたる五位鷺の声をききました。人びとはいろりの火のそばでしずかに休もうとしているとき、五位鷺たちはどこへわたってゆくのだろうと、不思議なほど五位鷺たちのことが気になったものでした。鶴のわたって来たころには鶴もまた私たちの心にふかいかかわりあいをもっていました。そして自然と人間の世界の間にほとんど境をもたず、自然も人間とおなじような心をもっているものだろうと信じていたのです。「山の背くらべ」などはそうしたことのよくわかる話です。

あるいはまた、文字を知らず、ことばだけでいろいろのことを人につたえようとすると、ことばそのものにいろいろの感情をもたせます。ことばの言いまわしや抑揚ということが大切なことになります。ことばというものはそのようにその一つ一つに情感をこめて見ると、美しいものだし、また美しく微妙なものになって来ます。方言はきたないわるいことばだといいますけれど、ほんとうは人間の情感のこもった心から心に通じあえるものでありました。だから人はその中にあるうそを見わけることを知っていましたが、おまえはうそを言っているとせめたてるようなことはしないで、そうかそうかといって聞いたものでした。そうしておれば、いつかはげるうそもあれば、うそから出るまことも多いのだと思って来ました。「彦市ばなし」や「二十二夜待ち」にはそれがよくあらわれています。

木下さんはもともと都会人ですが、田舎で生活したために、田舎の人よりはかえって田舎の人たちの生活や心の持ち方がよくわかったのでした。そして田舎の人たちが、自分らの持っているものはつまらない、いやしいものだと思いこんでいるその中に、「いやそうではない、その中にはそれなりに真実がある」ということを知ったのです。

そういうことから木下さんの民話劇の創作がはじまるのだと思います。木下さんは語りつがれて来た民話をそのまま素材にして、一人が語るのではなく、登場して来る一人一人に情感をこめて語ってもらう仕組みにしたのです。それにはできるだけ、原話のことばに近いことばで表現しなければなりませんが、ことばに含まれた表情を文字にあらわすにはたいへん苦心がいります。それはこの民話劇のことばづかいを見るとよくわかります。

木下さんの民話劇の多くは戦争中に書かれています。いかにもあわただしく、しかもみんな肩をいからして物を言っていたとき、木下さんはそれとは全く別な人間の世界を描いていたのです。それは心の底のどこかですべての人がもとめているものでありました。木下さんは民話の中にそれを見つけたのです。しかも木下さんの劇は山本安英を中心にした「ぶどうの会」の人たちによって多く上演せられました。その人たちがこの作品をもっともよく理解していたと言っていいと思います。そのことがまたこれを見る多くの人たちの感銘をよびおこすことになったのだと思います。〔木下順二は平成十八年没、九十二歳。〕

作品の解説

「夕鶴」 この作品は昭和十八年に書いたといわれます。はじめは「つる女房」という題でした。「つる女房」という話は『佐渡島昔話集』〔鈴木棠三著　三省堂　昭和十七年〕の中に出ています。傷ついた鶴が助けられた男の女房になり、ご恩がえしに自分のからだの羽をぬいて、それを糸にして布を織り、男に売らせて金を得させます。女は機を織るとき決して姿を見てはいけないというのを男がひそかにのぞき見すると鶴が機を織っていた。姿を見られた鶴は、そのことをかなしみ、空の彼方へとんでゆくというのが、素材のほうの民話です。動物報恩譚とよばれるものの一つです。そしてこの話の山は、見るなといった部屋を男がひそかに見ることです。そのために鶴は鶴、人間は人間と別々に住まなければならなくなるのです。

劇のほうでもその筋は追うていっていますが、そこにいたる人間の心理や葛藤をこまかに描くことによってはじめて民話を現代のものにひきなおしています。与ひょうは世間からはおろか者と見られていますが、無欲で、その妻を愛し、近所の子供たちと仲よくし、しあわせにくらしています。ところが惣どと運ずという男が人のよい与ひょうを利用して、つうの織る織物を手に入れようとします。その人たちは金銭に目がくらんでいるわけですが、与ひょうも次第にその人たちにひきこまれてゆきます。そしてつうに織物を織るようにせがみます。つうはこれ以上織物を織ることは自分のいのちをけずることになるけれども、愛する男のためについに決心します、つうはまだ与ひょうを信していたからですが、与ひょうはつうにそむいて見るなといわれた機屋をのぞいて見ます。もともと愛情は深い信頼の上にたっているものですが、それが失われてしまったのです。信頼がたちきられると二人の心は通じあわなくなります。そのことが与ひょうにはわからないので、愛情のおしつけになったり、身勝手になったりします。そしてなんとなく愛しているのだからこれくらいのことは要求してもよいと思っているものでしょうが、その中には信頼の絆はなくなっています。信頼の絆がきれると、つうには人間の心がわからなくなります。

ほんとうの愛情っていったい何なのだろうか。人間っていったいどういうものだろうか、この劇はそのことをしみじみと考えさせてくれます。素材のほうの昔話は見るなといわれた部屋を見たということに重点がおかれています。劇のほうでは、その人たちの心の動きの中に重点がおかれています。そしてそのことは昔話を語りつたえた人たちの心の底にもあったと思うのですが、昔話のほうでは、それはこの話をきく一人一人のうけとり方の問題とし、むしろ筋のほうがだいじにせられたのです。なぜなら口から口へ伝えられてゆくものは筋のほうがだいじになるのです。筋がなければ一つの型として伝えようがありません。そして筋をもって語られることで、きくほうはいろいろのことを感じとったのです。だから昔話をきいた人たちもこの劇を見るとき「そうだ、そうだ、その通りだ。」という感銘をおぼえるでしょうし、はじめて見る人は民話劇というものは昔のそらごとではなく、自分たちの身近な問題であるということに気付かされます。そしてしかも劇のおこなわれる背景が、われわれにしずかに物を考えさせてくれる空気をつくります。そのことによってわれわれは生活の場としての田舎の意味をも知ることができます。

「彦市ばなし」　熊本地方に伝承せられている利巧者でうそつきで時には失敗もする彦市という男を主人公にした話がたくさんありますが、それを素材にしたものです。そしてもともと「遠眼鏡」、「かくれみの」、「天狗の面」はそれぞれ独立した話ですが、それを天狗の子供を登場させて一つの劇に仕立てています。「夕鶴」はずいぶん書きなおしたそうですが、「彦市ばなし」は昭和十八年頃書いたままのものといいます。それだけに昔話の中の笑話の型をそのまま見事につたえているのですが、しかし底の深い考えさせられる問題をたくさんもたせています。うそつきの名人で釣竿を遠眼鏡に仕立てて天狗の子をだましてかくれ蓑をとってしまいます。次には河童を釣って見せるといって大名をだまして天狗の面と馬肉を手に入れます。しかし結局そのうちに破綻が生じて、かくれ蓑は女房に焼かれ、天狗の面は天狗の子にとられ、おしまいには水の中で天狗の子となぐりあいをしなければなりません。

ところで殿様は初めからしまいまでだまされ通しですが、それで本人はだまされているとは気付かないで名君らしくふるまっているのです。天狗の子はいたって素直です。

しかし、それぞれみな性格はちがっていても、みんなが百姓のことばをつかっています。殿様までが「今夜はいっちょ、この面ばかぶって出かけてみようかい。」と言っています。われわれにいかにもちかいことばで話しています。そして彦市のほうも「あら、こら、殿さんでございましたか。」と言っています。普通の芝居で見る殿様と家来の話しあいとは大へんちがったものです。そして表面は殿様を尊敬していますが、殿様もおれのうそにはだまされてしまうと自負しています。

つまりみんなが同じ高さのところに立ってものをいったり考えたりしているわけです。それはまた昔話の本来の姿でもあるのですが、それが劇の中でも十分生きていることで、私たちは単なるつくり話としてでなしに考えさせられます。

「瓜子姫とアマンジャク」　この作品は昭和二十八年に発表されたものですが、ほんとに静かで、ジッとして耳をかたむけていると、すべての物の音がきこえ、しかもその意味のわかるような自然の中で娘が機をおっています。その機の音が、ただ機の音としてでなしに、その自然の中の一つのリズムとして生きています。古い日本はそういう国だったと思います。そしてその時代にはことばもまた自然の中にとけて生きていたと思うのですが、木下さんは方言を実によく生かしてこの作品を書いています。筋はきわめてかんたんで、じっさとばっさが町へ買いものにいった留守にアマンジャクが来て瓜子姫をとらえて柿の木につりさげて自分がかわって機を織っている。そこへじっさとばっさが戻って来た。じっさとばっさをだまそうとしたが、アマンジャクの本性であるものまねが出てばけの皮がはげてしまった、という話ですが、鏡ばかりでなく自分の姿が周囲のすべてのものにうつっており、それが正しくうつっている間はいつも平和でありしあわせであるけれど、みだされると、それが不幸を生む、が、人も自然もまた秩序をとりもどすことにつとめるものであるということをおしえてくれます。読んでいて心をほのぼのとさせてくれるものです。

「二十二夜待ち」 この作品は彦市ばなしとおなじころに書かれたものだといいます。そして伊那へ疎開しているときに村の青年たちにこの劇をやらせて成功しています。なぜなら見ている人が一ばんよくわかる劇だったからです。働きものの藤六と婆さまが食べものもたずに出ていってごちそうになる。そこへならずものが来て座をみだし、みなこそこそかえってしまうけれど、藤六親子は朝までいっしょにいる。その間にならずものも人間らしい気持ちをもってくるというものなのですが、ここでおもしろいと思うのは、藤六は働きものだけれども貧しさのどん底にいます。しかし貧しいことを売り物にはしないのです。弁当を忘れたといったり、たばこを忘れたと言ったりしてもらって食べ、もらって吸います。みんなうそとわかっていても、とがめだてしないで人びとは親子の要求をいれます。ならずものが来ると無理しないで皆ひき下がっていきます。ならずものというのはやせ我慢をはっているだけのものですから、いつかそれがつづかなくなります。婆と孫との姿の中から人間本来の生き方をおしえられてゆくのですが、何もかもわかっていても何も知らぬふりをして生きている一般民衆の生き方を実にたくみに描いています。

「山の背くらべ」 昭和三十年にラジオ東京から放送せられたのが最初といいます。もうすっかり木下さんが作家として完成してきたときの作品です。「山の背くらべ」の話は方々にあります。低いから石を積んで高くするという話。そんななんでもない話の中にも民衆の姿がそこにきざみつけられています。山の背を高くしたいと思うのは山自身ではなくて山を見ている人たちなのです。しかし表面はいつもへりくだって生きていなければならなかった人たちです。胸をはってあるきたい、話したい、そういう気持ちはどの人の中にもあります。その気持ちを木下さんはたくみにとらえ、そこに二人の若い男と娘をおいて、民衆の気持ちを生き生きと描いています。

「**おもん藤太**」 昭和二十二年にＮＨＫからラジオ実験室として放送されたのが公表せられたはじめです。昔話の中に「手なし娘」というのがあります。まま母ににくまれて手を切りおとされた美しい娘が心もやさしくて幸福を得た話なのですが、それを素材にしてこの劇は書かれています。筋は簡単だし、登場してくる人も四人です。ラジオ放送のために書かれたものだということがよくわかります。そしてこれが、戦後間もなくの、人びとの心がすさんでいたとき、こうした素朴でお互が深く信じあっている愛情の物語は聞く人の心をつよくうったのではないかと思います。

はじめにあった話を再話するということはわかりにくいことばをわかるように言いなおすということもあれば、自分の考え方をのべるために素材を利用するという方法もあります。しかし、素材そのものの中に含まれている意味とニュアンスを失わないで、しかもそれが原話の解説におわらないで、作者の創作になるためには、作者が原話を現代人でありながら、ほんとうにわかり、またそれに愛情をもっていなければなりません。

まま子にくさに、その両手を切りおとしたり、まま子をおとしいれるために、にせの手紙を書いたりするようなまま母の話が出てきますが、それがそれほどむごたらしく心にひびきません。娘が心のやさしい人で、そんなにされてもうらまず、すなおな心をもっているからですが、この作品をよんでも心がほのぼのとあたたかくなってきます。それはまたこのような話をつたえた民衆のもとめていた人間の姿でもあったと思います。そういうものが語りとして口から耳へつたえられるだけでなく、文字を通して感銘ふかく理解せられるものにしたことに民話劇の意義があるのだと思います。

民話はもともと民衆の持ちつづけてきた話ですが、その持ちつたえた中には木下さんが再話し劇作したとおなじような気持ちがあったのだと思います。だから文字がなくても全国にひろがって来たのでしょう。その民衆の心をほんとに再現して見せてくれたのが木下さんでした。だからいまの人にもわかるのですが、それは木下さんが民話を通じて、まず民衆の心にふれたということから展開して来たものです。それには田舎と田舎をとりまく自然というものが、まずわかるということが大事な条件になると思います。

自分たちの周囲のものを愛し、見つめる眼の中にこんなにしみじみとした人間の世界がひろがってきます。

（『夕鶴・彦市ばなし 他四編』〈木下順二の人と作品〉 昭和四十三年十月）

山中襄太［著］

『地名語源辞典』

（校倉書房　昭和四十三年）

本書の序論に「日本の語源研究は、地名にしても、一般の語にしても、まだまだ研究不十分で、俗語源的説明の域に低迷しているといってもいいような実情である」といっているが、同感である。しかし日本語は周囲にその類例をほとんど持たないことばであるから、簡単に周囲民族のことばとも比較ができず、国内のことばだけではその比較によって語源をさぐることはむずかしい。著者はそうした中にあって、まず丹念に先人の業績を検討している。おびただしい参考文献をあげていることによってそれをうかがうことができるが、それではそれによって地名語源を解明できたかというとそうではなくて、「力も金も時間もない『三無斎』が地名語源辞典などとはおこがましい限りではあるが、だれもやる人がないから、もとより学界の捨て石・踏み台となり、人柱・人身御供となる覚悟で書いてみたのである」と言っているごとく、これは地名語源研究の序ノ口であるといってもよいのではないかと思う。

事実本文を見てゆくと、忠実に先人の説を紹介してできるだけ独断をさけるようにしているけれども、それでいちいち納得できるかというと、そうでないことばが多い。たとえば松江市秋鹿《あいか》を「坪井九馬三博士はインドシナ半島のチャム語〝aik〟すなわち湿地を意味する地名だという」と説明しても読者の方は簡単に納得はしないであろう。どうしてチャム語が日本語の中へまぎれこんで来たかが問題になるからである。が著者はそうした先人の説を要領よく紹介していて、地名考察についての示唆を与えてくれる。

また赤羽《あかばね》は赤埴《あかはに》と同義語であることを各地の例をあげ、埴は赤い粘土の意であると説明している。地名は漢字で表示せられたものが多く、それもたいていはあて字なので、そのことによる混乱も多い。地名の比較研究については柳田国男先生のすぐれた業績がある。そういうものはもっととり入れて地名を見てゆく方法の一つとして紹介していただきたかったと思う。漢字にこだわらず見てゆこうとするためには柳田先生の方法は重要であると思う。そういう点からすると、この辞典のはじめかしまいに先人の地名語源解明にこころみた方法論の解説のようなものもつけ加えておいてよかったのではないかと思う。そうすると、それによって、これから地名を研究しようとするものも、単に興味本位でなく、学問的に深められてゆき、著者の希望も達せられる日が近くなるのではないかと思う。興味をもたなければ学問はすすめられるものではない。そういう点では本書は一つの大きな役割をはたしているのではないかと思う。どのページをひらいて見てもおもしろい。そして何かを教えられる。そして一つ一つの地名にもこれほどの意味があったのかと考えさせられるのである。と同時にこの辞典を著者の言うようにより完全なものにしたいと思う。

（「週刊読書人」　昭和四十三年十二月二日）

長野県教育委員会［編］

『信州の民俗――山国に生きる名もなき人々の生活と文化』

（第一法規出版　昭和四十四年）

昭和三十七年以来文化財保護委員会（現文化財保護審議会）は、毎年十県をえらんで県内三十ヵ所の民俗調査をおこなった。これはそのときの調査をもとにして集大成せられたものである。

この調査は全国にどのような民俗がのこっているか、その概要を知ろうとするものであったから、一地域についての調査については目のこまかさを欠いていたが、ひろく各地との比較のできることに特色があり、本書においても、書中いたるところに民俗・民具の分布図がのせられていて、県下の民俗が決して一様でなかったことを示している。そしてそれは千曲川・姫川・天竜川・木曾川などの水系によってまず大きな差があり、さらに地形によって小差を生じていると見られる。そして全般としては、古い習俗のなお豊富にのこっているところであることを、年中行事の豊富さが示している。

そういう意味では、巻の前半一五九頁をしめる写真集は、農民の日常生活を具体的につたえているものとして意義がふかい。そしてそこに西欧文化のはいりこんで来る以前の農民の姿を見ることができる。現代日本の文化は、ほぼこういうところからスタートして欧米文化を吸収していったものと見ていい。そしてしかも、調査対象となった村々には、多分にその古い姿がのこっている。自然のきびしさと、貧しさのために、新文化の浸透がおくれていると見られるが、それなりにそれぞれの土地で充実した生活をしていることを、多くの写真は物語っている。そしてそれは村人の共同によってささえられていることを知る。

そうした村々にも新風ははいり、古風が次第に忘れられようとしているのは、二七三頁の地図が示してくれる。かつて県内には卯月《うづき》八日の行事は全般にわたって見られたが、いまは南部と北部とのみに見られて、中央の部分は記憶だけになっている。おなじように一つ一つの行事、生活について見ても、昔はあったがいまはなくなっているというものが、無数にあるであろう。

今日までの民俗学はただ古いことをさぐるだけに重点がおかれていたが、古い生活の中から何が消え、なぜ消えていったかということの追及もまた重要である。写真集の二八頁から三七頁までをしめる養蚕なども、明治時代には村を風靡《ふうび》した新風であったはずであり、それが日常生活をかえたことも大きかったと思われるが、その生活すら、今は民俗の一端として記録せられるようになっている。農耕に牛馬をつかうことすらが明治以来の新風だったところが多いのである。

民俗は起源の不明な歴史であると思い勝ちであるが、つぶさに見ればそこに新旧の差のあることに気づくものが多い。それを巧みに自分たちの生活秩序の中へくり入れたのである。きびしい生活にたえさせたのは、この秩序と、秩序の生み出したリズムであったことを、この書物は教えるばかりでなく、そこに生きる人びとの意欲を伝える生活の記念碑でもある。

（信濃毎日新聞　昭和四十四年六月二日）

『塩俗問答集』

渋澤敬三［編］

（慶友社　昭和四十四年）

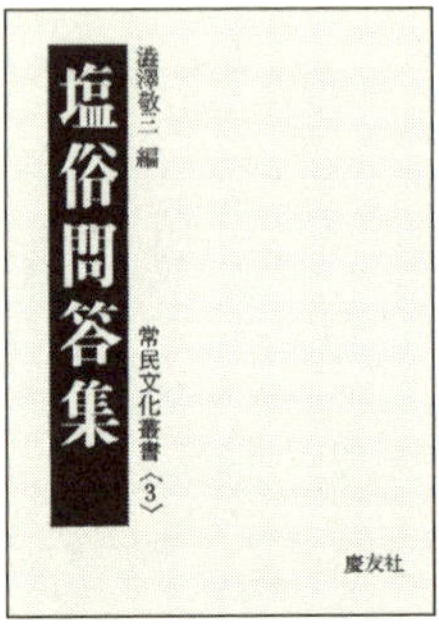

本書ははじめ、昭和七年春、渋澤敬三先生が塩習俗について二一の項目を設定して、全国の地方事情にくわしい人々に質問状を出し、一五九人から送られた返事を項目ごとに分類整理して、昭和十三年にアチック・ミューゼアム（日本常民文化研究所）から出版した。早く絶版になり、本書をもとめる声を方々できいたが、再版の機会もなく今日にいたったが、今回、渋澤先生が柳田先生の還暦記念論文集『日本民俗学のために』に寄稿せられた「塩―塩俗問答集を中心として」を追補して再刊することになった。

ここには塩専売制のしかれる以前に、一般の人たちが塩をどのようにしてはこび、手に入れ、塩に対してどのような気持を抱いていたかが、きわめてつつましく語られている。そして塩を通して常民の生活がうかびあがって来ている。塩を手に入れることが山中などでは余程困難であったために、漬物水を塩に代用したり、塩魚を多くだべたりした。塩は信仰などともふかく結びついており、きよめにこれを用い、願かけに塩だちなどということもおこなわれている。また塩を薬として用いることもあった。そういう生活の全国的な見とおしをまとめたうえに、渋澤先生のゆきとどいた考察は、単に塩習俗一つの追及にかぎらず、他のいろいろの習俗調査にとっても重要であるということを、本書をよみつつ痛感する。本書のはじめに回答者の名前が列記されている。私の知っている人のほとんどはもうなくなられている。いま同じような調査をしても、これほどの成果が得られるだろうかとしみじみ思う。

（「民具マンスリー」二巻五号　日本常民文化研究所編　慶友社　昭和四十四年八月一日）

斎藤隆介［著］

『ゆき』

（講談社　昭和四十四年（新版　昭和五十一年））

日本では民話ということばは新しい。戦前少しはつかわれていたが、多くつかわれるようになったのは戦後である。戦前は昔話またはお伽話ということばがひろくつかわれていた。しかし戦後民話とよばれるものは昔話ともややちがい、伝説や世間話をも含めて、民間に語られている話と、これを再話し、焼きなおしたものをも含めるようになって来た。

昔話や伝説はそれを支える社会生活があり、それを語る場があり、したがって一定の型がその中から生れて来ていたのであるが、今日ではそういう社会生活も語る場も失われてしまっている。したがって戦後一時再話運動が盛んであったが、今下火になってしまっている。そうした中で『ゆき』は新しい創作民話の型を生み出そうとするこころみをしている。

雪爺と雪婆は下界の雪がよごれたので、その雪を清めるために十三才になる雪ん子を下界に下だす。雪ん子は下界でハナだの月太郎などいう子供たちと親しくなり、またかしこい爺さまと仲よくなり、いままで無力であった百姓たちと力をあわせてつむじ風という盗賊団をやっつけてしまい、ついで百姓どもをしぼりあげ、また百姓どもを思いのままに使役している領主が隣の領主と争をおこそうとしたとき、敵味方をこえて百姓たちが力をあわせて領主をやっつけてしまう。そんなときフブキという名馬に雪ん子がまたがって先頭にたって敵をけちらしてしまう。

領主がいなくなると地主の豪エ門が年貢のとりたてを重くするのでこれもみんなでやっつけてしまう。最後に朝日岳にいる神人という村人の信仰の対象になっているものをなくしてしまわなければならないと、村人たちは山へのぼっていく。神人は人間にたち向って来るが、雪ん子はその神人にぶつかってゆき、雪ん子は消え、神人もまたばらばらとくずれてゆく。しかし雪ん子は死んだのではなくて天上の雪の国へかえって雪爺、雪婆にかわいがられ、雪まんまをたべている。

以上がごくあらましの筋だが、雪の幻想の中に昔話のおもかげを見出すが、この話の下敷になったものは山城国一揆であろう。それを北国の物語としてくみたてたのであるが、それも単なる民話風な語り口ではなく、普通の文章になっている。「みなはいっせいにひれふした。なおつっ立っているのは、ゆきだけであった。」というような文章である。これはもし声をたててよむとすれば大ぜいの人に向って公然として語るものになっている。

つまり著者は新しい語りの場の設定をはじめている。あたらしい語りの場があたらしい読者をひきつけてゆくことになるかもわからない。同時に古い農民の歴史を民話的な表現を用いることによって、より心情的に少年たちに理解させることが可能になるかもわからないが、それは一つの新しいこころみとして現代の社会へ定着するにはなお多くの工夫が必要になって来るのではないかと思う。実は私など今日のような時代にはもう民話などというものは必要がなくなるのではないかと思っていた。学問の対象ではあっても。

しかし民話のような形式が子供たちの理解力をたすける余地を尚大きくもっているものであるとするならば斉藤氏がいまこころみつつある創作民話の問題は大きくとりあげて見るべきではないかと、全巻をよみおえて思ったことである。

（日本読書新聞　昭和四十四年八月十一日）

住田正一〔編〕

『海事史料叢書』〈復刻版・全二〇巻〉

（成山堂書店　昭和四十四年）

住田正一先生にはエッセイスト・クラブのあつまりでお目にかかることが時折あった。かまえざる人で、いわゆる学者という感じのしない人である。お話をきいていてもきわめて解放的で日常座談にたけた人であったが、同時に壺をチャンとおさえておられた。『海事史料叢書』全二〇巻を見ると、住田先生のご性格が実によくでている。廻船関係のあらゆる記録を全国にわたってあつめ、整理し、日本人が明治以前にどのように海に生きてきたかについて示された。私はこの『叢書』を戦前日本常民文化研究所の書架に見つけて、暇あればひもといて自分の興あるところを読んだ。そして多くのことを教えられた。私の海に関する知識（漁業以外）のほとんどは、この『叢書』によって得られたと言っていい。ことに瀬戸内海生れの私には三島海賊の文献がおもしろかった。しかし戦後この『叢書』は研究所の書架からきえ、私自身としては大変不便な思いをしてきた。古書目録で時たま見かけることがあっても貧乏人にはどうしようもなかったのであるが、今回四〇年目に復刻刊行せられることはこの上ない喜びである。そしてそれは私一人でなく、この『叢書』を知る多くの人がそうであろうと思うし、この『叢書』に気づかない人びとにもす

すめたい。この『叢書』におさめられた史料は近世の鎖国時代のものが多い。鎖国の中で人がどのように海に生きてきたかをみていく時、そこに島国民の執念のようなものを感ずる。と同時に海への進出の可能になった現在、もっと海への関心をもってもいいのではないかと思う。

住田先生のお仕事がそのようにして、もう一度評価せられる機会をもつことは、きわめて意義のふかいことである。

（復刻版『海事史料叢書』内容見本　昭和四十四年十月）

日本海事史学会［編］

『続海事史料叢書』〈全一〇巻〉

（日本海事広報協会　昭和四十四～六十一年）

最近日本人の海に対する関心がいちじるしく深まって来つつあることをいたるところで体験する。それにもかかわらず、海に関する資料の活字にせられたものはきわめて少ない。たとえば水産庁水産資料整備委員会が、昭和二十四年から蒐集調査整理した水産資料は、厖大な量にのぼっているが、これが活字化せられたのはほんの一部にすぎない。同様に海運関係資料も、住田正一博士によって編集公刊された『海事

史料叢書』二〇巻以来、これにつぐ完備した史料叢書の刊行を見たことがなかったが、今回旧海軍省であつめられていた海軍史料（現東京大学教養学部蔵）が日本海事史学会の編集によって公刊せられるにいたったことは、それが学問研究への貢献度の大きいばかりでなく、一般民衆の目を海に向ける重要なきっかけとなるものとして、その成果が期待される。集録せられるものは、海運、海法に関する諸記録、造船資料をはじめ、樽廻船、檜垣廻船資料、その他日本海、瀬戸内海、紀勢、九州、東北各地の記録、客船帳などで、その分量は一〇巻をこえるほどのものである。

それは海国日本の資料としてはかならずしも多いとは言えないかも知れないが、こうした叢書の刊行が呼び水となって、さらに多くの資料の発掘発見が予想せられる。寛永十六（一六三九）年の鎖国以来、海外へ渡航するものはなくなり、国民の海への関心は著しく減っていったけれど、多くの不便と危険の中に沿岸をゆく船の数は決して少なくなかった。そしてそれが生産文化発展の大きな支柱となっていた。この事実を見のがしては日本の真の経済的発展を論ずることはできないと思うのだが、人多くは海のことは見のがしがちになる。この海事史料の公刊は、さきに住田博士の刊行せられたものの再刊などもふくめておこなわれるのであるから、すぎし日の日本の海国的な姿を明らかにする金字塔として画期的なものとなるであろう。

（『続海事史料叢書』内容見本　昭和四十四年）

宮本常一［著］

『大名の旅――本陣を訪ねて』

（社会思想社　昭和四十三年（八坂書房　昭和六十二年））

昔宿場だった町はあるいて見ると風格がある。東海道の宿場は様相がすっかりかわったものが多いが、中仙道などはまだ多分に昔のおもかげをとどめている。そうした中でもそこに大名のとまった本陣ののこっているところは宿場全体もまだ整然としているのが普通で、それは時勢にとりのこされたからそうなったのではなく、時流を追わなくても生活がたてられたから残ったという例が多い。しかしいずれはそれらも消えてゆくものであろう。いまのうちにしらべておけば大名の旅がどういうものであったかを知る上に大きな手がかりになろうと思って、相沢韶男・神崎宣武の二君に昔の街道の宿場をあるいてもらった。これは骨の折れる仕事であった。そしてまだ例幣使街道、北国街道、九州路などはしらべていない。これからの仕事である。

参勤交代による大名の旅を庶民の旅にくらべて見ると、ずいぶん金のかかったものであったが、みずから好んでそれをおこなったのではなく、参勤交代の制度によるもので大名自身も旅の被害者であったことがわかる。しかし、それによって江戸の文化が一応日本のすみずみにまでもたらされたといっていい。

大名の供をした人夫、すなわち中間《ちゅうげん》、小者たちはみな農村の出身であったから村の中へも江戸の文化はもたらされた。交通の不便な、大半は徒歩によらなければならない時代に三〇〇人あまりの大名が平均一五〇人の供をつれて毎年一回は旅をしていたのだから、少なくも四五、〇〇〇人が国のすみずみまで動いたことになる。と同時にこのことが明治の新政府を容易に発足させることになったのだと思う。そして明治になって大名の参勤交代はなくなっても、これにかわる地方の役人たちの東京への参勤交代的旅行は盛んになる一方である。

（赤旗新聞〈自著自賛〉昭和四十四年十月十六日）

内田武志・宮本常一［編］

『菅江真澄全集』全一二巻　別巻一巻

（未来社　昭和四十五〜五十六年）

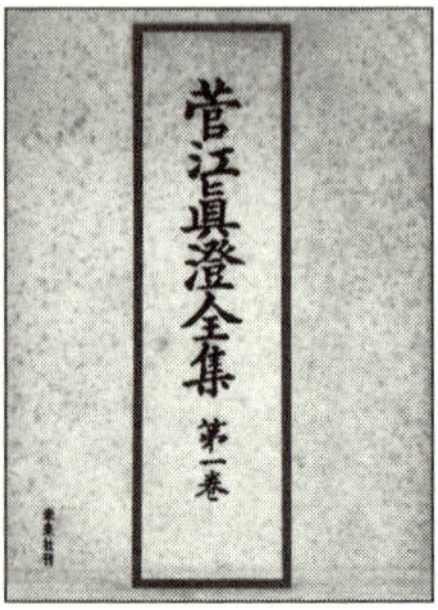

私の友人に内田武志という人がいる。いま秋田にいるが、もと東京にいた。身体をわるくして病臥同様の生活をしているので戦争がはげしくなったとき、東京は危険だからとて秋田へ疎開して今日までそのまま住んでいる。秋田へ引越すとき「これから何をしたらよいだろう」と内田君はその師渋沢敬三先生にき

いたら「菅江真澄の研究がよいのではないか」といった。「稀代の旅行家のことを行動の不自由な内田君がしらべるのもまた面白いではないか」と渋沢先生が言ったが、真澄についてはその頃わからぬことが多かった。

この旅人を見つけたのは柳田国男先生で、宮内省図書寮の中におさめられていた真澄のおびただしい紀行文、名付けて真澄遊覧記をよんで、その行文の精細をきわめ、しかも東北、北海道における民衆の生活をつぶさにしらべていることにおどろいた。しかも一七八三（天明三）年から一八二九（文政十二）年にいたる四七年間の記録で、長野、秋田、青森、岩手、宮城、北海道におよび、そのうち青森、秋田がくわしく、秋田で生涯を終っている。何らかの理由があって郷里にはかえらなかったようである。おなじ書物は秋田の佐竹家にもあり（後辻兵吉家の所有となる）、柳田先生のすすめで昭和の初めに秋田叢書の別巻として刊行され、紀行文以外のものも秋田叢書におさめられたが、戦争があったり、地元の熱心な研究者たちが次々に死んで、戦後は全くその研究が停滞してしまっていた。

そうした中で内田君はその令妹ハチさんに手足になってもらってコツコツと研究をすすめ、多くの未刊本を発見したばかりでなく、真澄の伝記をも明らかにしていった。そしてようやく真澄の名が多くの人の意識にのぼって来た。だがまだその出生の地はわかっていない。愛知県岡崎付近で姓を白井といった。それが一七八三年郷里を出て、伊那谷を通り、飢饉で人びとの流離をつづけている東北地方へあるいた。北海道へ渡るのが最初の目的であったようだが、状況がわるいので南に下り、松島付近をあるいて、一七八八年に北海道へわたっている。九二年にはふたたび本州にひきかえして下北半島をあるき、一八〇一年まで青森県におり、ついで秋田に移ってそこで生涯を終わったのである。のこした紀行文は七〇冊ほど、そのほかに地誌・画集がある。

その初めはただ旅をして見知らぬ世界を見ることが目的であったようだが、青森、秋田では土地の有識者たちに引きとめられ、そのまま長滞在になってしまった。当時の東北はほとんど未開の世界のように思われていた。しかしあるいてみると、人をうたがうことを知らない善良な人びとが生きており、花や月を見て喜び、不幸をともにかなしみあい、行きずりの旅人に対しても何一つ危害を加えることはなかった。そういう世界は真澄にとっても不思議に近いほどのおどろきの世界であった。その中にいることによって心のやすらぎをおぼえ、その中にいることで生甲斐を感じた。そのことは行文の間ににじみでている。そしてそういう人の生活をつぶさに記録していった。しかもそこにある習俗は決して異質なものではなく、南の方にもおこなわれていることを真澄は指摘している。

基本的には日本の文化は早くから一つであった。田舎者だから無知だから異風だからと言って笑うことなく、いわゆる奇習奇俗をさぐっての旅でなかったことは、真澄が見ようとしたものがそこに生きる人びとの生活そのものであったことによってうかがわれる。しかもきわめて客観的であった。長い生涯を旅にあって、どうして生活をたてることができたのかという疑問もわくが、これほど精細な文章を書いた人が、それにはほとんどふれていない。故意にそうしたのではなく、ごく自然に周囲の人がその生活を支えたのであろう。そして真澄を見直すことが東北の人たちの生き方を見直すことにもなるとともに、現代の生活に対する問いかけにもなるのではないかと思う。

この書物をよんでいると酷薄不便な自然の中にあっても人は健全に生きつづけたことを教えられる。

（日本読書新聞　昭和四十五年三月九日）

『「家」をめぐる民俗研究』

竹田　旦［著］

（弘文堂　昭和四十五年）

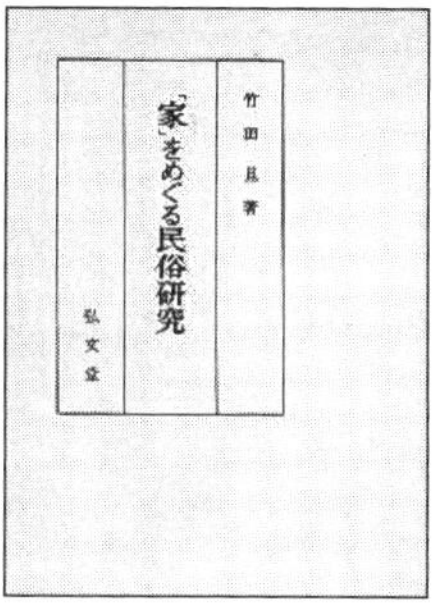

日本という国は首都が東京におかれ、しかも中央主義の政治と学問の色彩のつよい国であるから何ごとも東京を中心にして、その周囲を基準に物を考える。家族制度などについても同様で古い民法では長男子の相続が規定せられており、一般の慣行もほぼそうなっていると信じているものが多かった。

ところが現実の社会について見るとかならずしもそうではなかった。民法がつよい力で規制しつつも、京都から西、とくに海岸や島嶼では長子以外の相続形式がひろく分布していた。法はあっても旧来の慣行を今日まで守りつづけているところが少なくない。旧来の慣行ということになると末子相続がその代表的なものになる。本書にその分布図がかかげられているが、九州西岸と瀬戸内海沿岸に密集して、近畿以東では三ヵ所をあげているにすぎない。

しかし旧民法の制定せられたころ、あるいは、それ以前には末子相続は密度としてはもっと高いものであったと見られる。にもかかわらず、このような相続形式は法では無視せられて来た。さてこのような社会では財産相続については均分思想に基づく分割相続がなされており、家督を誰がつぐかという場合に長子とはきまっておらず、親が選定するか、末子が後をとる事例が多い。そして事例の上からすれば末子相続の衰退にともなって非長子・選定相続へ移行し、漸次長子制になりつつあると著者は指摘している。

ところが末子相続は隠居分家と親近関係をもつ。著者はそのはじめ隠居制度の民俗学的な研究をつづけて来た。隠居とよばれる制度は今日ではきわめて単純に考えられているが、民間の慣習を見るとそれほど簡単なものではなかった。とくに親が長男に後をゆずって、二、三男をつれて分家する慣習がやはり西日本に分布する。しかし著者は隠居分家と末子相続をもっと厳密に区別していた。隠居分家は長子相続制につながるものであり、末子相続制のおこなわれているところとの間にずれがあった。しかし広島県豊島と長崎県樺島で両者の複合した慣習を見出している。それは敬虔な祖先崇拝の観念をもつところでは位牌のありかと先祖祭司祭者たる親のいる場所の関心から本家観が生まれ、隠居分家から末子相続への移行もあり得ると説いている。

本書はその前半に主としてこのような問題をとりあつかい、後半では家連合の態様をとりあげ、山梨県の山村における親分子分制、福井県における株講、宮城県北部海岸地方のシンルイ、下北半島の労働慣行についてのべている。

本書におさめられた論文の一つ一つはそれぞれ著者が実地に調査したものにもとづいて書かれていることに何よりのつよみがあり、それ故に説得力がある。

ただ読む方の側も含めて注意しなければならないことは、事例はここにあげられているだけの地域に限られているものではないということである。慣行は制度ではないのだから、そこに住む人々の生活条件と必要によって少しずつ形をかえつつ、よりひろく分布を見、また長子相続制の地域と思われるところも混在しているという事実である。

民俗学は常民の日常生活をほりさげて研究していくことを主唱しつつ、実はなるべくかわった習俗に目をつけすぎて来た。古い生活をさぐっていくためにはそれもまた重要なことであるが、周囲のごくありふれた社会を詳細綿密に見てゆくことも大切ではないかと思う。よく見るとそこにはあらゆる伝統形式が変貌変形しつつ内在している。たとえば本書に宮城県のシンルイがとりあげられているがシンルイということばすらが、土地によってはずいぶん違った内容をもっていることをこの事例は示唆する。ここでは同族団がシンルイとして規定せられるのであるがその内容は同族のみの結合ではなく、もらい子別家、地わかれ別家、つきあい別家などという非血縁をも含んでいる。そしてそれらが氏神をまつり、また祝儀・不祝儀などの儀礼的なときにあつまって、助けあうばかりでなく生産の面でもユイをくんで協力しあっている。

このようなシンルイと都市社会の中のシンルイ、あるいは西日本のシンルイとそれぞれ比較して見ると一つの言葉の包括する現実の社会がどんなに複雑なものであるかを知ることができるとともにその類型と変貌・推移もさぐりあてることができるのではないかと思う。

著者は日本における家の持つ慣行を今日まで民俗学的に追及して来たが、この分野は開拓すべき問題が多数のこされている。たとえば姉家督とよばれるもののほかに女の子には必ず婿をもらい、男は婿にやるというような事例を宮城県北部で見たことがあり、婿養子、もらい子の問題なども、その研究の中から発展することを期待する。

（図書新聞　昭和四十五年三月十四日）

『子どもの歳時と遊び』

茨城民俗学会［編］

（第一法規出版　昭和四十五年）

近ごろ子どもが野外で遊ぶことが少なくなった。いろいろの理由はあるが、遊ぶ場所の少なくなったことも大きな理由の一つであると思う。自動車の少なかったころは道路すらがよい遊び場であったが子どもたちはもうそこでは遊ぶことをゆるされなくなった。都会はとくにこの傾向がつよい。

ところでふるさとの意識は幼時の遊び場と遊びの中にはぐくまれてきたものと思う。都会の人がふるさと意識をもたないというのはそういう場所と機会を持つことが少なかったからで、もしそういう条件を持てば都会の中にふるさとを感ずるものもあるわけである。ふるさとの思い出のたのしさは幼少のおりみんな心おきなく遊びほうけたことである。遊びほうけるといっても、遊びにはいろいろの種類があり、それが年齢により、季節によってちがっていた。幼少時に多くの友をもっていた者ならば、遊びの思い出は無数にあるといってよい。しかしそれを秩序だてて記録しておこうと努力するものは少なくて、ただ思い出だけをたのしんでいるものが多い。

今回茨城民俗学会の会員諸氏が協力して県下全体にわたる子どもの遊びを季節季節の行事とのからみあいなどみながら、そこに子どもの生活をうかびあがらせる配慮をこめて調査集大成したことは現下の児童問題、児童教育を考えてゆくうえに重要な意味をもつものと思う。

しかもここにあげられている遊びの数は六百余にのぼっている。いかに多くの遊びをもち、また、いかにバラエティに富んでいるかを知ることができる。しかも遊びの相手をつとめたものの中には動物や植物がきわめて多い。自然を知り観察するすべもそうした遊びの中で得たものである。子どもたちを自然の子、太陽の子たらしめるために、本書の利用を高めたいものである。

（『子どもの歳時と遊び』序文　昭和四十五年四月一日）

瀬川清子［著］

『村の女たち』

（未来社　昭和四十五年）

著者がはじめて民俗探訪の旅に出たのは昭和六年で、行き先は小笠原島であった。それから今日まで四〇年になる。その間著者は北は北海道から南は沖縄までの各地に年老いた女たちをたずねて、その生活の聞書をとってあるいた。どんな話でも親身になって静かに聞く著者の態度に、老女たちは何も彼もあらいざらい話してくれたのであるが、それでもなお著者は「帰りの汽車の中でも帰宅してからでも、夢魔のように私を苦しめるのは、見た村の姿、そこで会ったさまざまな人の姿、そうしてその人たちとのつきあいの態度のいたらなさを恥じる心である」といっている。

村の女たちは申しあわせたように働きものであり、働くために生れてきたようなものであった。しかし、この人たちはそれぞれの家を守ってきた。他家から入ってきて親から子・孫へと家のいのちともいうべきものを継承していくのが、実は女の役目であり、それが女たちをしてきびしい暮しの中にも生きがいを見出させたのだと思う。そうした人びとの姿を著者はその接触したときの印象を通して見事に浮彫りにしている。その老女たちの語ったことは別に整理せられて多くの書物になっているが、ここでは語られたことがらにではなく、人そのものに重点がおかれてまとめられている。民俗の調査とはどういうものであるかを考えさせられるとともに、老女たちの語る言葉そのものが詩になり文学になっていることを感ずる。

しかも著者でなければこのような仕事はできなかった。多くの働く女たちの口をひらかせて、その言葉の中から女性の生活史をひき出した人が、これまでにこの著者以外にあっただろうかという反省がこれを裏付ける。

村の女たちは実によく働いた。どのページにもそうした女の姿がうかびあがっている。その人たちはどのようにまずしくても「ありさえすれば私は皆に食べて貰いたいんだよ」「行きくれた人を断る法がない」といったようなやさしい心根をもっていた。

世の中はかわったという。女の地位も向上した。しかし、いま若い者が出てゆき、あるいは過疎といわれる村々を支えているのは、実はこうした心根をもって働いている老人たちである。しかもこのような心根は、これからの日本には必要のないものであるかどうか、この著書を通してみんなで考えて見たいものだと思う。

（朝日新聞　昭和四十五年五月十一日）

佐藤藤三郎［著］

『底流からの証言――日本を考える』

（筑摩書房　昭和四十五年）

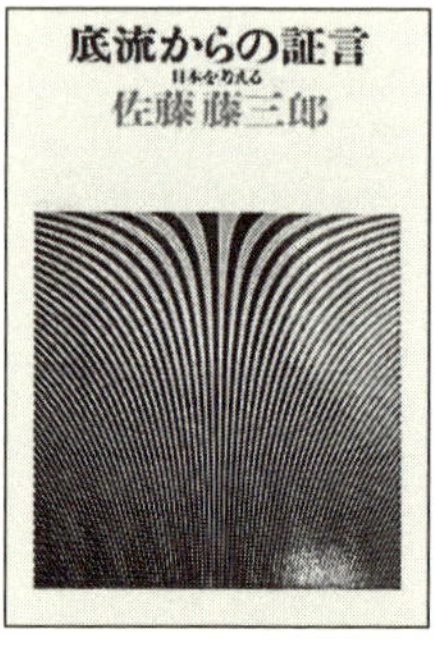

昭和二十三年ごろであったか、江口江一という少年の書いた「母の死とその後」という作文が文部大臣賞を受け、その作文を中心におなじ組の少年たちの作文をまとめた『山びこ学校』が世間の大きな話題になったことがあった。本書の著者はその「山びこ学校」の仲間の一人であった。その書物では、農民はなぜ貧乏であらねばならぬのかということがむずかしい理屈でなく、具体的な子どもたちの生活を通じて訴えられていた。

いまこの書物を手にして、『底流からの証言』はその「山びこ学校」の延長線の上にあることが、よみとれる。あれから二〇年あまり、著者は村にのこって百姓になり、少年から青年・壮年へと日を重ねてきた。その間自分自身の生活はきびしかった。しかも村を貧しさから解放する根本問題はすこしも解決されてはいない。視野をひろげるために、ひろく日本の農村をあるいて見た。しかし農村の様相は都市からの距離、気候、地形などで大きな差異がある。しかも農村の問題を根本的に解決しようと取りくんでいる人はほとんど見あたらないようである、ということを著者はわれわれに語りかける。この書物をよんでいてつよく反省させられたのは、著者のように、本当の百姓をしているもので百姓の立場から農業や農村の問題を訴えてきた人がどれほどあったであろうかということである。多くは農民以外の農業関係者が書いているのである。農民の本当の声が容易に一般の人にひびいてこないのはそのためであった。

しかし、これは農民の書いた数少ない書物である。そして日常つかっていることばで考え、書いている。カタカナの言葉はきわめて少ない。一語一語はみなわかることばである。だが、この書物の中で語られていることは実に大きくむずかしい。坪（三・三平方メートル）一万円で水田一反（九九二平方メートル）を売って三〇〇万円を得て貯金し、六分の利子がつくとすれば一八万円になる。おなじ田を一生懸命につくって一〇俵の米をつくっても四万円にしかならぬ。米があまれば何故輸出しないのか、なぜ輸入米を減らさないのか。いっぽう利を追う生活の中で人間の大切な何かが失われていく。だから出かせぎに出た人たちも、また郷里へかえっていくという。そこには貧しくても何かがある。「貧しくとも国民のひとりひとりの生命を尊重し、真に民が主体となるような政治にならなければ、人間としての生きがいは存在しないのではないかと思う」と言う著者のことばが、この書物の中に含まれた多くの事実の裏打ちになっている。

（朝日新聞　昭和四十五年五月二十四日）

上田正昭［著］

『日本神話』

（岩波書店　昭和四十五年）

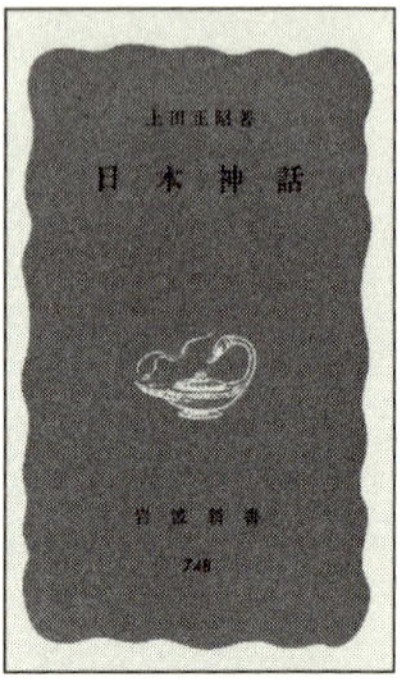

著者は史家である。史家による神話の取扱いと、民俗学または民族学専攻の人びとの取扱いにはおのずから差がある。著者は神話の語られた背景の中にある歴史をさぐりあてようとしている。ここにいう神話は主として記紀の中の神話である。それは国土と密着する形で語られ、高天原の神々による中つ国の平定という構想のもとに、きわめて高度な政治的神話となっているとの視点にたって、神代史を解明しようとしたものである。

したがってそこに語られている神話が、客観的にはどれほどの事実が裏打ちされているかをまず追求している。そのために神話を伝承した語部たち、巫女《みこ》と巫女の役割についてのべ、神話的思考を育てていった場は生者のまつりの祈りだけでなく、死者のまつりの場もまたその発展に大きな役割をはたしたとして、鎮魂の祭儀の意味を説く。

そして記紀にしめされた地名と、それにかかわりあった話も単なる虚飾のものではなく、何らかの裏付けのあったことを実証している。たとえばアマテラス、アマテルカミの社はもと伊勢だけではなく、山城、大和、摂津、丹波、河内、筑前、筑後、対馬などに分布しており、それは伊勢系のものではなかった。それらが皇祖神アマテラスオオミカミに統一せられてゆくわけだが、そのまえに皇祖神タカミムスビの主宰する高天原があった。これらの天つ神によって、葦原《あしはら》の中つ国にある国つ神が征服されてゆく。その国つ神の中で力のあったのはスサノオとオオクニヌシだが、国ゆずりによって天つ神に統一されてゆく。

さて天孫降臨は北方アジア系の神話であるが、このような北方系要素のほかに、南方系要素も含まれているとして、根の国が地底にあるとするまえに海の彼方にあった例をあげている。

ただこのように概略をあげたのでは無味に近いものになるが、著者をしてこの書物を書かしめたものは新井白石の「古史通」「古史通或問」であり、記紀筆録者の「削偽定実」の側に立つのではなく、日本国民として民衆のあいだに生きた神話の実像をたしかにする「削偽定実」の立場からこの書は書かれたものであった。その意味からして史家としての著者の意図は一応達せられているが、民族学的な立場による神話の比較研究も説きおとされている問題の究明に必要であろう。

（朝日新聞　昭和四十五年五月三十一日）

沖縄文化協会［編］

『沖縄文化叢論』

（法政大学出版局　昭和四十五年）

戦争のすんだ年、昭和二十年十一月の、まだ混乱をきわめていたとき、東京在住の沖縄県民によって沖縄人連盟が結成された。その一部局として沖縄文化協会がおかれ、沖縄文化をまもり、これを研究することになって、会報が出された。会報はガリ版刷りで、不定期に出されたが、昭和二十八年までつづいた。編集者の比嘉春潮氏の献身的な努力によるものであった。その沖縄文化にのせられた文章を執筆者ごとに整理してまとめたのが本書である。

沖縄県民以外は柳田国男先生が宝貝のことを書いているだけである。ふるさとを愛しふるさとの文化を愛した人びとの心が行間にあふれて、よみゆくうちに目がしらの熱くなる思いをすることがしばしばある。沖縄民俗を断片随想風に書いた「植杖録」（東恩納寛惇）、多くの人が見おとしている「沖縄の農民生活」（比嘉春潮）、おもろの新しい解釈をこころみた「おもろ評釈」（仲原善忠）、沖縄文化に非日本的な異質文化混入の研究の必要をとく「沖縄文化研究の盲点」（金城朝永）、沖縄人の旅について書いた「旅と民俗」（島袋源七）、その他沖縄語の意味と歴史について書いた島袋盛敏、奥里将建らの文章はいずれも心をひく多くのものがある。そして昭和二十三年には沖縄における教育は日本語でなければならぬことを主張している。静かではあるが腹をすえて将来を見きわめようとしている態度をその中に見ることができるとともに、現実はその指向する方向に進んでいった。

（朝日新聞　昭和四十五年六月二十一日）

『アイヌと日本人―伝承による交渉史』

更科源蔵［著］

（日本放送出版協会　昭和四十五年）

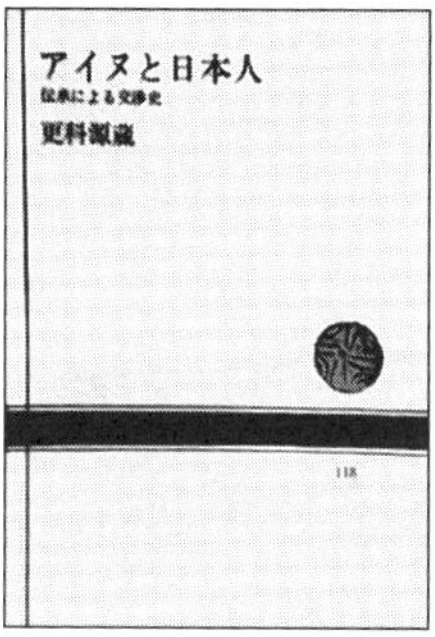

少年の頃北海道の開拓地で生活した著者の家へはアイヌがよく来てとまっていった。あたたかく善意にみち、おもしろい昔話をたくさん持っていて、春の太陽のように明るくてかげのない陽気な人々であった。著者は自分たちと異質な人々であるなどということを一度だって思ったことがなかったという。

ところがそのアイヌに和人の多くはつよい偏見をもっていることに気づく。まず、小学校の日本歴史の教科書がそれであった。大和朝廷に叛《そむ》いて征伐せられた蝦夷《えぞ》がアイヌの祖先であるとそのころは信じられていた。著者は長じて小学校の先生になりアイヌ部落の小学校につとめ、国賊の子孫として「蝦夷」「アイヌ」といわれ、肩身のせまい思いをしている部落（コタン）の子どもたちに、少しでも明るい窓をあけてやりたいと努力したことから、かえって教壇を追われることになる。しかし今日では『古事記』や『日本書紀』など戦前の教科書の資料になった記録の蝦夷をアイヌとする説は学者間でも意見がわかれ、したがってアイヌを朝敵としたのは不当といわなければならない。

それでは北海道における和人とアイヌの関係の歴史はどうであったかというに、少数民族であるアイヌが和人の強大な力に圧迫せられ、それに対して抵抗をこころみるけれども、それがかえって衰退への道につながり、明治になると完全に追いつめられてしまう。かつては北海道はアイヌの天地であった。それを和人たちからうばわれてゆく。著者は文献を通じてそれらのあとをたどってゆく。

著者は昭和二十五年ごろから約一〇年間、知里真志保、河野広道、高倉新一郎氏らとアイヌ部落の現状と文化伝承の調査をしてあるくが、現実に見る部落はやせほそり、部落の形態をなしているものはほとんどなくなっている。伝承もまた消滅の寸前にある。そしてアイヌ系の若い人たちの間に和人の過去における差別的な仕打ちに対する不信がいまもつよくのこっている。本書の著者がこの書を書こうとした意図のよく出ている「あとがき」、古老をたずねて村々を歩いた記事を先によみ、次にはじめにかえってよんでいくとよい。和人とはついに本当にはとけあうことのないものを持っていた知里真志保博士の伝記『天才アイヌ人学者の生涯』（藤本英夫著・講談社）とあわせ読むことによって、日本人が知らず知らずにおかしていたあやまちと偏見を反省させてくれる。

（朝日新聞　昭和四十五年七月十九日）

内田武志［著］

『菅江真澄の旅と日記』

（未来社　昭和四十五年（写真は新装版　平成三年））

一七八三年から一八二九年にかけて、東北北海道をあるきまわり、七〇冊という旅日記をのこした菅江真澄を世に紹介し、旅日記の価値の高さをたたえたのは柳田国男先生であった。これに呼応して真澄が晩年をすごした秋田では秋田叢書の別集として六冊の菅江真澄集をおさめ、真澄の足跡と見聞の業績を公にした。しかしその後真澄についての本格的な研究はおこらなかった。柳田先生の紹介より早く、真崎勇助という人が、真澄についての研究をすすめ、文献もあつめてくれていたことは後の真澄研究に大きな役割をはたすことになるのであるが、それらの業績を通しても、真澄の全貌と旅日記の価値は十分明らかにはされなかった。真澄は旅人であり、旅人の行動ほど地元の人に理解しにくいものはないからである。同様に旅人の地元理解程度も同じようなものであっただろうが、真澄の場合は地元の人々の生活習俗や動植物の観察については抜群であった。

第二次大戦後、著者はこの旅日記にとりくんだ。そしてまず丹念によむこと、真澄に関するあらゆる資料をあつめることからはじめた。その足跡が西は京都あたりから東は江戸、東北、北海道にもわたっているので困難をきわめたが、もう九分通りはさがしあてているのではないかと思う。本書はそうした資料によって傍証しつつ、七〇冊の旅日記についての解説を書いたもので、日記の書かれた背景を明らかにしていくことによって、そこに書かれている事実ばかりでなく、その人の姿を明らかにしようとしている。この旅人は途中で何回かふるさとへ帰ろうとしたこともあったようだが、ふるさとよりは旅先の方が居心地のよいことがあったようで、ついにふるさとには帰らなかった。真澄は旅さきの知識人たちには親しまれ尊敬されている。歌人として、国学者として、本草家として。そしてそうした眼を通して常民の生活を見ている。それは好奇心と愛情に富んだものであった。そういう眼が東北の社会を単なる未開の世界ではなく、古風な文化をなお多分に保存し、しかも新しいものにも強い関心をもっている社会としてとらえている。

著者は旅日記の中から真澄のそうした姿を追いつづけている。この書はそういう意味で真澄の旅日記の一冊一冊の解説書であるとともに、真澄の伝記をもなしている。そしてそれは原著を読むよい手引きにもなっている。原著は秋田叢書におさめられて以来今日まで再刊せられる機会がなかったが、現代語訳された抄本が東洋文庫（平凡社）におさめられており、それによって真澄がひろく再認識されるにいたった。つづいて原著の方も真澄金集として刊行されようとしている。真澄は著者によって再現せられつつある観をふかくする。

（「週刊読書人」昭和四十五年七月二十日）

沖縄タイムス社［編］

『沖縄戦記　鉄の暴風』

（沖縄タイムス社　昭和四十五年）

太平洋戦争の末期、沖縄における攻防戦は「鉄の暴風」という言葉のふさわしいほどはげしく砲爆弾の撃ちこまれた戦いであった。これを撃ちこんだのはアメリカであり、そのことのために五〇万の島民はいや応なしに戦いにまき込まれ道づれにされていき、近代戦というものの非情さを現実に示したものとして、広島・長崎に投下せられた原爆同様に記憶さるべきものであった。

しかし沖縄県民の側からなされた手記、報告の類はきわめて少なく、またたとえあったとしてもわれわれの目にとまることはきわめて少なかった。本書はその数少ない報告の一つであり、昭和二十五年に刊行（初版は朝日新聞社）されながら、米軍占領下の沖縄で刊行されたということによって、本土の人たちの目にふれることがまれであった。が、昭和四十四年十月刊行の『現代日本記録全集』第二二巻（筑摩書房）にそのダイジェストされたものが収められて、本土の人びとにも注目されはじめていた。今回その完本の再刊がおこなわれ、入手しやすくなった。実に二〇年目のことである。

本書は生存者からその体験にもとづく資料を募集し、牧港篤三氏らが中心になって整理執筆し、読物として編集しているが、住民の動きに重点をおき、死ぬことのみを教えられた非戦闘員の島民が死の恐怖に戦慄《せんりつ》しつつ、究極の世界に生を求めつづけた姿を忠実にとらえている。本来軍隊は国を守るために存在するものであるはずなのに、時と場合によっておなじ仲間に対しても逆に犠牲を強いることもあるという事実を、渡嘉敷島民に集団自殺を命令した軍の指揮官の態度の中に見ることができる。そればかりではない、祖国を信じ、命令を忠実に守ろうとした者ほど祖国から裏切られてゆくのである。そして国民にとって戦争とはどういうものであるかを考えさせられるだけでなく、本土に復帰したことで沖縄の戦後が終るものでないことに思いいたる。

本書には久田詳子という女学生と、板良敷朝基という那覇市民の手記がのせられている。原文のままとは思えないけれども、その部分がとくにつよく心をひく。実はこのような訴えが体験者たちによってもっとなされていいのではないかと思う。同時にまた本土の人たちも沖縄戦の意味と実態を知るために、こういう書物を興味本位でなしに読んでほしいものである。

（朝日新聞　昭和四十五年八月二十三日）

アラン・ターニー［著］

『日本の中の外国人』

（三省堂　昭和四十五年）

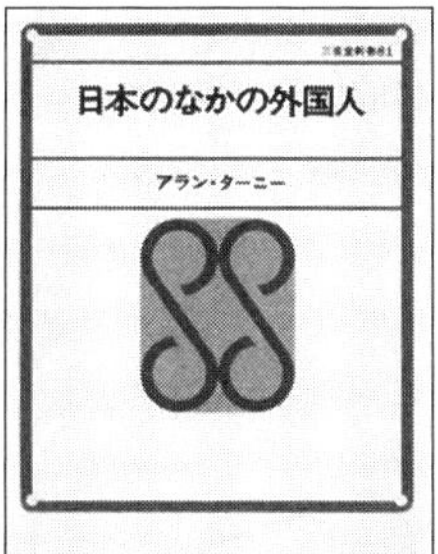

著者アラン・ターニーは一九三八年にロンドンに生まれ、ロンドン大学を出るとすぐ日本へ来て日本文学を専攻し、現在清泉女子大の助教授で、しかも夫人は日本人である。著者は日本をいかに見たかということだけでなく、日本にいる外国人はいかにあらねばならぬかという問題にもふれ、「私は日本で暮らすのが非常に好きであるが、日本人になりたくない」といっている。本書はその考え方を貫いて書かれている。

日本に住む外国人は、自ら好んで日本に来た人と、派遣されて来た人の二つに分類されるが、その人びとが祖国にいるとき、日本を理解するような機会はきわめて少ないという。しかし日本は外国人にとって興味と近づきやすさを兼ね備えた国である。西洋の事物を現代的であるためのカギと見なし、開国以来ずっと模倣をつづけてきたことが、近づきやすさの原因になっている。

しかし言葉のちがうために外国人たちは孤立した社会をつくり、日本人社会の外面にだけ触れている人が多い。そこで日本をほんとに理解しようとするには日本語をならわなければならない。そうすれば日本ではいくらでも働く口があり優遇されるという。しかし外国人は日本に住む目的と理由を見失ってはならない。日本に住むことのたのしみは、自分の生れたところと違った環境の中での生活がもたらす活気と興味にあるという。けれども慣習上の差が定住をむずかしくしているだけでなく、大した目的もなしに日本のような国で暮していると知らぬ間に怠け者になり、生気をなくしてしまう。

著者の場合は日本へきた目的が、博士号を得るための十分な研究をしてから英国に帰るか、あるいはどこか他の国へいって日本語と日本文学を教えることだったが、歳月を経るにつれて、日本での生活が気に入り始めた。ところで大切なのは日本を離れるか、とどまるかということではなく、離れようと決心したときに、いつでもそうできるようにしておくことだと著者は考えている。それはまた外国に住む日本人にも適用できるという。そして民族文化というものは一人一人の人間にどのような関わりあいをもっているかということを、この書物は考えさせてくれるし、また異質なものに同質化するということは、おうおうにして去勢されるものであるということを示唆している。

（朝日新聞　昭和四十五年九月二十一日）

『沖縄・70年前後』

中野好夫・新崎盛暉［著］

（岩波書店　昭和四十五年）

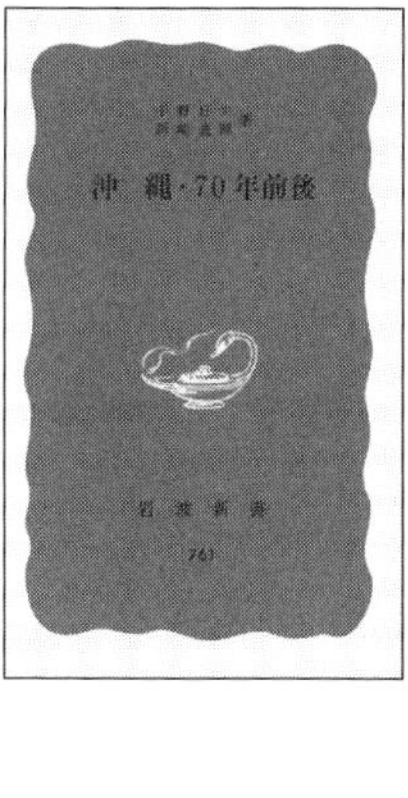

ここ五年ほどの間に沖縄問題に関する単行本だけでも一〇〇冊をこえるほど出版されているという。それらのほとんどは沖縄返還について論ぜられているものであるといっていい。本書もその一冊であり、さきに岩波新書で出された『沖縄問題二十年』につづくものであり、一九六五年から七〇年へかけての本土復帰運動の変容をとらえて問題の所在を明らかにしようとしている。

沖縄における本土復帰運動は沖縄県民が異民族支配から脱出しようとしておこされたものである。一九六五（昭和四十）年になると、これに対応して本土でも復帰運動がすすめられることになるが、それは日米政府間の交渉と、沖縄県民と本土労組の連携、本土と沖縄の政党の提携という形をとってくる。そこでそれまで沖縄独自の運動であったものが、本土における政争や労働運動が沖縄に投影することになる。しかもこの年は沖縄にとっては重要な問題と対決せざるを得なくなった年である。すなわち、この年二月から米軍機の北ベトナム爆撃がはじまり、その発進基地が沖縄になり、やがてB52が常駐することになる。その八月十九日には佐藤首相の沖縄訪問があったが、県民はかならずしも双手をあげて歓迎をしたわけではなく、県民の多くは復帰の具体的日程について回答をせまった。

しかし復帰を可能にするにはアメリカに対して日本が果すべき役割を明示しなければならない。それが沖縄県民をかならずしも納得させるものでないとすれば、県民を政府の意志にしたがわしめるような対策がとられなければならぬ。本土政府と密接な関係にある沖縄の支配層が地方教育区公務員法（本土の地方公務員法）と教育公務員特例法を制定して沖縄教職員会の行動に制約を加えようとする。これに対して教職員会はその阻止に全力をあげることになり、沖縄は内部において二分されることになる。

いっぽう、本土政府は核つきなら容易であることをもらす。しかし沖縄ではベトナムにおける戦禍に沖縄も加担しているということの自覚から、復帰運動は核基地撤去、基地反対の方向を打出してくる。そうした中で主席公選はおこなわれ、屋良主席の登場を見るが、沖縄自体は次第に本土の出先の観を深くしてゆく。そして本土なみ七二年返還が打出されてくるのである。沖縄返還によって、沖縄問題は解決するのではなく、そのまま日本全体の問題として抱えこまれ、そこで解決されようとする方向をたどることになるであろうが、それがはたして沖縄県民の意志にそうものになるであろうかどうか。

本書は以上のような動きをきわめて簡潔に、しかも要領よくまとめて、今日おかれている沖縄の位置が沖縄県民から見てどういうものであるかを示している。しかも巻末に一九六五年から七〇年にいたるくわしい年表と、参考文献と資料のあげられているのは親切であり、本書を手引として、深く追求しようとする者のための道すじを示している。

（朝日新聞　昭和四十五年九月二十八日）

有光教一・小林知生・篠遠喜彦［著］

『半島と大洋の遺跡』〈沈黙の世界史　一〇〉

（新潮社　昭和四十五年）

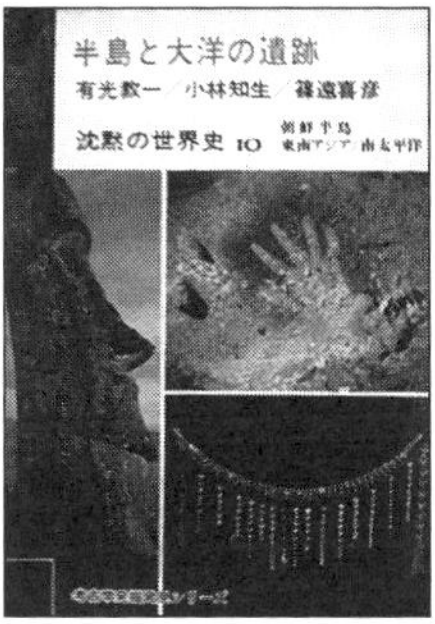

本書は『沈黙の世界史』（全一三巻）のうちの第一〇巻にあたる。この双書は世界の古文明を考古学的に追求した成果を一般の人びとにわかりやすく知らせるために編まれたもので、本書は朝鮮半島・東南アジア・太平洋の島々についてのべている。

これらの地域は日本をとりまき、しかも日本文化になんらかの影響を与えたと見られるところである。そのうち朝鮮半島は戦前は日本の領土としてその考古学的研究の大半は日本人の手によってなされていたし、日本人自身も深い関心をもっていたが、昭和二十年以降はこの半島への関心はうすれてしまっていた。このシリーズの企画されたとき朝鮮半島は考慮せられていなかったのを有光教一氏の提案によって加えられることになり、またその執筆にもあたった。氏は戦前半島の考古学研究にもっとも貢献した人で、金冠・金鈴・瑞鳳・壺杅塚など慶州を中心にした四、五世紀ころの豪華な古墳の発掘に参加した。それらの記述はくわしいし、また日本古文化との関連についても教えられるが、本書によってもういちどこの半島の学問的研究に関心をもつべきことを示唆される。

東南アジアは旧石器時代と青銅器時代の文化によって早くからわれわれの記憶にのこっていた。旧石器時代にあってはジャワ原人すなわちピテカントロプス・エレクトスの骨が一八九一年デュボアによって発見され、学界に旋風をまきおこし、原人の研究の火ぶたがきられることになり、ついで中石器時代の研究もすすめられる。この調査研究とほぼ並行してベトナムでは銅鼓が着目せられる。年代的には中国の漢代に比定せられるが、銅鼓の文様は日本の装飾古墳の文様とも共通するものがあって、文化伝達を究明する上で一つの示唆を与える。

これらの古い文明を持った地域に対して太平洋地域は未開社会が長くつづき今日にいたったものと考えられていたが、考古学的な発掘がすすむにつれて、東メラネシアでは前一五〇〇年ごろ土器文化が流入し、貝殻による刺突文《しとつもん》を持つラピタ式土器、ついでたたき棒をつかった敲打《こうだ》文土器、最後に刻線土器が用いられ、そこに徐々にではあるが発達の過程がたどられる。ただそれらのことを物語る土器の図版の欠けているのがおしまれる。

（朝日新聞　昭和四十五年九月二十八日）

鷲山義雄［著］

『去りゆく農具』

（自費出版　昭和四十五年（改訂版　昭和六十二年））

地図で見る会津盆地は東北地方の山中にある盆地の一つで、周囲を折り重なる山にかこまれた僻地を思わせるが、この地を訪れて見ると、いかにもひろびろとした平野がそこにひろがり、しかもそれはみのりもゆたかで、周囲から隔絶しているだけにかえっておちついた生活もいとなまれたであろうし、また山をこえて流れこんで来た文化をいつまでも温存蓄積したであろうことが推定せられる。

古い文化はある程度その生活が高くないと蓄積せられないものである。僻地だから古いものが多くのこっているであろうと思いがちだが、むしろ近畿地方に多くのこっている例が少なくないのは、そこでの生活がゆたかであったからだと思う。

鷲山義雄氏の『去りゆく農具』を見ていると、その感をふかくする。この書物は会津地方におこなわれた農具を写真によってしめしたものであるが、用途によって刃物・耕起関係・脱穀調整・運搬・着用具などをかかげている。そしてその間に農具製作者の写真もかかげてあり、その人たちによってどのような農具がつくられているかを特に明らかにしている。農耕具の写真を見ると、特にこの地方のみでおこなわれたというものは少ないようであるが、それでいて、会津という風土が生んだ重厚さを一つ一つの農具の中金平鍬《かねひらぐわ》の発達はおくれた。

写真のみから見てゆくと、この地方では風呂鍬が長くおこなわれたようで、その技術をつたえた棚木伊佐美氏は福井県の人?とある。金平鍬はこのあたりで宝鍬といったようだが、人によってもたらされたものと見られる。これは鍬だけでなく、物そのものがこの地に入ったのではなく、人によってもたらされたものと見られる。これは鍬だけでなく、犁も同様であったと思う。この写真集には長床犁が一台出ている。中国地方などで使用せられたものと同型であう。同校は明治十二年に開校して十九年には閉校している。開城山農学校で使用したものといるから多分西日本のものが取り入れられたと見られる。それ以前に犁がこの地方におこなわれていたか否かを知らないが、農学校はあたらしい農法を指導するためにこのような農具を取り入れたものであろうが、一般化しなかったものと思う。

これについで入ったのが馬耕犁であるが、これは無床犁であり、無床犁は九州地方ではモッタテとよばれ、多く畑で用いたが、福岡県を中心にした馬耕教師たちは、耕地整理のおこなわれることになった明治三十四年頃から日本海沿岸地方の農村へこの犁をもって指導にあるきはじめる。そしてこの地方にも入って来たと見られるのである。やがて短床の改良犁がおこなわれることになるが、そのような変遷が明らかにされるよう資料がととのえられると、利用者としてはさらに教えられるところが大きかったかと思う。

馬鍬《まんが》は犁のおこなわれる以前からあったか、犁がおこなわれるようになっておこなわれることになったか明らかでないが、枠が独自な形であるのは、早くからこの地方でおこなわれていたことを示すものかと思う。

除草機も、雁爪《がんづめ》から廻転式除草機、つづいて八反どりへの変化も他の地方と同様であるが、使用法が他の地方と若干相違があり、一番草のときは廻転式を用い、二、三番草は八反どりを用いている。それは農民の工夫であったか、商人の宣伝によるものか明らかでないが、喜多方の金物店は八反どりを二番除草機と名付けて売り出している。

大正時代になると人によって農具がもたらされるのでなく、商品そのものが伝播するようになってくるのは、野鍛冶の仲だちによるものではなく、農機具製造会社の発達によって、商品としての農具が商店で売り出されるにいたったためであろう。すると地方性がきえて来る。

脱穀調整具なども手打棒・アオ・チリ打棒・アイ（唐竿）など自製が、その始めはほとんどであった。千歯が伝来して能率があがることになるが、いつごろ千歯がここに入ったのであろうか。もとは福井県早瀬の者がこの農具を多く売り歩いていた。しかし大正時代には東京神田・十文字商会の商品がこの地方に入っている。廻転式稲扱機は岡山県津山でつくられたものが、大阪を経て売り出された広告があげてある。これなども商人の手によって売りひろめられたものであったようだ。

このようにしてそのはじめは人によって技術とともに農具が普及していったが、大正時代に入ると、商品としての農具の普及が盛んになり、農具そのものの地方性はますます消えてゆくことになった。

他地方から入って来た農具をその土地に適応するものに改良していったのが野鍛冶であったことを本書はよく物語っている。

（「民具マンスリー」三巻七号　日本常民文化研究所編　慶友社　昭和四十五年十月一日）

『文五郎一代』

梁　雅子［著］

（朝日新聞社　昭和四十五年）

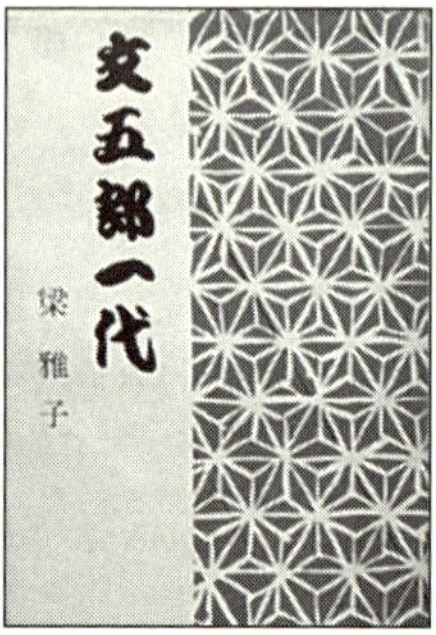

文五郎といってもすぐ思い出せる人は何ほどもいないのではないかと思う。文五郎は人形浄瑠璃文楽座の人形遣いで、芸名吉田文五郎といった。昭和三十七年二月十一日、満九十二歳で、生涯を終った。父は河村清五郎、母はみね。

父は大阪・道頓堀の近くで質屋と炭屋を営んでいたが、明治維新の際没落し、明治十年以来文楽座の事務員のような仕事をして生涯を終った。その子の文五郎（本名巳之助）は家が貧しくて商家へ奉公に出されたが長続きがせず、三年間に三〇ぺんも勤め先をかえたが、十五の年に文楽座の人形遣い吉田玉助の弟子になってやっとおちつき、人形遣いの修業を始める。それから実に八〇年近く人形を遣い続けた。

著者はこのきわめて息の長い一人の芸人の生涯をスケッチ風に描いていく。人形に深い愛着を持つようになった文五郎は人生とか社会の仕組みには大してなんの疑いも抱かず、きわめて自然に生きてゆく。文楽座よりは彦六座の方が給金がよいというので、十八歳のとき、師匠には何の許しもうけないでその方へ移る。その年、コレラが流行した大阪では興行ができず、地方巡業に出かける。それから二〇年近い間は地方を歩くことの方が多かった。最初に結婚した髪結を職とする妻とは生活の歯車があわず、旅に出てゆくことによっていつの間にか別れている。

明治の終わり頃まで日本は貧しかった。多くの人は生きていくのに精いっぱいであった。そして時には妬《ねた》みあい、時には肩を寄せあって哀歓をともにする。とくに文五郎の周囲には貧しく生きながらも、かいがいしい心根のやさしい女が多く、彼女らが文五郎を支えてゆく。文五郎が女の人形をつかうことにかけて他の追随をゆるさなかったのもそうした女たちの心情の機微にふれたからであろう。同時に文五郎は人形にもほれて生涯を通したのである。文五郎の一代は実は明治・大正・昭和の庶民生活史の一こまであるといってもいい。しかもそれが女性の筆によって世話物浄瑠璃の人びとをみるようなタッチで描かれている。読み終わってそれは過ぎ去って再びかえることのない世界であるとの感慨をもよおさせる。

（朝日新聞　昭和四十五年十月五日）

L・メア［著］馬淵東一・喜多村正［訳］

『妖術――紛争・疑惑・呪詛の世界』

（平凡社　昭和四十五年）

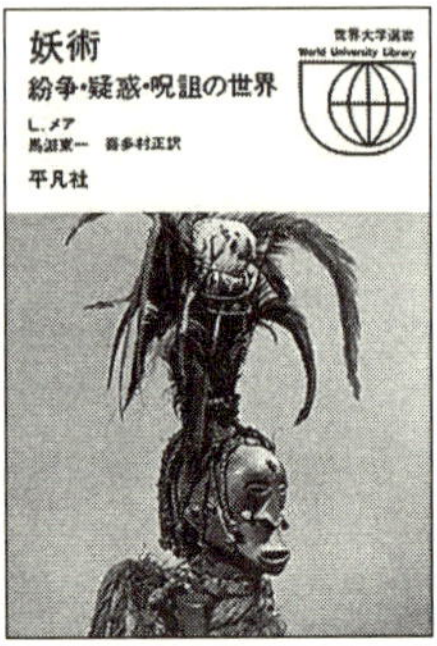

原著者ルーシ・メア女史はマリノフスキーから説得されて社会人類学を専門とするようになったといい、黒人アフリカの現地調査に力をそそいできた。そしてその調査活動を通じて「争いごとの誘因となり得ぬような接触はない」という原則につきあたる。未開社会ではその争いごとの誘因の中に妖術の存在を考えた。妖術というのは呪術や占いとは違う。呪術が作為的なものに対して妖術は無作為的なもので、物的な手段なしで人々に害を与える力のことである。呪術や邪術は作為をともなうものである。そして予測しないような不幸にあうと、人はそれを妖術の結果と考える。

アフリカの社会で妖術者と見られるものはあいさつせずに通りすぎる横柄な人びと、すぐ怒る人、不機嫌で非社交的な人びと、他の人びとを凝視する人びと等であるという。このような隠れた敵のいることを信ずるものは、これに対応する予防的な手段をとる。託宣によるとか、呪術による。そのような能力を持ったものを妖術医師とも言っているが、この人たちはいろいろの作為を用いて妖術と対抗する。そのためにはいろいろの呪具を用いる。未開社会における多くの奇怪な彫刻や民具は呪具であるものが大半である。

このような考え方はアフリカの諸民族だけでなく、ひろく世界各地の民族に見られるものであるが、アフリカ民族の間にとくに濃厚に見られるのは、増大しつつある社会的・個人的な不安によるもので、彼らはたえず敵に対する保全に心を奪われているからだという。

ヨーロッパではキリスト教の普及にともなって妖術者を魔女と見、いわゆる魔女裁判（宗教裁判）がおこなわれ、その絶滅がはかられる。しかもこの宗教裁判はアフリカの妖術探知と類似しているという。妖術の告発をうけた人びとは防御するすべがなく、したがってみな迫害せられているのである。妖術の告発はたいてい何らかの係争のおこっているときなされるものであるが、妖術をおこなうと見られる者はもともと積極性をもつものは少なく、ひそかに不平をいだき怨恨《えんこん》の中に妖術をおこなうと考えられていたから、それを否定する証拠となるものもない。妖術の問題はこのように見てくると、決して未開社会のみに存在するものではない。

著者はアフリカ黒人社会の社会変動に関心をもち、さらに植民地ないし新興国の政策関係の諸問題にまで研究をすすめてゆくとき、そこに紛争・疑惑・呪詛《じゅそ》のうずまきを見出し、その彼方に妖術を認め、その原型をさぐろうとした。それが本書である。

（朝日新聞　昭和四十五年十月十二日）

新里恵二［著］

『沖縄史を考える』

（勁草書房　昭和四十五年）

沖縄の歴史研究は伊波普猷に始まるといっても過言ではない。伊波は昭和二十二年に死んでいる。沖縄における歴史〔歴史研究の歴史〕がいかに新しいかもそのことで知られる。伊波を助けた真境名《まじきな》安興《あんこう》、東恩納寛淳、比嘉春潮、仲原善忠、金城朝永らによってその研究は深められてゆくのであるが、本土側からも柳田国男、折口信夫、服部四郎、金関丈夫らが参加することによって本土から見た沖縄文化の歴史的な位置が明らかになってくる。新里恵二氏の『沖縄史を考える』はそれらの成果をふまえながら、沖縄の歴史がどのように展開してきたかを、一つ一つの研究や学説をとりあげて批判しながら見ようとしたものであるが、決してむずかしい史書ではなく、だれにも読めるように表現の様式も工夫してある。

沖縄の歴史研究は沖縄人が日本人と同祖であるということを明らかにしようとするところから出発したといってもいい。しかし決して本土とおなじような道筋を通ってはいない。縄文土器の出土状況からすれば縄文文化は北から南へ移動していったことがわかるが、次の弥生式土器は出土していない。すると稲作文化は南から北へ移動していったとも見られる。いっぽう中世、近世に入ると、中国の影響をうける。沖縄の本土復帰にあたっては、まずこの歴史的な事実を反省して見なければならない。歴史が文化を形成する。したがって本土の文化と沖縄の文化は必ずしも一致するものではない。本土復帰にあたって本土の者はまずそのことを理解しなければならない。本土復帰は沖縄人の念願であった。だがそのまえに沖縄人の歩いてきた道と立場をわれわれは理解しなければならない。本書はそういう要求をみたしてくれる書物の一つである。

（朝日新聞　昭和四十五年十月十九日）

大江健三郎［著］

『沖縄ノート』

（岩波書店　昭和四十五年）

ところで沖縄の本土復帰は、復帰したいものを本土としては、復帰するように努力すればそれで事足るというようなものではない。日本人の沖縄人を迎え入れる態度は果してこれでよいのであろうかということを、自己自身の問題として訴えているのが大江健三郎氏の『沖縄ノート』である。著者は一九六三（昭和三十八）年にはじめて沖縄へ旅行する。そのときは、単なる無邪気な旅行者であったが、沖縄の人びとと

深いかかわりあいを持つにいたって、日本人らしく醜いことを認識するようになる。一口に言えば、思いあがりについての反省である。沖縄人一人一人に接して得たものはわれわれがどのように謙虚であっても、なお謙虚でありすぎるということはないという思いである。事実、一人一人の問題としてこの問題ととりくまなければ本土復帰が沖縄人の願いをほんとうにかなえることにはならないと思う。

（朝日新聞　昭和四十五年十月十九日）

『北海道――母の百年』

こだまの会［編］

（明治図書出版　昭和四十五年）

北海道が本格的に開拓されるようになって一〇〇年ほどになる。その開拓は決して明るく希望にみちたものであったとは言えない。『処女地』（早川三代治）、『石狩川』（本庄陸男）、『不在地主』（小林多喜二）、『カインの末裔』（有島武郎）などの文学作品にあらわれた北海道の天地は苛酷《かこく》をきわめたし、それに立ち向う人びとはあまりにも無力であった。開拓の事業がいかに困難であり、多くの犠牲を要求したかはかり知れないものがあった。それにもかかわらず、人はそこに住み、やがて、そこをふるさととして生きるようになるまで価値高いものにしてきた。

本書はこの天地に生き場所を見出して自分の世界を築きあげていった妻たちの記録である。老女の思い出話を筆記したものもあり、自らのことを書いたものもあり、一〇編から成っている。それを農村・炭山・漁村・都市にわけて、今日の北海道をつくりあげるために果した女の役割が、そのかざり気のない文章によって生き生きと描き出されている。どの女性も夫を助け、ともに働きつづけ、また母として子供たちを育てることに精いっぱいであった。

山野をひらいて安住の世界をつくっていった者、シャモ（日本人）の子をもらって育てあげたアイヌの女、家庭学校で不幸な子たちの養育に自分の子と分け距てなく尽す母、炭山で生活綴方運動をつづけつつ目ざめゆく親、石川県から北海道北端の礼文島へ嫁に来てニシン場で五五年も働きつづけた老女、敗戦で樺太から引き揚げ、北海道で第二の人生を築きあげた人々、北海道なら日食が見られるとて嫁いで来て美しい星空の下に充実した日々を送る女性……。

その一編一編を読んでいて困苦に立ち向う、けなげな女性のバイタリティーに強く胸をうたれる。こうした人たちの英知と努力と愛情の積み重ねによって、今日の北海道が出現したことを反省させられる。そういう点からすれば、女性の側から見た北海道開拓史と言っても過言ではない。

ただここに書かれていることの多くは一応成功した者の思い出である。一方には挫折《ざせつ》した者も多かったであろうし、また今日を生き、今日をたたかっている人たちが現実にいる。そういう人たちの発言や文章もとりあげてほしかった。

（朝日新聞　昭和四十五年十一月九日）

『海の宗教』

桜田勝徳［著］

（淡交社　昭和四十五年）

日本は周囲を海にとりまかれておりながら意外なほど海に無関心に生きて来た。それではほんとうに海と縁のない生活をしていたのかというと、著者が冒頭にのべているように山間の村の秋祭に神輿を山の上にかつぎあげて、神様に海を見せる行事が鹿児島県大隈半島にあったという。しかしそういう村はそこ一つだけでなく、方々にあったであろう。

そしてどんな山の中に住んでいても塩を媒介にして人びとは海とのかかわりあいを持っていたのである。著者はそのことから筆をおこしてまた貝合せや安産を祈る子安貝を通じて人を海に結びつけたあとをたどる。出産が潮の干満と関係ありと考えられたように、死後の魂も海の彼方にゆくと考えられて賽の河原が海岸にあるところが多いという。それればかりでなく人生の挫折のために海の彼方の島へ止むなく流された人も多かったのである。

中にはまた貧しさの故に小さな島に移されて、財産建て直しのために働かねばならぬ人もあった。あるいはまた漂着物を生活のたしにもとめる人も多くて、海を生活の場にしない人も海にかかわりをもった人は多かった。それは神祭の折の神饌にもあらわれていて延喜式によると農産神饌三五％弱に対して、水産神饌は六五％をこえているという。まして海に生きている人びとならば、その生活のほとんどは海にかかっていた。

そうした生活を信仰の面から見てゆこうとしたのが本書で、潮水の持つ霊力、漂着する神、海へ流し去る神、竜宮・竜神・怪異・エビス神・船霊など、海に生きる人びとが海から感じとり、海に対応して来た姿を全国的な事例をあげながらのべている。

著者は海を愛し島を愛し、若い日からそういうところを歩きつづけて来、海人の生活をつぶさに見、その生活にふれた。後に水産庁の水産資料館長として全国の水産資料を管理し目を通す機会も持った。そういうことからして、これほど日本の漁民を理解し、また深い愛情を持っている人もない。そしてその愛情は行文の間にあふれている。

しかもここに見られるような漁民の生活や心情が一般の人々に知られる機会はきわめて少なかった。漁民自身の大半が文字を持たなかったということにも原因があった。つまり漁民自身の方から他に向かって語りかけることがほとんどなかったからである。この書はそうした漁民の生活、海の民としての生活を物語るものとして価値の高いものであるが、漁民の生活を主として見て来ており、航海業者についてふれるところは少ない。それはまた他の人によって叙述されるべきものであろう。巻頭の写真も漁民の生活にかかわるものが多く、海に対してつつましく生きている人びとの姿をそこに見る。

（日本読書新聞　昭和四十五年十一月二十三日）

広野 広［著］

『新島・アリの反乱』

（現代評論社　昭和四十五年）

伊豆新島へミサイル基地ができるという話を私たちが耳にしたのは昭和三十二年（一九五七）であった。はじめは島の中だけの問題のように見えていたのが、三十五、六年ごろには本土から反対運動のオルグがたくさん渡ってゆき、しかも島の中は反対派と賛成派の二つに分れ、日々の新聞紙上をにぎわすにいたった。しかし結局反対派が一応敗退した形をとって、島にはミサイル基地ができ、島民の間に大きなきれつをのこした。

そこに生きている者にとって、問題が正しく解決せられない限り人びとの受けた痛みを消すことはできないが、その荷はそのまま島民が背負わされることになった。いっぽう島民以外の人びとはいつの間にか新島のことなどほとんど忘れ去っていった。しかし島民は背負った課題の解決のための長い道を歩きはじめるのである。

そうした中で重要な役割を演ずることになったのが著者である。著者は反対闘争のおこなわれていたときその支援のため島を訪れ、闘争の終った翌年再び島にやって来た。今度は島民になるためであった。そのまえ闘争が機縁になって、著者は反対同盟行動隊長の娘で東京に出ている女性と親しくなり結婚する。

そして闘争というのは群衆と群衆が力と力でぶつかりあうだけでなく、日常生活の中にあるものだと考える。

しかも仲間が二つに割れて争わねばならぬようでは意味がない。日常から深い自覚にもとづいてみんなが一つになれるような活動が必要である。それには島民の貧しさが問題になる。貧しさからぬけ出してゆくためにブタの多頭飼育を企画する。そのため著者は養豚について研究し、次第に指導者として島民からも期待せられるようになる。そして島全体のブタの生産が高まるにつれて、島内に見られた対立が少しずつとけていったばかりでなく、自分たちの島は自分たちで守る以外には道はないのだという自覚がたかまっていく。昭和四十三年水戸の米軍射撃場が、新島へ移されることが、新聞に報道されたとき、島民は反対抗議に立上がった。三七〇〇人の島民のうち二〇〇〇人がデモに参加した。村議会でも満場一致で拒否し、やがて政府をして断念させることになる。

著者のねがいは「ことば」と「行為」の同時存在を求めることにあった。それなくして革新の成果をあげることはできないのであるが、実はそれほどむずかしいことはない。しかもそれは一人だけの問題ではなく万人の問題でもある。アリの反乱はこうして実を結んでゆきはじめる。

（朝日新聞　昭和四十五年十一月二十三日）

門脇禎治［著］

『飛鳥　その古代史と風土』

（日本放送出版協会　昭和四十五年）

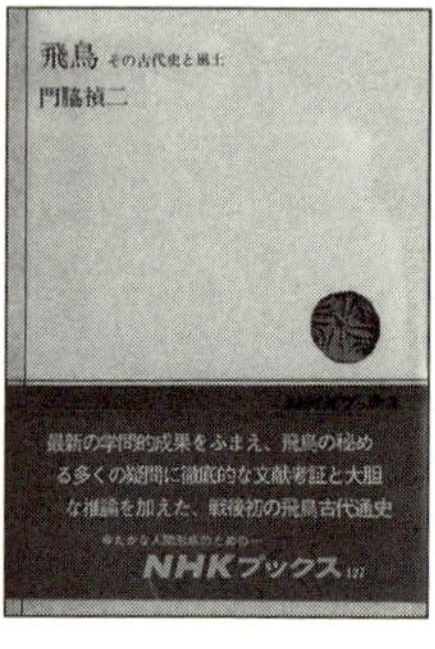

自然や文化財の破損のはなはだしい中で、多くの文化財を地上にも地下にも保有している奈良県明日香村を点としてではなく、面として保存しようとする機運が地元からも有識者からも高まっている。それでは明日香とはどういうところであるか。本書はそれに答えた。単なる解説書ではなく、学説を正しくふまえた史書である。史書といっても堅苦しいものではない。この地を心から愛している史学者が過去の学問的成果によりつつ、五世紀の半ばから七世紀の終りにかけて、この地の上に展開した政治と文化、そしてそれが今日どのように残っているかを説いたものである。

明日香は飛鳥とも書く。ここに最初に宮室《きゅうしつ》を営んだのは允恭《いんぎょう》天皇で遠飛鳥宮《とおつあすかのみや》といった。しかし当時宮室は一代毎にその所在地をかえているので、顕宗《けんぞう》天皇の近飛鳥宮から推古天皇の豊浦宮までの間は飛鳥以外の地に宮室がおかれ、豊浦宮以後は、六九四年に藤原京に移るまで孝徳・天智の宮室を除いて飛鳥地方に営まれた。この地方は蘇我氏の拠るところであり、また大陸からの帰化人たちの多く居住したところでもあった。そして宮室ばかりでなく、飛鳥寺、川原寺、橘寺などの大きな仏閣が営まれていくのであるが、戦後それらの遺跡の発掘が進められ、また飛鳥板蓋宮《いたぶきのみや》跡も発掘せられ、古事記、日本書紀記載の記事の正しさが証明せられていった。

そして古い民族国家から大陸文化の影響をうけた律令国家への展開の姿を見ることができる。著者はまた大和盆地を南北にまっすぐに通ずる幾本かの道に平城京、藤原京、飛鳥寺、板蓋宮などがかかわりを持っていることについて、持統天皇が建設した藤原京は天武天皇がその位置を定めていたのではないかといっている。やがて飛鳥を出てゆくための都京の企画は天武天皇によって進められていたと見られる。それにしても「飛鳥の王宮は、国家が体制形成期の苦悩をつき破り、その最終の達成を体現しはじめていた浄《きよ》御原《みはら》宮（天武天皇の宮室）にして、律令制的統一的支配体制が実現されたもとで造営された藤原京、平城京の宮室とは、なお規模と性格において異るものがあった」と著者もいっているように律令制統一国家の胎動期の中央政権はまだ力も弱く、規模も小さかったことを遺跡のあり方を通して知ることができる。

（朝日新聞　昭和四十五年十二月七日）

『部落問題の歴史的研究』

藤谷俊雄［著］

（部落問題研究所　昭和四十五年）

ここにいう部落とは未解放部落のことである。部落解放の問題はすでに百年近い歳月をすごしながら、部落民に対する古い差別待遇をなくすという、根本的な問題は現実にはそれが消え去っているとは言えない。

解放令の出たのは明治四年であった。法律が制定せられたからと言って人間一人一人の中に平等意識が生れてくるようなものではなく、今日までの間に多くの人たちの解放運動がくりかえされながら、なぜこの問題は解決されないのであろうか。その一つは歴史的な解明がなお十分ではないこと、さらに一般民衆の部落に対する理解のうすさと問題が多くの人に正しく把握されていないことにあるかと思う。そうした、きわめて屈折の多い明治以降の歴史を本書は取扱っている。

部落問題研究所は昭和二十八年に設立され、前所長奈良本辰也氏が昭和四十一年一月に退陣して以後、藤谷氏が所長に就任している。この研究所の設立されたころは部落史の研究はまだ何ほどもほりさげられていなかったし、史料も多い方ではなかった。しかしこの研究所ができて研究は急速に進んできた。だが部落の歴史が明らかになったからといって、問題が直ちに解決するものではなかった。これをどのようにとらえるかが問題になる。その初め解放運動は、部落民に対する同仁視を確立しようとし、自由民権運動に結びついていったが、その救済策としては海外移住が大きく取りあげられている。しかしそれは成功にいたらず、大正時代に入って融和運動がおこってくる。一方各地水平社設立が見られて社会的地位向上へのたたかいがくり広げられるが、これは日支事変で挙国一致体制がとられるにいたって解散する。本格的な学問研究は戦後におこってくる。そしてその研究は部落解放の実践と結びつかなければならないと著者は言っているが、現実にはかならずしもそうなっていない。たとえば異民族起源説が今日もなおかなりの比重をしめており、部落史に対する一般民衆の認識もまちまちである。しかし著者たちの節を曲げない長い研究の積み重ねが、次第に運動の理念や方向指示へのバックボーンになっていくことを念ずるものである。この書に集められている諸論文は昭和二十八年から四十五年にかけて発表せられたものであるが、近代と現代の解放運動と研究活動についで出典を明らかにしつつふれていることによって、よい手引書となっている。

（朝日新聞　昭和四十五年十二月十四日）

坂東三津五郎［著］

『言わでもの事』

（文化出版局　昭和四十五年）

著者は歌舞伎の役者として、また板東流舞踊の家元としても名の知られた人であるが、随筆家としてもまたすぐれた才筆をふるっている。前著『劇場戯語』はエッセイストクラブ賞を受賞している。著者の随筆は芝居と舞踊に関するものが多いのだが、なかなかの食通で、料理についても一家言をもっており、ご本人もなかなかの腕をふるっているようで、随筆をよんでいると、一度ごちそうにあずかりたいと思うような食欲をそそられる。本書にはそのような食道楽の文章が初めの方の三分の一ほどをしめている。

もともと著者はきわめて好奇心、求知心のつよい人で、わからないことがあるといちいち書物をあさって確かめていったようで、書中いたるところに著者の教養を思わせる筆致が見られる。しかしそれらの教養は役者の立場から身につけたものであって、単なる物知りではない。たとえば芸一筋と題する文章の中で、「働いて忙しい人はいちばん幸福な人なのだ。人間の幸福はみずから信じることだ」といっているのは、この人の本音だと思う。書物の題名は『言わでもの事』とあるが、それはテレかくしであって、実は言いたいことなのである。たべものの話の後につづく「日々是芸」「口伝と秘伝」は芸道談であるが、最後の「坂東流入門」もまた坂東流の舞踊を学ぼうとする人びとに対して心得ておくべきことを説いたもので、やはり芸道に志す者の心構えをといていることで芸道談ということができるであろう。それでは著者は何を言いたがっているかと言えば、歌舞伎にしろ舞踊にしろそこにあるしきたり、作法など、今日の日常生活とは縁のうすいものになってゆきつつある。そのために古い約束ごとがどんどんくずれつつあるが、それをくずしたのでは芸もくずれてしまう。ところが親切に教えただけではすぐ忘れてしまう。頭の底までしみ込んで生涯忘れないような教え方をしなければならない、ということである。著者はそのことについていろいろの例をあげ、また体験を語っているのであるが、老人の思い出話に堕さず、強い気迫を感ずるのは、歌舞伎の伝統をのこしたいための意欲が文章の下敷きになっているからであろう。

元来随筆にはその人柄がもっともよくあらわれるものである。本書もまた著者の姿をそこに見ているようで感慨をおぼえるのであるが、伝統を守るだけでは古いものはのこらず、新しくなりゆく世に対してどう対応してゆくかを考えることもまた重要ではないかと思う。

（朝日新聞　昭和四十五年十二月十四日）

岩村　忍［著］

『東洋史の散歩』

（新潮社　昭和四十五年）

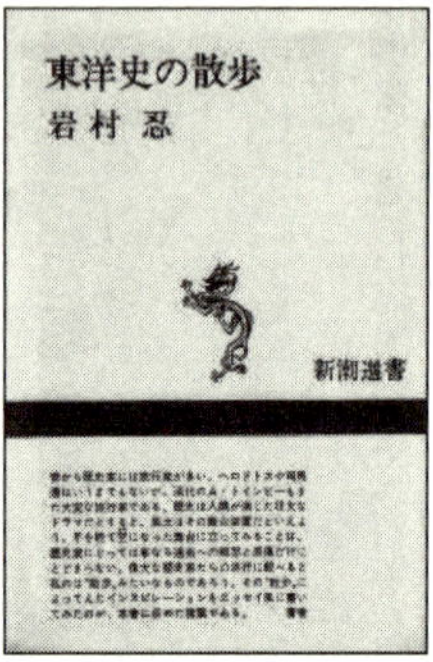

「東洋史の散歩」というのは、東洋史に関する随筆と解すればよい。「あとがき」によると、著者の研究領域はモンゴルと中央アジアで、そこは従来もっとも見おとされていた地域である。しかし中央アジアは東洋とヨーロッパをつなぐ中間地帯として、そこにはいろいろの歴史がかくされているはずであるが、文献がとぼしく、またこの地域の歴史的考古学的研究もはなはだおくれていた。それをスウェーデンの地理学者スウェン・ヘディンが一八九三年から一九二七年へかけて四回にわたる探検をおこない、厖大な調査報告書を発表して以来、この地域の学術的な調査がすすみ、その歴史的地位も次第に明らかになりつつある。

歴史は資料によって左右される。そこでより正確に、より豊富に資料をさぐりあてなければならない。著者はその苦心のあとについて多く語っている。かつて東洋史の中にあってモンゴル元朝のことはほとんど空白になっていたが、『元朝秘史』の発見によって一貫して明朝の歴史へつなぐことができるようになる。さらにアンダーソン博士によるシナ各地の彩陶の発見によって西アジアの文化とかかわりあいを持っていたことがわかり、それとは別に中国東部から黒陶が発見され別の文化の存在していたことがたしかめられる。また日本をヨーロッパへ最初に紹介した書物はマルコポーロの『東方見聞録』だとされているが、ポーランド僧ベネディクトの書いた『ヒストリア・タルタロルム』の方が古いのではないかと、疑問を提出している。『東方見聞録』の完成は一二九八年、『ヒストリア・タルタロルム』は一二四七年ごろと推定され、それには日本と思われる島がナライルゲンとして紹介されている。中央アジアに興亡した国々の多くは、遊牧民によってつくられたものであり、遊牧民は文字を持つもの少なく、移動を事とするから壮麗な宮殿や多種多様な家具を持つことはできない。しかし動物をモチーフにした金、銀、青銅の器具は持っていた。とくにスキタイ人の持つ金属文化はすばらしかった。それらの文化は中央アジアにおける古墳などの学術的発掘がすすむにつれて明らかになっていった。スキタイ文化のあとにパルティア文化が発達する。パルティア人も遊牧民で、前五三年にパルティア王オロデスはメソポタミアのカルハエでローマの大軍を破っている。

中央アジアの草原は全く遊牧民の大地であり、遊牧民たちは東西文明をつなぐ役割をはたした。本書はそうした遊牧民の活躍を調査実績や発見にもとづいて興深く書いている。

（朝日新聞　昭和四十五年十二月二十一日）

国分直一［著］

『日本民族文化の研究』

（慶友社　昭和四十五年）

日本民族の文化がどのような過程で、どのように形成せられて来たかということはまだ明らかになっていないことが多い。とくに周囲民族とどのようにかわりあっていたかについて不明の点が多いのだが、国分教授は南方文化と日本文化との関係を今日まで追究しつづけて来たまれに見る人である。教授は考古学と民族学の立場から、主として植物栽培と葬制と呪術に見る両者の関連についてのべている。しかし結論の出されたものはほとんどない。もっと多くの人が、こういう問題に取組まなければならないことを本書を読みつつしみじみ考えさせられた。

（朝日新聞　昭和四十五年十二月二十一日）

深沢一夫［著］

『学校なんか知るもんか』

（東邦出版社　昭和四十五年）
（写真は新版　昭和四十八年）

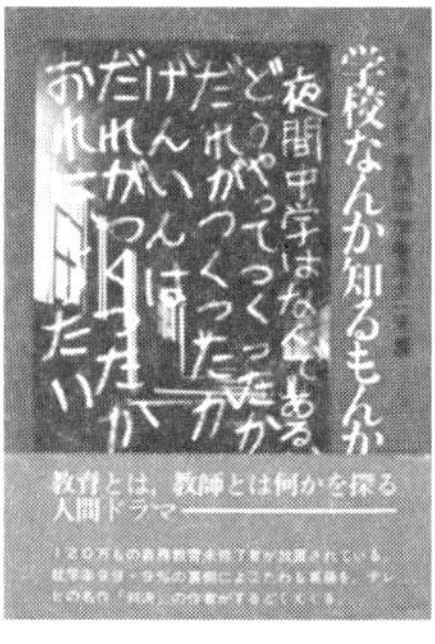

国民皆学を目ざして学制を制定したのは明治五年八月である。それからもう一〇〇年近い月日が流れているが、義務教育を受けることのできない者がまだ一二〇万もいるという。問題はその一二〇万をどうするかということにあるのだが、そういうことは片すみの問題として不問に付され勝ちになる。それに対して、夜間中学が全国に二〇校ほどあって、さまざまな事情で義務教育を受ける機会を失っているものを救おうとしているのだが、夜間中学というのは法制の上から見れば違法である。しかし第一線にある先生たちが、見かねてこういう学校をつくり、就学の道をわずかながらひらいてきた。が、その学校も廃止の方向に向いつつある。そのことに反対して行動をおこしたのが高野雅夫である。彼は二十三歳で夜間中学生になり、生れて初めて学校のツクエの前にすわった。生れて初めて差別のない社会を知った。彼は母校全員の応援によって、「夜間中学生」という映画を作り、それを持って全国を行脚する。そして二年間の努力によって大阪に天王寺夜間中学が誕生するまでにこぎつける。

本書はそうした高野氏の活動に心をうたれ、共鳴した著者が高野氏の訴えを軸に東京・大阪・神戸・瀬戸内海などの夜間中学を訪れて、そこで夜間中学生を教えている先生たちの行動を見、また意見に耳をかたむけ、さらに中学生たちの一人一人にも会って、その人たちがどのように生きているかをも追跡する。

「夜間中学生は一人もあってはならない」という。原則としてはそうである。だから夜間中学は廃止し昼間中学へ通学させるべきだと政府は言う。しかし現実には昼間通学のできない者が学齢児童の〇・一％おり、それがたまって学校に学ぶ機会を持たないものが一二〇万にも達したのである。そうすると昼間通学のできない者に、どのようにしてでも就学の機会を作らねばならない。それなくしては国民皆学は単なる掛声になってしまう。さて不就学生徒は本人が学校ぎらいでそうなっているのではない。学校へ行くことのできないような問題を持っている社会がそこに存在する。著者はそういう細民街の中をもあるいて問題の所在をつきとめていく。すると不就学生徒はわずか〇・一％にすぎないではないか、というように国民皆学を謳歌《おうか》することなどできなくて、その〇・一％の中にこそ国民全体がうけとめて解決しなければならない重大な道義的問題のひそんでいることにぶつかる。本書はそういうことについて強く訴えている。

著者自身も中学を中退して惨憺《さんたん》たる青春をすごした人である。それだけに夜間中学生の生活と意見に共感と理解をもっていて、それがまた読む者の共感をよぶ。

（朝日新聞　昭和四十五年十二月二十一日）

比嘉春潮［著］

『新稿　沖縄の歴史』

（三一書房　昭和四十五年）

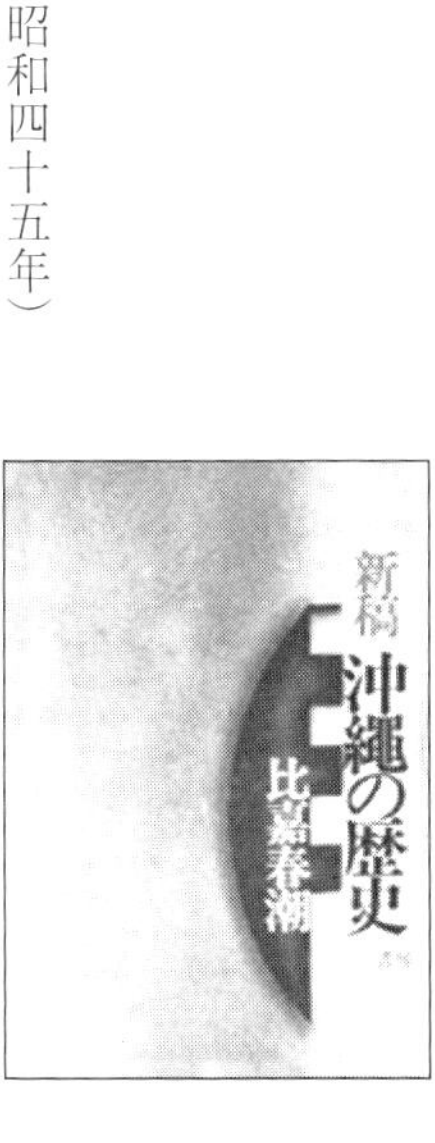

一九七二年には沖縄が返還されるという。しかし、本土の人たちがどれほど沖縄の文化について理解し、また沖縄県復帰のための心の準備ができているであろうか。その準備のために、われわれは沖縄文化を理解するためには沖縄出身の先覚者たちの書いたものをまず読んでみるべきではないか。本書は読むべき書物の一冊ではないかと思う。

著者は一八八三年の出生だから、今年八十七歳になるが、本書は一九五五年一月から沖縄タイムス紙上に「沖縄民族の歴史」と題して連載をはじめ、五八年三月に筆をおいているから、七十三歳から七十六歳にかけての著述である。文章は平明であるが、沖縄の歴史についてあらゆる文献をあさり、被支配階級たる庶民の生活に重きをおいて、沖縄の社会発展の跡を描いている。そこにはこの著者にして初めて可能であったと思われるほどの精彩な筆致で苦悩にみちた島王国沖縄の姿が浮びあがっている。

本書は一九五九年六月に沖縄タイムス社から出版され、版を重ねていたが、今回沖縄民族の形成、古代沖縄と中国との関係、十二、三世紀の沖縄社会、薩摩藩の天保財政改革の沖縄におよぼした苛酷《かこく》な影響などについて著者は改稿して、このほど、本土の出版社から刊行した。したがって入手も容易になった。

著者は一九二三年に沖縄を出て上京し、今日にいたったのであるが、その間郷里に帰ったのは三回にすぎなかった。そして二度目と三度日の帰郷の間に三〇年という歳月がすぎるが、この書物はその後半で書かれた。これだけの事実からすれば著者にとって上京後は沖縄はきわめて縁のうすいところのように見えるが、この書物は沖縄と沖縄に住む人びとへの実に強い愛情につらぬかれていることを、客観的に叙述した行文の間によみとることができる。

この書物の結びに「明治中期までは、沖縄の諸学校では、郷土の歴史や文化は全く閑却されていた。外来の教育者はそんなものに関心を持たなかったし、県当局はこれをむしろ県民皇民化の障碍と見たらしい。これに反撥した伊波普猷のような先覚者が、明治の後期から郷土研究を大いに唱道し、真境名安興、東恩納寛惇らとともに続々郷土の歴史、おもろ、その他の文学に関する研究を発表したので、読書界は急に相応ずるようになり、大正の中期以後はこれに関する出版物もいろいろと出るようになった」とのべているが、このような歴史的な発掘と、柳田国男、折口信夫らの沖縄文化への理解を緒にしてはじめて本土人と沖縄人の間に民族的な親近感が生れて来た。本書もまた本土と沖縄の掛け橋の役割をはたす書物の一冊であろうと思う。

（朝日新聞　昭和四十六年一月四日）

北見俊夫［著］
『旅と交通の民俗』
『市と行商の民俗』

（岩崎美術社　昭和四十五年（写真は新版　平成七年・八年））

交通や商業に関する歴史的な研究は今日までいくつかのすぐれた成果が世に問われているが、民俗学的な研究のまとまった成果はほとんど見られていない。それが今、著者の長年の努力によって二冊の書物にまとめられて公刊された。これから交通や商業の民俗学的な研究をしようとする者にとっては、よい指標になるであろう。

著者は『旅と交通の民俗』において、まず交通交易研究の歴史をふりかえり、つぎに陸上交通伝承論として旅の起源と変遷、行旅と信仰、峠路の民俗、古道とその現代的回帰についてのべ、各論として津軽、陸前北部、若狭、志摩、淡路などにおける実地調査の記録のせている。また『市と行商の民俗』においては、交易伝承論として交易の起源、交易発達の歴史的素描、交易の原初的様態、塩と交易、市にまつわる民間信仰、市神、海の行商、交易と運搬法、交易の人文的役割についてのべ、各論として津軽半島、陸前北部、新潟県粟島、佐渡、若狭、淡路、広島県蒲刈島、鹿児島県の調査記録をのせている。以上目次のあらましをあげて見たのであるが、そこに著者の交通および商業民俗の体系化への意欲を読みとることができる。
本書はその目次のみ見れば学術的な専門書のような感じを抱くが、内容は平明で「塩と交易」「海の行商」の章などは読物としても興をおぼえる。内陸に岩塩の産出を見なかった日本列島では食用塩のほとんどは海塩にたよらなければならなかったから、そこにおのずから交易を必要とした。また海に生きた人びとも農耕にしたがうことが少なかったから主食物入手のための交易をおこなわなければならず、そこには農民とはちがった生き方をした。著者は旅および商業民俗の体系化を志しながら若干説きおとされている点がある。海の行商がとりあげられるなら、当然山民の行商も問題にされていい。山地にも農耕生活になじみにくいサンカ・木地屋・マタギたちがいた。これは漁民と対比して見るべきものであろう。また交通関係にしても川や海は陸路におとらぬほど重要な交通路であったのだし、人間が海や川にどのようにかかわりあって生きてきていたかということについてふれてほしかった。元来民俗学は民衆の日常生活の中に残存する古くからの生活方法を手がかりにして調査研究をすすめてきたものであるが、旅や交易は社会文化の進歩から古くからの担い手が急に姿を消し、したがって習俗もその人たちとともに消え去ろうとしている。それだけにこのような調査も急を要する。しかもそれは文化がどのように伝わっていったかを見る重要な手がかりになる。

（朝日新聞　昭和四十六年一月十一日）

『香港の水上居民』

可児弘明［著］

（岩波書店　昭和四十五年）

日本の瀬戸内海から北九州にかけて船を家にして海上を漂泊している漁民がある。羽原又吉博士がこの漁民のことをしらべ『漂海民』と題して岩波新書の一冊として公刊したことがある。その書物をまとめるのを手伝ったのが本書の著者である。著者はそのころから漂海民に強い関心を持つようになった。たまたま一九六五年、著者は香港へ留学の機会を持ち、そこの水上生活者すなわち蛋民《たんみん》の調査をすることになった。この留学は一年余であったが、その後また香港へゆき、二年にわたって水上生活者調査をつづけることができた。東南アジアの沿岸に分布する水上生活者はどうして発生したものであるか、あるいは日本の水上生活者とどのようなかかわりあいを持っているかは、興味のある問題だ。

著者は文献をあさってその歴史的展開を見てゆこうとするのでなく、水上生活者の中に入りこみ、その観察や体験を通じて水上社会の諸問題を理解しようとした。そして最初から水上生活をしていた一つの民族が存在したのではなく、はじめは陸上生活をしていたものが、人口激増から耕地不足を生じ、水上へ押出された民があったのではなかろうかという推定を持つにいたった。たとえば福建では唐宋の間に人口が一一倍もふえたが、耕地の方はそれほどにふえなかった。このような現象は北方民族に圧迫されて漢民族が南方移動を余儀なくされておこったものである。

水上生活者が陸上生活者と別のものでないことは習俗を比較して見るとよくわかる。両者の間には大きな差はない。蛋民はその働く場を香港付近から海南島あたりの海面としているものであった。しかし最近では漁業をおこなうにも政治的な制約もあって漁場はせばまり、次第に陸上りが進みつつある。そして戦前は一〇〇万もいた水上生活者がぐんぐん減り、その中心地であった広州市では、いま三万人になっているという。ただし香港のように、英領となった一八四三年ころには蛋戸《たんこ》十余家であったものが、現在一〇万人をこえるようになっている例もある。

この人たちをたんねんに追いかけ、その生活習俗を具体的にとらえながら、その歴史的な展開と水上生活者のおかれている社会的な地位を明らかにしていることに本書の特色がある。本書はフィールドノートとしてすぐれていて、水上生活者のイメージを頭に描きつつ読むことができる。

（朝日新聞　昭和四十六年一月十八日）

『われわれにとって自然とは何か』

菅谷規矩雄 他［著］

（社会思想社　昭和四十五年）

「自然とはなによりも、わたしの肉体であり、きみの感性である。人間と自然との関係はどこまでも労働の領域であって、それをぬきにしてあらわれるのは、幻想の自然とよぶべきものだ」と本書の巻頭に主張せられている。したがって、いままでわれわれの概念の中にあった自然ではない。それは幻想の自然であり、「その幻想において、自然美と自然科学とは、もっとも普遍化された近代イデオロギーである。これを解体しえないかぎり、公害もまた自然破壊＝人類滅亡という不安の幻想に吸収され、肉体＝自然をさらに欠如せしめるであろう。」といっている。このような概念が理解されないかぎり、本書にとかれている自然を理解することはできない。

「人間と自然との関係はどこまでも労働領域である」というのは『資本論』の中にある「労働はまず第一に人間と自然とのあいだの一過程である。この過程で人間は自分と自然との物質代謝を自分自身の行為によって媒介し、規制し、制御するのである」という主張にもとずくものであろうが、そういう主張を具体的に示しているのが、「土法の回復」であると思う。土法は洋法に対する言葉で、中国土着の在来の技術体系をさしたものである。中国でこの言葉が盛んに用いられたのは一九五八年のことであった。中華人民共和国が建設された当時は専門家集団による近代技術習得にもっとも力がそそがれたが、五八年頃からこのような思想に対する批判がおこって土法回復が叫ばれる。このような考え方が生れて来るには過去のこの国の文化の歴史があり、文化の高さがあった。そしてソ連をモデルにする場合、不適当な部分があるとすれば自力にたよらざるを得ないとすれば土法に学ぶ道を求めざるを得ない。そのことによって多くの農民たちが技術を身につけてゆくことになる。しかし農民はどこまでも農民であって専門家集団ではないという見方も成り立つが、そのことによって大衆的な技術の普及と、ひいては農村の工業化が進んで来る。しかもそれは技術だけの結実ではなく、技術を生み出す思想・方法に問題があるのであって、そこには人工という部分を自然という有機的のなかに無差別に突出させることの非を意識しているという。「労働が部分になり、部分になることによって効率を発揮させるような社会の仕組みは、主に階級的分業にもとづいている。土法の回復は、この階級的分業を否定する社会を構築するためのテコになったといえるかもしれない」という著者の言葉が本書で主張しようとすることを最も端的に言い表わしているのではないかと思う。

（「出版ニュース」一九七一年一月中・下旬号　出版ニュース社　昭和四十六年一月二十一日）

『へき地は告発する』

前野和久［著］

（野火書房　昭和四十五年）

著者は毎日新聞の記者。昭和三十八年五月に盛岡支局に勤務を命ぜられて、岩手山が雪の綿帽子をかぶり、夕日にモモ色に染まってかがやく盛岡に来た。そして四十年六月北上山中の玉山村に欠食児童の多い小学校のある話をきいてその取材に出かける。そういうところには哀話と同時に美談がある。ライオンズクラブの人びとが動いて学校給食の運動がおこり、それがきっかけで、欠食児を解消するために五億円が支出されることになる。

著者はこうした問題の中にいて、そういう動きの火つけ役をしたものとして、経過を忠実に追って記述を進めている。欠食児童のいるのは玉山村だけではなく、岩手県内だけでも二〇〇〇人いた。しかも当時岩手県下の八七四校の小中学校のうち完全給食を実施していたのは三三九校にすぎなかったという。その年（四十年）の秋、玉山村の開拓農民の一人が、岩手県でもっともりっぱな建物である県庁の一三階の屋上から飛びおり自殺をした。生活に破れての死であった。

欠食児童があるということは上級学校へ進学したくてもできないという問題と並行する。学資がないためである。そこで県教委は僻地特別奨励金制度を計画する。こうして次々に手がうたれているように見えつつ、一方では四十五年度にこの県で開かれる国体のため、その方に予算をとられて給食設備の延期せられるものも出る。給食問題一つさえが、容易に解決しない。一方、農民の生活はいよいよ追いつめられていく。その状況は出かせぎ人口の増大にも反映する。昭和三十四年一万三九〇〇人であったたものが、四十五年には六万人をこすだろうという。それが家庭生活を崩壊させ、家に残る子どもたちの家事労働の負担を大きくさせ長期欠席児童を作る。岩手県下で五〇日以上の長欠児童が小学生で一二〇〇人、中学生で一七〇〇人にのぼるという。そして村自体は老人化をたどってゆきつつある。

欠食児童がいるということは、そのことだけの問題ではない。その周囲に実に多くの解決をせまられている問題がウズまいている。僻地の実態報告は、昭和四十三年、著者の東京本社転任によって終る。しかし北上山中の問題はそのままのこされている。種々の地域開発計画が進められているし、県庁幹部は「岩手の将来は明るい」とバラ色のビジョンを描いているそうである。著者は都市の繁栄にかくれた僻地の現状を訴えているが、この地に住む人びとが何故貧乏しているのかという根本問題にふれることが少ないのがおしい。

（朝日新聞　昭和四十六年一月二十五日）

鮓本刀良意［著］

『ダムに沈む村——広島県椋梨ダムの民俗調査』

（未来社　昭和四十六年）

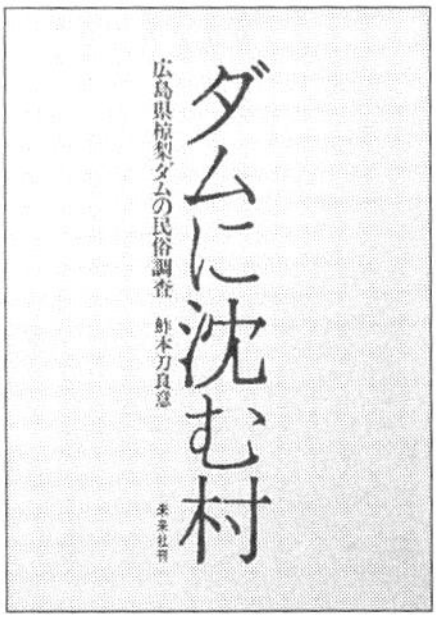

『ダムに沈む村』が本になることは全く喜びにたえない。ダムに沈んでいった村の人々に対してはまことにお気の毒であったと思っているが、その人たちの立場にたって、この書物を書きあげた鮓本刀良意《とらお》氏に対しては心から敬意を表したい。

ここにいうダムは広島県賀茂郡の大和町と河内町の境界地点につくられた椋梨ダムのことである。そこはもと豊田村といわれたところであるが、昭和三十年町村合併のとき二つにわかれて東半分は大和町、西半分は河内町に合併した。東西に長く浅い谷間で、地質は花崗岩の崩壊土から成る砂質壌土であって米作には適した平和な農村で、秋は稲のみのりのことのほか美しいところだった。貧しい中を健気に生きて次第にゆたかになって来たところで、耕地面積の狭いのが欠点といえば言えるが、みなその土地を愛し、そこに安んじて生きて来ていた。

それがダムができることによって美田をすて、久しく住んで来た土地を捨てなければならなくなった。村人のショックはきわめて大きかったが、村人ばかりでなく、この地にかかわりのあった鮓本さんのおどろきも大きかった。そしてやがてはダムの底に沈んでしまうであろう村のことを思い、村の文化のことを思い、その調査と記録を思いたった。それらのいきさつについては本文の中にくわしいが、正直者で正義感のつよい、すぐむきになる性格の鮓本さんはジッとしていられなくなって、多少身体をいためていたことを理由にそれまで勤めていた会社をやめ、ダム水没予定地をあるきまわりはじめたのである。当時は全く孤立無援であった。そして多くの人には「いらぬお節介」にも見えたのである。しかし鮓本さんはそういう人たちに反発を感じながら一人せっせと現地にかよい、次第に村人ととけあい、村人と語りあい、また資料をあつめていった。

鮓本さんが古墳を調査する話など面白い。そこがもとはバクチ打ちのバクチ場であったという。だからその所在地を巡査が一番よく知っていたという話など思わぬところに思わぬ見方のあるものだと感心する。そういうことのできたのも鮓本さんが村人の一人一人とすっかり仲よくなっていたために、聞き出すことができたのである。

そして鮓本さんの執念そのものであった努力が次第にみのっていって昭和四十一年には民俗緊急調査がおこなわれることになり、六人の調査員がこの地に入って調査にしたがったのであるが、鮓本さんは調査協力者という名目で調査員にはならなかった。しかし鮓本さんが水没予定地居住のすべての人に接触していたということで調査は順調に進んだ。ただ、この調査報告書は概報が出版されただけで、綿密な報告書はつくられなかった。そこで鮓本さんはもっと血のかよった、しかも地元の人たちの生活を具体的にうかがい知ることのできるような書物をまとめ、そのような人たちが、ダムのできた後、どのように散っていったかをもつきとめ、ダムができることによって人びとの生活の上にどのような変化がもたらされたかをも書きとめておこうとした。

しかし昭和四十二年頃から健康を害して来て現地への足は遠のきはじめた。しかも歩行が困難になり、ある時期にはもう再起もむずかしいのではないかと思われたほどであった。手もよくきかないので執筆もむずかしいとのことで、私は友人の神崎宣武君にたのんで、談話筆記をしてもらうことにした。神崎君は武蔵野美術大学で芸能デザインの勉強をした人であるが、民俗学に興味を持ち、次第にその方に深入りし、主として民具の調査研究をしており、鮓本さんとも気がよくあっていたものだから、談話筆記をしてもらうのにはうってつけの人で、鮓本さんの家へとまりこんで筆録をとり、それを整理したものを鮓本さんに見せて訂正してもらい、さらにまた私も一通り拝見し、内容をととのえた。それに鮓本さんが撮っていた写真をそえてできあがったのが本書である。

さて原稿のできあがった頃から鮓本さんは次第に元気を回復し、最近では歩行もでき、外出も差支えないまでになって来た。とにかくおそるべき意志と努力の人である。奥さんもよく鮓本さんを助けられた。

本書をよんでいるとダムに沈む村の姿を側面から描いているのではなく、自分も村の人になりきって、村人の感ずる痛さを自分の痛さとして訴え、またそこに生きた人たちの平和であった日々の生活についても、こまやかにしるしていて、民俗の調査というものは本来こういうものでなければならないのだということをしみじみと反省させられるのである。

日本には実に多くのダムが戦後各地につくられ、その人たちが永く住みついたふるさとを追われていった。追われたことを喜んでいる人びともあるであろう。しかし大半の人は立ちのきがたい思いに苦しみなやんだのである。しかも問題がいつも金で解決されようとして来た。そのことから来るやり場のないさびしさをなぐさめてくれるあたたかなものは周囲にはほとんどない。鮓本さんはそうした人たちの心の火を消さないようにつとめためずらしい人であった。

椋梨ダムには水がたたえられている。かつての村はその底に沈み、景観はすっかりかわってしまった。ふるさとを去りかねて湖畔に家をたてた人たちは、もと耕作していた土地よりももっと条件のわるい傾斜地を畠にひらいて果樹など植えて生活をたてようとしている。開墾百姓ほど辛いものはない。その開墾をここの人たちはいや応なしにさせられている。

ダムができて風景はよくなったし、魚もふえたとかで観光客や釣客もふえたようであるが、そこをふるさととして来た人たちは、村をひきさかれ、耕地をひきさかれ、生活を新しくたてなおすことを要請せられている。

ダムができて仕合せになっている人もあろう。しかしこうして犠牲になっている人も少なくない。この書物をよんで、そういう問題についてまで考えていただけるなら、鮓本さんがこの書物を書いて訴えようとした意思は達せられるのではないかと思う。

と同時に鮓本さんの努力もむくいられることになり、ダムのために追いたてられた人たちも幾分心のやわらぐ点もあるのではないかと思う。（昭和四十五年十月十八日）

（『ダムに沈む村』〈ひとこと〉　未来社　昭和四十六年二月二十五日）

上原専禄・真継伸彦［著］

『本願寺教団——親鸞は現代によみがえるか』

（学芸書林　昭和四十六年）

本書の巻頭の一文によれば、上原専禄氏は夫人をなくされて心に痛手を受けられたという。夫人の死は氏の心を癒す何ものもないほど大きな痛手だった。そのような悩みはだれも持っているはずであり、そういう大衆が日本の社会をつくりあげている。その大衆の問題意識にかけて親鸞を認識してゆきたいと提唱している。

本書はこの上原の講演を巻頭に、真宗教団の展開に関する八つの論文と「親鸞と現代」と題する真継伸彦、阿満利麿氏の対談をのせている。ではこの書が編まれた目的は「あとがき」によれば、人間を根源から解放し、真に独立者として生かす仏教の原点に、今こそ私たちは立つべきであるということにある。しかし人間解放者としての親鸞の姿は十分に明らかにされてはいない。むしろそのあと真宗教団がどのように形成せられたかについて前半は多くのべられ、後半では清沢満之の真宗改革運動がクローズアップせられる。真宗が強大な教団として成立して来るのはその教義にもあったであろうが、法主の世襲と信者の独自な組織化にあった。江戸時代にあっては幕府につよく結びつき、明治以後はは明治政府と結びついて教団としての大をなして来たものであって、親鸞を正しく認識することによる教権の確立によるものとは言いがたいと思われる。

明治の真宗改革の動きは、真宗本来の姿をもう一度見直そうとしておこされたものであるが、清沢満之の死、同志の相つぐ破門などによって挫折する。そして昭和四十四年から四十五年へかけての学園騒動でもう一度爆発する。本書はその結果として世にとわれたものと言っていいものであろうが、本来宗教の問題は単に宗派内だけの問題ではないと思われる。が、ここでは宗派内の問題としてとらえられている。「むしろ宗教である以上は禅であろうが、真宗であろうが、必ず歴史をこえた『永遠の時』という面をもつ」（阿満氏）という観点に立って問い直されなければならないかと思う。

本書は良心的であると思うけれども、何かに遠慮しての発言が多く、内から発する憤りを感ずることは少ない。ただ巻頭の上原講演がつよく心をうつ。

（朝日新聞　昭和四十六年三月一日）

平沢清人［文］熊谷元一［絵］

『伊那谷のかいこ』

（伊那史学会　昭和四十五年）

最近東京以外の地でもすぐれた書物の出版が目につくようになってきたが、一般の人びとに知られないで見すごされてしまうことが多い。本書は地方で出版された一冊である。

文章を平沢清人氏が書き、さし絵を熊谷元一氏が描いている。熊谷氏は写真家としても童画の画家としても知られた人。しかもその絵は長野県伊那谷地方の昔から今日にいたるまでの養蚕風景が忠実に描かれていて、たのしくまた資料価値も高い。平沢氏は郷土史家で、伊那谷における養蚕の歴史をたん念にしかもわかりやすく書いて子供の読みものにしようとしている。かつて養蚕は全国的におこなわれていたが、現在では限られた地域に見られ、飼い方もずいぶん変ってきた。本書は伊那谷という一つの地方の養蚕の歴史を述べたものであるが、養蚕は全国各地ほぼおなじような方法でおこなわれたから、各地の養蚕の方法や歴史をしらべるにも手がかりになる。

この書物を読んでいると、昔の人たちの蚕に対する気持のこまやかさをうかがうことができる。蚕を上簇《じょうぞく》することを「やとう」といい、養蚕の手伝いをすることを見舞といい、手伝人を見舞人といっている。ずっと昔には繭を口の中に入れてあたためて繭から糸をとっていたという。一月十五日には蚕玉様《こだまさま》といって木の枝に繭の形をしたモチをたくさんつけて家の中にたてて蚕の神をまつった。また蚕は病気にかかりやすかったためでもあるだろうが、大切に家族に対すると同様な気持で取扱っていた。こうしたこまやかな心づかいもさし絵によく表現せられている。

さて養蚕が有利な事業であるということによって、蚕を飼う農民たちからうまい汁を吸おうとする者が周囲にあらわれる。仲買人がそれで、百姓から繭を買うときは買枡という大きな枡で買い、売るときは売枡という小さい枡を用いた。しかし両方とも一斗ということになっていたという。そのほかいろいろの障碍があったが、太平洋戦争やナイロンの発明のために大きな打撃をうけておとろえてゆく。けれども今日では新しい技術や経営法をとり入れてまた立ちなおるきざしをみせており、そこに不死身といっていいような農民の姿を見ることができる。

(朝日新聞　昭和四十六年三月八日)

今和次郎［著］

『考現学』〈今和次郎集 一（全九巻）〉

（ドメス出版　昭和四十六年）

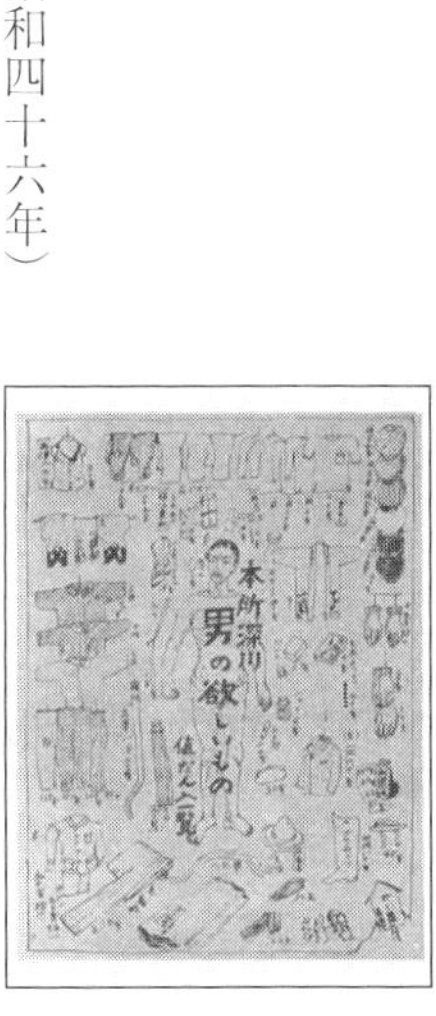

今和次郎集九巻が刊行せられることになった。万年青年のように思っていた著者がいつの間にかもう八十三才の老翁になっておられたことに深い感慨を覚える。早稲田大学の先生であったが、研究室にとじこもっている人ではなかった。日本中あるきまわっていた。そして百姓や漁師たちと膝をまじえて話した。いつもジャンパー姿でリュックサックを背負っていることが多く、神田へ古本を買いにいくにもリュックサックを背負っていた。それでいて決して野暮でもなければ古風な人でもなかった。きわめて独創性に富み、モダニストでもあった。そのことを一番よく物語るのが本書である。本書は昭和五年『モデルノロジオ（考現学）』と題して、著者と吉田謙吉氏との共編著で出されたものと、昭和六年『考現学採集（モデルノロジオ）』と題しておなじく吉田氏と共編著したもののうち、著者の執筆分をとりまとめたもので、項目の一つ一つはそれまでにすでに「婦人公論」「婦人の友」「早稲田学報」などに発表せられていて、考現学ということばは一部の人には親しまれはじめていたが、この書の出たとき、言葉の斬新さにこの書を手にした人は多かった。考現学とは、現代風俗・世相研究に対してとりつつある態度・方法・仕事全体を言うも

のであって、考古学に対することばだと著者はいっている。そして対象とされるものは現在われわれが眼前にみるものであり、きわめたいのは人類の現在である。それは社会学の補助学として役立つものだといいたいのである、という。そういう態度で街頭に立ち調査を進めていったのであるが、ただ観察するだけでなく、それを数字化し、グラフ化してゆかなければならない。それが世相を物語ることになる。たとえば銀座をあるいている男と女の割合、時間による変化、年令による差など、見ていていろいろの想定がうかんで来るのであるが、それが現在はどう変化しているであろうか。服装・持物などもずいぶん大きな変化が考えられる。

この書物は調査せられたときのいろいろの変化や差がすでにそこにみられて、その差の物語るものにまず心をひかれるのであるが、今日これを見るとき、時間的な差も無数に見出されて来る。したがっていま再び過去におけると同様な調査をおこなってみる必要がある。そこでは何がかわり、何がかわらないでつづいていくかをうかがうことができる。

それにしても時間的な変化の大きさにおどろかされる。昭和初期には服装によって学生・労働者・店員・地方人・女中・女学生・奥様・娘などの区別がついたものである。しかしいまほとんど不可能であろう。そのことの中にすら現代の姿が見られる。

この犀利《さいり》な眼を持って著者は農村ともとりくみ農民生活運動にもとりくんでいる。そういうことは第二巻以後にまとめられている。要するに著者は実に忠実にこまかに現実の世相を見ようとし、またそれを素材として提供しようとした。しかもそのことについてちっとも肩をいからせない。全くの野人で、その軽妙なスケッチと相待って考現学を親しみ多いものにした。ただこのような試みは著者の業績のある一時期のものであった。学問としては持続するものがなければならぬ。著者がやめても誰かが共通の姿勢でそれを続けてゆくところに発展がある。本書の編集に参加した人びとはしばしば柳田国男と対比している。柳田国男には持続がある。その執拗さが魅力となっているのだが、本書の著者にも一種のつよいねばりがありつつ考現学にあってはある時期以来対象から眼をそらしている感がふかい。こういう学問はこれからも大きく展開させていかなければならないものであることを本書をよみつつしみじみ思う。身近な問題であり、身近でありすぎるためにかえって忘れられていることを痛感する。

（「週刊読書人」昭和四十六年三月十五日）

『教室の人となって』

西尾　実［著］

（国土社　昭和四十六年）

著者は明治四十三年四月、長野県飯田小学校の先生になって八十三歳の今日にいたるまで、教室の人として生き国語教育のためにつくしてきた。その歩いて来た道をふりかえってまとめたのが本書であるが、単なる回顧の書ではない。教育というものに対する深い反省の書ということができる。

著者にとって教育というのは生徒を教えることだけではなく、自分も学ぶことであった。著者が人間としてあるべき姿を教えられた多くは教え子たちからであった。もとよりよい先生友人にもめぐまれた。小学校の先生を二年あまりやって東京大学国文学科選科に入り、そこを終了し、女学校・女子師範学校・中学校、東京女子大学の講師・教授などの教職をへて、戦後は国立国語研究所長をつとめ、かたわら法政大学の教授を兼ね、国語研究所長を辞した後も法政大学の教授、定年後は名誉教授として今日もなお教壇に立っている。その間多くのよい師に接し、また友人を持ち、それが人間形成に役立ったという。しかも著者の学問上の専攻は中世文学であった。中世文学の研究を通じて言葉のあやとしての文学を見るだけでなく、言葉の持つ実践的な意味の追求に力をそそぐようになる。そして教育がいかにむずかしいものであるかを、一つ一つの教育事実の中で教えられる。たとえばある中学生は不良として教師間では退学がしばしば問題になる。退学したいともらすその中学生を苦心して進学させる。それが高等専門学校に入学するとりっぱな青年として、その学校では歓迎せられる。とかく学校は模範生のような生徒ばかり集めようとするが、教育環境とは模範生ばかりの集団をいうのではない。そこに教育問題のむずかしさがあると著者はいう。そして著者が教室の人として、たどりついた教育観は、教師は学生・生徒の立場に徹して指導し、学生・生徒は教師の立場と一体となって指導をうけるということであった。

誠実に一筋の道を歩きつづけた著者がしばしば警察から監視の状態におかれる。教育者として節を曲げなかったためである。時には勤務評定に反対し、大学の授業料値上げにも反対している。前者についての反対理由は教育愛を人間同士で採点する不謹慎さに対してであり、後者は大学の学生を大学経営に関するスポンサーにするのは根本的な誤謬ではないかと見るからである。静かに聞くべき多くの意見を持った著書である。

（朝日新聞　昭和四十六年三月十六日）

『地芝居と民俗』

郡司正勝［著］

（岩崎美術社　昭和四十六年）

昨年、新聞記事をにぎわしたことばの一つに「昭和元禄の田舎芝居」というのがあった。その田舎芝居というのはバカゲきったことという意味に解されたが、この書でとりあげた地芝居は農民を勇気づけ、生きることに喜びを与えたものであった。

この書は第一部「民俗と芝居」、第二部「地芝居探訪」からなっているが、第二部の方から読んだ方がよいのではないかと思う。とくに第二部の「烏山の山揚げ祭」は配慮のゆきとどいた探訪記で、地方に何となくのこっている地芝居の息の長さをしみじみと思い知らされる。この祭についてはよい祭礼記録がのこされている。宝暦十二（一七六二）年に書いたものだが、それよりさらに二〇〇年以前のことを聞いて書きとめてあり、祭礼は永禄六（一五六三）年ころからはじまったものという。かつらが延宝五（一六七七）年にはじめて使われたり、廻り舞台が寛保元（一七四一）年におこなわれたという記事など、新しい発見もあり、この祭を守りつづけ、発展させて来た町民たちのつつましくしかも根強い心意気がうかがわれて心をうたれるものがあるが、著者はその資料記録をもそのままのせてくれていることは芝居を研究しようとする者にとって重要な手がかりになろう。そのほかの地の探訪にあたっても記録はかなり忠実にとっており、また芝居をしてあるいた古老たちからの聞きとりにも心のとまるものが多い。地芝居の役者の系譜をたどっていくと、江戸の歌舞伎役者につながってゆくという栃木県安蘇郡葛生町の牧かぶきは中央の芝居がどのように地方に伝わって定着していったかがうかがえる。

こうした地芝居に各地とも藩主のかなりきびしい禁圧があったらしいが、すこしでもその手がゆるむと芸能は勃興していった。それが不況を打開し、人心を緩和させる力になったようである。そして地芝居が農民にとってどのような役割をはたしていたかということを教えられる。田舎芝居は決して軽蔑すべきものではなく、石川県小松の曳山かぶきからはたくさんの名優を出しているという。著者の地芝居の探訪は東は関東から西は山口県の切山かぶきにまで及んでいるが、記事は西の方ではかなり簡単なものになっている。

本来地芝居は祭礼に関連しておこなわれたもので神事の一つであった。第一部ではそのことについて論ぜられている。神事の中へ俄《にわか》や茶番劇・照葉狂言などが加わりつつ娯楽性を強めてきたのだという。民衆が支え、民衆を活気あらしめた地芝居がいま終焉を迎えようとしている。読み終わって深い感慨をおぼえる。

（朝日新聞　昭和四十六年三月二十三日）

南方熊楠［著］

『十二支考』〈南方熊楠全集　一〉

（平凡社　昭和四十六年）

（新版『十二支考（上・下）』岩波書店　平成十五年）

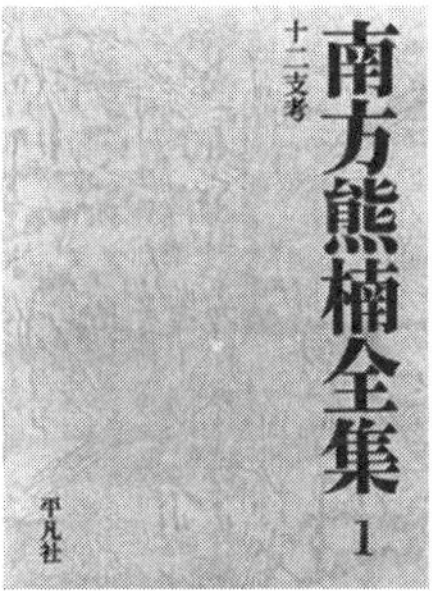

南方熊楠（みなかた・くまぐす、一八六七―一九四一）という名はかならずしも一般的ではないが、民俗学や文化人類学に関心を持つほどの人ならば、古今東西の書籍に通じ、また天才的な記憶力を持つ学者として印象せられている。しかしその業績はわずらわしいまでに原文を引用してある文章のために、興をもってかえりみられることは少なかった。戦後渋沢敬三先生によって南方熊楠全集Ｂ６判一二巻が出版されたが、これは学究たちの手に入ったものは少なかったし、それほど多く利用せられたように見えぬ。そこであらためてまた内容―とくに書翰集を充実した全集Ａ５判一〇巻が刊行されることになったが、今回は引用せられた文章がすべて読み下せるようになっていて、利用するものには便利になっているとともに天衣無縫

ともいうべき文章が、そのことによってかえって生きて来ている感を深くする。

その第一巻は『十二支考』。南方がもっとも力をそそいだ論文である。十二支というけれども牛についての論考はない。論考といっても、その記憶し連想するところを思い出すままに悉《ことごと》く記している。そして文章の脱線など全く意に介せず、時にしばしば男女交歓のことにいたるが、まことにバサバサして放尿の爽快を思わしめるものがある。すぐそのあと「女の方へ脱線ばかりするとかたづかぬから、また蛇の方へかかるとしよう」といった調子で話に花をさかすから、読んでいくうちについつりこまれてしまう。と同時に一つの民俗、民話がほとんど一国内に発生し伝承せられたものでなく、国境をこえて伝播しているものであることをこの書は教えてくれる。

十二支考というのは十二支（子丑寅卯辰巳午未申酉戌亥）の由来を説いているのではなく、十二支に因む動物の民俗伝承が南方の記憶し眼の届くかぎりに集められている。その知識におどろくとともに、これを人に読ませる筆力に驚嘆せざるを得ない。しかも一々出典をあげていることによって驚嘆が畏敬にかわり、さらにその気魄にうたれる。

（産経新聞　昭和四十六年三月二十九日）

寺井美奈子［著］

『ひとつの日本文化論』

（風濤社　昭和四十六年）
（新版　講談社　昭和五十四年）

副題に「きものの心」とある。これまで着物の形や変遷や紋様について書かれた書物は多い。そういう本をよんでいると、昔の人はみんなそのような着物を着ていたような錯覚をおこす。しかしこの著者はそういうことは従として着物の中に含まれている意味を見ようとしている。こういう書物はこれまでに書かれていてよかったはずだが、ほとんど目にとまっていない。

この書物が一つの視点をもって書かれていることは目次を見るとよくわかる。着るということ、型をつくる、こなす、なる文化、きものは女のいのち、きものは霊のよりどころ、右前と左前、恥の文化、美の基調、となっている。すなわち着物を文化人類学的に見ようとしているところに特色がある。著者は面白いことをいっている。学問とは問いを学ぶことだというのである。その目で物を見ていくとあらゆる事象の中に大きな問題をはらんでいる。まず着物が一人一人で違っているのはなぜか、それはパーソナリティーを衣服によって表現しているからだという。着るのでなくて着せられると事情はかわってくる。国鉄一家といわれる組織のできたのは国鉄職員に制服を着せたからだという。着物は着るということによって自分の型ができあがる。そしてすべての人が着物を着るということによって、日本文化の一つの型をつくりあげてきた。しかし民衆はその型にはまっていったのではなかった。着物が着ることによってその人の型をつくったように。

日本の社会は「である社会」だと丸山真男は指摘しているけれども「なる社会」ではなかったかと著者は定義している。稲をつくるといわずに田をつくるといい、布を織るといわず機《はた》を織るという。そして米ができ、布ができたという。自分がつくったという感じがうすい。着物に対しても何を着るかというよりもどんな風に着るかが重要になる。そこに着物がその人のシンボルになっていく過程がある。日本では中国の官制がとり入れられて右が優先という考え方がつよくなるが、それ以前は左が尊ばれていた。そういう考え方は古い習俗をのこす祭祀の中に見られる。

日本の文化のもう一つの特色を著者は「見る」「見られる」でとらえている。そこには自分がいくらよくとも、相手の評価によって基準が定められる。それが人間を圧迫してゆくことにもなる。しかし自分の腕一本で立っている人間ならばだれでも自分というものを持っており、それが人間の誇りであり、それのないのを恥としたということには多くの共感がある。

（朝日新聞　昭和四十六年四月五日）

上野英信・谷川健一・林英夫・松永伍一〔編〕

『近代民衆の記録』〈全五巻〉〔後に全一〇巻に〕

（新人物往来社　昭和四十六～四十七年〔五十三～五十四年〕）

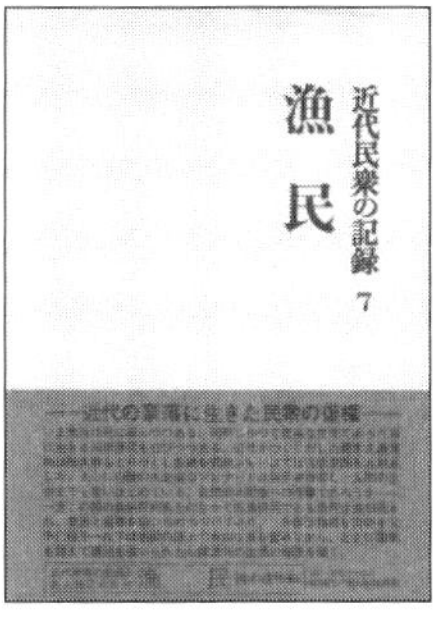

日本人は記録好きである。とくに文字を知っている民衆は何でも書きとめておく習慣を持っていた。敗戦後、米軍との連絡事務にあたっていた朝海浩一郎の手記を読んだときとくにこの感を深くした。日本軍の敗色が濃厚になり、退却に退却をつづけていた頃、米軍兵士は日本兵の死体を見つけるとかならずポケットをさがしたそうである。そこには手帳がしまってあり、手帳には日記か、心覚が書いてある。それらを読めば日本軍の行動がそのままわかったという。米軍の中にはそういう習慣を持っているものはほとんどなかった。

民衆の書いた記録は本人に発表の意志がないから本人の死と同時にほとんど消えていったけれども、民衆によって書かれた記録は厖大なものであったと思われる。また明治以来人びとの間に交換せられた手紙・葉書の数などもおびただしいものであっただろうが、みな消えてしまっている。私は子供の頃から多くの人の手紙の代筆をして来たので、その人たちの心情を子供心に理解することができたが、一人一人の人間の背負っている荷の重さというようなものを強く感じさせられた。最下層の社会を生きぬくということがどれほどむずかしかったかということは私が三十になるまでの間に、私の周囲に一〇人をこえる自殺者のあったことでわかる。私はある男にたのまれて遺書ともいうべき手紙を書いたことがある。私はその人の手紙をそれまでに何十通というほど書いた。一人の女を愛して駈け落ちし、やがてまた別の女を愛するようになって死んでいったのだが、どうにもならない本能と、自己の行為に責任を持とうとする苦悩がその男の口から訥々として語られ、私はそれを書きとめて女に出すのである。女から来た手紙も読んでやる。私はそこに世間に対しても自分に対しても忠実であろうとした人の姿を見た。それはこの人に限らなかった。そういうものは封建社会が生んだ一つの人間像であったかもわからない。しかし、この自己にも世間にも忠実であろうとし、ウソのつけないものが、明治・大正の世を少しずつ自分たちの住み易いように方向づけていったのではなかったかと思う。しかも、日記をつけようとしたことも自分の体験をはっきりと記憶しておこうとしたからであろう。それほどまた正直であったとも言える。

明治になって民衆も文字を学ぶことを義務づけられたのだが大正時代までは貧しくて学校へ行けない者がまだ多かった。その人たちが文字を学ぶために苦労した話はいまでも方々で聞くことができる。その文字で書かれたものが、丹念にさがせばまだいくらでも残っているであろう。明治・大正時代の人びとはどのように生きたかということを学者やジャーナリストたちの筆によって語らせるのでなく、これらの民衆の資料に語らせることによって、そこに本当の民衆の姿がうかび上って来るのではないかと思う。

（『近代民衆の記録』内容見本　昭和四十六年五月）

『ふるさとの祭』

橋浦泰雄［著］

（新日本出版社　昭和四十六年）

祭というとすぐ祇園祭や神田祭のような祭のことが頭にうかんで来る。しかしこの書物はそういう祭のことを書いた本ではない。ここにいう祭はいままで言いならわして来た年中行事のことである。年中行事とは日を定めて、国の中の一ヵ所ではなくて、ひろく各地でおなじような行事をおこなうことで、その中には国家が日を定めておこなっているものもあるが、そういうこととは関係なく、昔から民衆の間に別に申しあわせたのでも何でもないのにおなじような行事をおこなっていることがきわめて多い。著者が関心を寄せたのはそのような行事であって、それもまた祭といってよい。いやこの方が何々神社などとよばれるところでおこなわれている祭の原形であるものが多い。

それではそういう祭がどれほどあろうかというと、ずいぶんたくさんあるのだが、著者はその中から重要なもの四〇あまりをえらんで、二月から十二月へ順番に筆をすすめ、その中でも正月と盆の行事はとくにくわしくのべている。実はそのときの行事がいちばん整っており、また複雑で、しかも土地土地によってやり方が少しずつ違っているからである。そこで正月の行事を目次によって見ていくと、訪れる神、年神、年神祭のしたく、祭壇、門松、飾物、幸木、正月料理、雑煮、正月魚、若水、年始礼、仕事初め、正月遊び、大人の遊び、子供の遊び、七日正月、七草、左義長、節分、立春、小正月、火祭り、なまはげ、かせどり、ほとほと、大正月に餅つかぬ村、年占、木おどし、嫁聟の尻叩き、とこまかにあげて解説し、正月が日本人にとってどういう意味をもっていたのか、また一つ一つの行事の中にどのような意味が含まれているかについて解説している。

盆については、目次によると盆という名称、釜の口開け、新盆、ねむた流し、七夕、盆年、迎え盆、盆棚、盆花、精霊火、盆飯、盆踊り、うら盆、しまい盆というように話をすすめている。

このように正月と盆の行事は重要なことがらをくらべてみると、まるで別のもののようであるが、それは盆の行事には仏教くさい言葉が多くつかわれているためで、実際に行事を比較して見ると、盆と正月の行事は非常に近いものが多い。そのことは本文をよむことによってとけて来る。もともと盆も正月もおなじような行事だった。そのことについて著者はもっとも力を入れて書いている。と同時に正月が、ただ年のかわり目で、あそぶためにあるというようなものではなく、祖霊を迎えて、その年の豊饒平安を祈る祭であったことを教えてくれる。これに対して、盆に祖霊を迎えて祭るのは、一年の後半は収穫期にあたり、七月はその発端にあたるもので収穫が順調に進むように祈るためのものであったと著者は言っている。

このようにして正月と盆の行事を丹念に見ていくと、正月や盆の行事がどういう意味をもっていたかということがわかってくるとともに、正月や盆のほかにおこなわれている行事も、もとは盆、正月と相似たものであった。たとえば旧暦四月八日を卯月八日とよび釈迦の誕生日としているが、著者は太陰暦のおこなわれる以前は、四月の満月の日が新年の元旦ではなかったかとうたがっている。そうすればその前後にいま正月におこなわれているような行事があっていいはずで、四月八日の行事の中に古いおもかげを見ようとしている。

しかしこの書の目的はそういうような年中行事の発生を論議するのではなく、年中行事が民衆生活のなかにどのように定着しているかを具体的に見ていこうとするところにあった。そしてそこには著者の体験した多くのことが語られている。そのことによってすぎ去った日の農村の一年のくらしがどういうものであったか、その行事の一つ一つがどのような意味を持っていたかを説明している。そして一見何でもないような記事に心のとまることが多い。たとえば著者の住んでいる久我山のあたりはいま住宅がギッシリと建ちならんでいる。そこには農村のにおいは何にもない。しかし著者がそこに住みついた一九三七年頃には隣の農家で粟や稗を栽培していたという。小正月の日に粟穂稗穂というものをつくり、それが何を意味し、何のためにつくるのかもわからなくなっているところが多いが、一九三七年頃までは粟作稗作は現実のものであり、粟穂稗穂がその豊作を祈るものであったことがわかる。この粟穂稗穂の行事のごとく、現実の生活の中からは消えてしまったものが、祭としてのこっている例はきわめて多く、したがって古い祭を見ることによって古い生活をさぐりあてることも可能になる。著者はこの書物の中でそういう仕事をしている。

さていろいろの行事の中で著者の目にも多くとまり、心をときめかすことの大きかったのは火祭であったようで、火祭についてのべた記事が多い。正月十四日の火祭はほとんど全国的におこなわれ、トンド、サエノカミ、三九郎焼とよばれているところが多いが、北九州では一月七日に鬼の目焼きをおこなっている。ところが盆にもおなじような行事がある。祖霊を迎えるための迎え火は比較的におとなしいが、送り火の方は、正月の火祭よりは盛んなところが多い。そして京都の大文字の火のように大規模なものもあるが、それがなぜそのようになっていったかも、各地の習俗と比較しながら説明してゆくことによって、おのずから明らかになる。今火は極度におそれられる、火事のもとになるといって。しかしそのことは昔もその通りであったはずだが、それにもかかわらず、大きな火をもやす行事がきわめて多く、そのことによって人びとは大きな興奮をおぼえたのであろう。

著者は画家として特異な画風を持った人で、その絵がきわめていきいきとしてわれわれの心をうつ。そして絵のかわりに挿入した写真がきわめて不自然にさえ見える。できれば著者の絵のみにしてほしかったと思う。それよりも何よりも、著者の八〇余年にわたって見て来、印象にのこる農村の生活を描いたものを本にしてまとめていただけないものかと本書をよんで思った。

記述せられた行事の中で、今日では見ることのできなくなったものがきわめて多い。それだけに著者の脳裏にきざみつけられている映像は実に貴重な文化財であるともいえる。

（「文化評論」一一九　日本共産党中央委員会機関誌経営局　昭和四十六年七月一日）

『河内国滝畑左近熊太翁旧事談』

宮本常一［著］

（アチック・ミューゼアム　昭和十三年（著作集三七巻　未来社　平成四年））

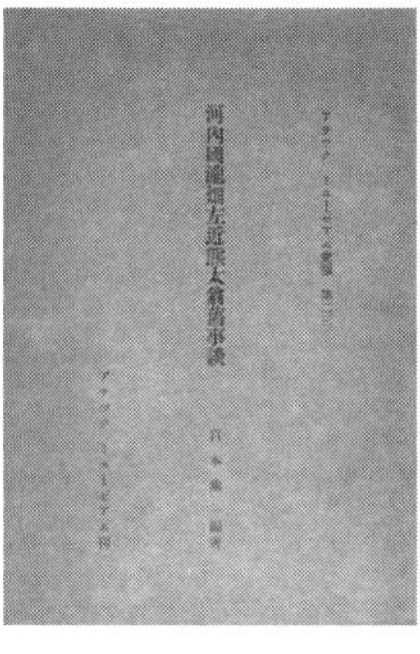

いまは大阪府長野市に属する滝畑というところに何となない興味をおぼえて、そこの古いことをしらべて見ようとして入村したのは昭和九年二月であったが、それ以来私は昭和十四年までの間に二十三回おとずれた。その地に住む左近熊太という老人の話に心をひかれたからで、その七回目までの聞書をまとめたのが旧事談である。

一人の人の生きて来た過去を思い出しながら話してもらうので、思いちがいや忘れたことも多いであろうし、聞く私の方の体験の浅いために聞きあやまりも多かったと思うが、一人の人の体験は時に一つの村の歴史でもあることに気がついた。左近翁は明治十年に数え年二十二歳で西南戦役に出ているから安政三年に生れたことになり、明治元年は十三歳であった。したがって明治維新を目の当り見たことになる。明治以前の生活がどういうものであったか、維新を一般民衆はどのように受けとめたかを翁の話を通じてある程度まで聞くことができた。それまで郷里の古老からは明治維新前後の話はいろいろ聞いていた。それは単なる興味からであるが、左近翁の話をきいてから全国的に話をきいてあるくことが非常に重要であると気付いた。

明治維新の受けとめ方は人によって土地によって、みな違っていたはずである。そこでそれから八十歳以上の老人をたずねて話を聞いてあるくことにした。昭和十四年までは小学校の教師をしていたので、土曜日曜や、冬春夏の休みを利用してあるいたが、昭和十四年にアチックミューゼアム（日本常民文化研究所）に入ってからは、時間的に制約されることなしに古老をたずねて話を聞く機会を持ち、昭和十八年頃までに多くの古老の話を聞くことができた。いずれもライフヒストリーを軸に村の生活をできるだけ具体的に聞く方法をとった。これらのノートはいずれも戦災で焼いてしまって「御一新のあとさき」と題してまとめておこうと思った計画はすっかりくずれてしまった。

昭和二十年以後八十歳台の老人はもう明治維新を体験していない。体験のない人の話には切実感がないばかりでなく、人柄がまるでかわって来る。明治維新が、それ以前の社会を大きく区切っていることを教えられた。このことは今日についても言えるのではないかと思う。戦前を体験した人と戦後のみを体験している者の間には一つの断絶がある。それがどういうものであるか、またどのように人の思考はかわってゆくものか、実はいま綿密に記録しておく必要があるのではなかろうか。

『河内国滝畑左近熊太翁旧事談』は私にとっては単に私の民俗学への関心を深める眼をひらいただけでなく、人間について深く考える機会をも作ることになった。そして多くの古老たちの言葉は忘れたけれど、そのおもかげはなお私の心の中に生きているものが多い。その一人一人はその人生を実に誠実にあるいて来ていた。（「出版ニュース」一九七一年七月下旬号〈私の想い出の著書〉出版ニュース社　昭和四十六年七月二十一日）

E・ケンペル［著］

『長崎より江戸まで』（国民書院　大正四年）

E・S・モース［著］

『日本その日その日』

（科学知識普及会　昭和四年・創元社　昭和十四年（平凡社　昭和四十五年））

私は少年のころ家が貧しかったので小学校を卒業して上級学校へ行けなかったので、中学講義録というのをとって一人で勉強していた一時期があった。その講義録を出版していた国民中学会（国民書院という出版社を経営）というところからケンペルの『長崎より江戸まで』が出版されたことがあった。広告を見て読みたいとは思ったが高くて買うことができなかった。しかしその書物のことは心の中から消えていなくて、二十歳のころであったと思うが、大阪道頓堀にあった天牛という古本屋でその本を見つけて買うことができた。外国人が日本という国をどのように見ているかを知りたかった。

昭和の初めごろまで日本人は異邦人に対して卑屈であり、国産品はすべて悪く、舶来品はすべてすぐれていると考えられており、事実そのようでもあった。そして卑屈でなければ何か強がりをしているようなところがあった。しかし外国人は日本をどんなに見ているのであろうか。私はそれまでに小泉八雲の書いたものを少し読んでいた。この文学者はいたるところで日本をほめていた。過褒《かほう》のようにさえ思えたけれども、私などよりもはるかに日本のことをよく知っているように思えて心をうたれたのである。と同時にケンペルの書物のことが心からはなれなかった。

私はケンペルの書物を手にして実に多くのことを教えられた。その中には私が読んだ日本のどの書物にも書いてないような事柄がみちみちていた。ケンペルが長崎を出発して江戸へのぼったのは一六九一年であったが、その当時の途上での見聞の記録は精緻をきわめたものであった。そのころすでに伊勢参宮をする者の多かったこと、こじきの多かったこと、宿場には宿屋が並び、そこにはまた遊女がいたこと、あるいは罪を犯した者に対する刑罰の重かったことなど、私はこの書物によって一般民衆の生活の実情を教えられたように思った。

ケンペルの紀行文を読んで五年ばかりも過ぎたころであろう。ケンペルの紀行文を見つけた同じ天牛で、イー・エス・モースの『日本その日その日』を見つけた。モース教授についてはこの人が大森貝塚の発掘者であり、日本に考古学を植えつけた学者としての知識は持っていた。この書物は科学知識普及会から出版され、上下二冊になっていた。この書物にはケンペルの紀行文以上におどろいた。実に多くのスケッチが挿入されている。モースが日本へ来たのは明治十年であった。横浜へやって来てまず彼の眼にとまったものは船の櫓であった。好奇心にみちた一人の若い学者は日本のあらゆるものが珍しかった。人力車、ゲタ、キセル、子供を背負うこと、相撲等々。そしてそれらは欧米の文化とは異質に見えるが決して未開でも野蛮でもなく、善徳や品性を日本人は生まれながらに持っているらしいことに気づいた。

その後モースは日光、江の島、北海道、長崎、鹿児島、瀬戸内海などを旅しているが、今日われわれが写真をとると同じような調子でスケッチしている。旅行記だから表面的な観察が多いといえばそれまでであるが、好意にみちたものであり、同時に異質の文化であっても文化の内容の高さをみとめ、男体山にのぼったとき「外国人は影も見えず、また空瓶、箱、新聞紙等が目にはいらないのはうれしかった」と記している。当時日本にそういうものはあまりなかったから、そのようなゴミを見かけなかったのであろうが、とにかく、そのころは日本人はゴミを散らすことが少なかったことがわかる。

時に思いちがいもあるが、むしろ教えられることの方が大きく、北上川では船で魚を洗っているすぐそばに鳥がとまって女のすることを見ているところを描き、鳥がいかに人になれているかを示している。反省というのは自分の非や欠点や失敗のみをふりかえってみるだけでなく、自分たちの持っているすぐれたものの価値についても検討してみることではないかと思う。

モース教授の『日本その日その日』はその後私が旅をするようになってずいぶん教えられることが多く、私も見たり聞いたりしたことを何でも書きとめておくようにした。ただスケッチは下手でどうしようもなく、昭和三十年ごろから主としてカメラにたよるようになったけれども、カメラを持つと書く方がお留守になるものである。

その後気のつくままに外人の書いた日本見聞記は読むようにしているが、私自身には実によい勉強になる。日本人としてつい見落としてしまっているようなことに気づかせてくれる。それが私の旅や調査に役立つことが多い。よく外人の見あやまりを指摘して「ついに通じあえるものではない」などという人もあるけれど、それではは同様にわれわれも欧米の文化を理解することはできないということになる。私は異邦人によって精1978年緻な観察の仕方を学んだ。しかもそれは悪意のない眼で見ることを。

（毎日新聞〈ほんとの出会い〉昭和四十六年十月二十日）

山口弥一郎［著］

『民俗学の話　―柳田民俗学をつぐもの』

（文化書房博文社　昭和四十六年〈新版　昭和五十二年〉）

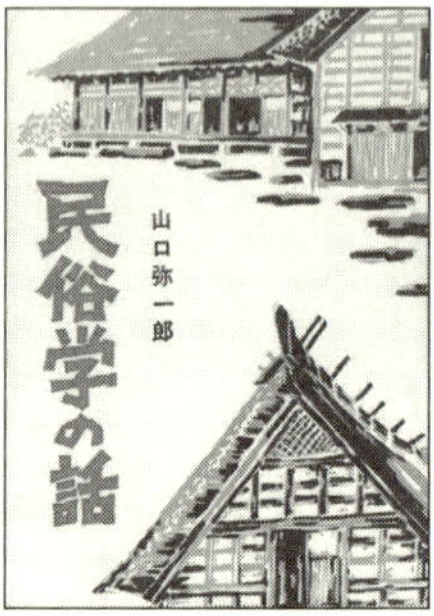

柳田先生や渋沢敬三先生は、よく地方の研究家を面倒みられたものと、今、私どもも、相当な年齢に達して、つくづく思うことがある。私も渋沢先生に親身も及ばないほどの御厄介になったが、この著者の山口弥一郎さんなども、柳田先生には特別に目をかけられていたらしいが、渋沢邸などに訪ねてくると、奥の洋書のぎっしり積まれた応接間に通して、戦争中など、暖炉がないものだから、毛布を山口さんの膝にかけてやられたり、アチック・ミューゼアムを自ら案内されて、東北の珍客のようにいたわっておられたものである。

磐城・北神谷には高木誠一という民俗の研究家があった。渋沢先生が高木さんを訪ねられた時も、山口さんが案内したと聞いている。

柳田先生の還暦祝いの講習会を機に「民間伝承の会」が発足し、もう三五年、こんなにつづいた民俗関係の専門誌は、全く稀有というほかはない。磐城民俗研究会もそれを機にして育ち、岩崎敏夫、和田文夫氏などが大成した。

この著を見て知ったことであるが、磐城民俗研究会は現在も健在で研究をつづけており、会津民俗研究会もでき、福島県を一団とした民俗学会もできたそうである。やはり東北人の根強さであろうか。敬服のほかはない。

○

山口さんは高木さん亡き後の東北の民俗研究家の重鎮であるに違いない。あの膨大な『福島県史』に民俗編二冊、一万枚の原稿を書いて編さんされている。

この『民俗学の話』はいわば地方民俗研究者の手引き書のような意図でまとめられたとか。「民間伝承」「まつり」その他に、随筆的に書かれたものも多く含まれ、著者の得意とする「さらっぱかま論」や「田の神論」もはいっている。「民間伝承」に書いた「死胎分離埋葬事件」など、今読んでみても、立派な妊婦葬送儀礼の民俗学である。

○

この著を成すに当って、柳田先生の老奥様から、とくにお許しを得て、先生が菅江真澄の記念碑の前で写された写真が掲げてある。真澄翁の業績を世に紹介されたのも、実に先生であった。

著者は柳田先生の指向せられた東北民俗の解明に志してすでに三〇数年、単に民俗研究の手引になるばかりでなく、著者の学問に寄せた情熱もそこににじみ出ていて心ひかれる多くのものを持っている。

（「民間伝承」三五―三　昭和四十六年十一月五日）

祖父江孝男［著］

『県民性―文化人類学的考察』

（中央公論社　昭和四十六年）

著者祖父江教授は創意に富む学者であり、またフィールドワーカーとしても多くの実績を持つ人である。その著者の目にとまり、注意せざるを得なかったのは、大学生たちの県人会の集まりであっただろうと思う。地方から出て来た学生たちはたいてい同県出身の者によびかけて集まりを持つ。社会人となった者も県人会を組織する。県は明治になって作られたものであるが、それがどうしてわずかの間に県民性というようなものが生れたのであろうか。著者はそのことについて県民性以前の藩政時代の「上州名物、カカア天下にカラッ風」「近江商人」「大阪のガメツイ」「肥後モッコス」などに目をつけ、佐賀の「葉隠精神」に

しても武士の間にはバックボーンとして存在したものであったにせよいまの青年の間にはほとんど痕跡がみられないと指摘している。と同時に個人差の存在を忘れてはならないと説く。また東京における県人会活動もさまざまで、決して一様ではないというのももっともで、とくに活動状況の活発度には大きな差があるが、それには一県一藩あるいは宗教上の影響などで県全体結合型と県内に藩の分立していたところではローカル結合型がつよいという。言いかえると、藩政時代に作り出された慣習なり気風なりが、今日なお生きて県民性になっている部分が大きいという。

しかしそれだけではない。そこで著者は文章完成法テスト・離婚率・自殺・軍隊自衛隊の気質などを通して地域的な差を追及し、さらに県民性において風土・歴史・生産様式がどのように作用しているかを先人の学説に照しつつ見、また社会構造の差の中にも文化―ひいては県民性の差を見ようとしている。つまり社会科学的にさぐりあて得るいろいろの方法によって県民性なるものを明らかにしようとしているのであるが得られた結果としてはきわめて概念的なものである。にもかかわらず県民性なるものは存在すると何人も漠然と信じている。そこで各県についての県民性について最後に診断しているが、これはまえがきにもいっている通り簡略にすぎたものが多くて説得力は弱い。が著者もいっているように、これをたたき台にしてこの問題はさらに深く考えてみていい。そして県民性は今後なくなるものか、それとも強くなっていくものかを検討してゆきたい。それはまた国民性の問題にも発展していくものだからである。

（「週刊読書人」昭和四十六年十二月十三日）

御薗生翁甫［著］

『防長神楽の研究』

（未来社　昭和四十七年）

神楽の研究は昭和初期にはじまった。小寺融吉氏による『芸術としての神楽研究』が私の目にとまったものの中では最初のように思う。そのおなじころ、早川孝太郎氏によって、愛知県三河山中におこなわれている花祭の、丹念にして精力的な現地調査が進められており、昭和五年に『花祭』上下二巻、千数百頁におよぶ大冊としてまとめられ、世にとわれた。この書物はわずか三〇〇部しか刷られなかったが、その影響は大きく、民俗学に志す者の多くがこの山中を訪れて、親しく神楽を見る機会を持つようになったばかりでなく、他の地方の神楽にも目を向ける者が次第にふえて来た。早川氏よりややおくれて、当時宮城県石巻中学校に教鞭をとっていた本田安次氏によって陸前地方の法印神楽の研究がすすめられ、後に『陸前浜の法印神楽』として公刊される。

こうした神楽研究興隆の機運の中で、西角井正慶教授の『神楽研究』が昭年九年に刊行されたことは、神楽の歴史と全国的な展望を示して、神楽研究のフィールドワークに大きな指針を与えたものといっていい。しかし、神楽研究がその後順調にすすめられていったわけではなく、むしろ神楽の研究は本田教授のその後のフィールドワークに負うところが多く、昭和十七年『山伏神楽・番楽』、昭和二十九年『霜月神楽の研究』と、主として東北の神楽研究をすすめつつ、次第に全国的な調査がおこなわれ、昭和四十一年にその研究の成果の集大成された『神楽』が世にとわれた。この事には著者の実地採訪のほかに、これまで多くの人びとによって報告せられた資料も含まれ、且全国にわたる神楽伝承地一覧表も付され、神楽の全貌を知ることができるにいたった。

　では本田教授以外の人びとによって神楽研究がどれほどすすめられただろうかといえば、それはまことに心細い状態であるといわざるを得ない。私の管見に入るものでは、広島県の新藤久人氏による『芸北神楽と秋祭』がまず目にとまる。これは広島県山県郡の各地に伝承せられている神楽のすぐれた調査レポートである。そのほかは多くの民俗誌の中に報告せられたものが目につく程度であり、昭和四十五年には文化庁編集になる『民俗芸能―神楽』が刊行せられたが、これは各地の神楽を簡単に解説したもので、各地におこなわれている神楽のアウトラインを知るには参考になる。

　以上ざっと過去における神楽研究とその成果についてふれて来たのであるが、神楽研究はこれらの業績によって完成したというようなものではなく、そこになお多くの研究課題と余地をのこしている。そのことについて一つの地域を対象として掘りさげを試みたものが本書であるといっていい。本書は御薗生《みそのう》翁甫《おうすけ》先生の絶筆となったものである。先生は山口県の郷土史研究に、その後半生をかけられた人で、史料の博捜と考証の綿密精緻であることにおいて稀に見るすぐれた学者であった。そして早く『防長地名淵鑑』のような名著を世におくり、さらに『防長造紙史研究』は防長地方の和紙生産の構造と歴史を明らかにしたものとして高く評価せられた。また『華城村史』『石田村史』『防府市史』などの地方史を手がけられ、とくに大内氏の歴史については深い関心をよせ、その研究には情熱をかたむけておられた。先生が大内氏の研究に心を寄せられたのはいろいろの理由があったと思うが、それについて私は先生から次のような感慨をきいたことがある。

「毛利氏関係の史料は実にたくさんある。あるいは各藩中史料の多く残存することでは第一であるかもわからない。ところが大内氏時代の史料はきわめてとぼしい。大内氏は治世も長かったし、また治世の実もあげているのであるし、武力によるよりも文治の領主であるから多くの文献をのこしていはずであるが、それの残っていないのは、毛利氏時代になって故意にほろぼしたものではなかろうか。毛利氏の統治に不利と思われるものをなくするということは十分考えていい。近世の大名統治にはそうした政略的なものが多分にあったのではなかろうか。記録は守る気さえあれば失われずに残されたはずである。そこで毛利氏が消さなければならなかった大内氏の歴史がどういうものであったかは、やはり明らかにしておかねばならぬ」

これはまさに歴史家のすぐれた洞察であり配慮であるといっていい。

ところが大内氏時代の研究に力をそそいでおられた先生から、

「大内氏時代のことは、いまある文献資料をさがしもとめてやれば誰でもできることがわかったが、それに比して神楽の方はうかうかしているとほろびてしまうもので、いまのうちに調査しておかねばならぬ。最近気のついたことだが、山口県にはいたるところに神楽がおこなわれていた。しかもよく見ると土地によって神楽の流儀がみな違っているようである。これはどれが古くて、それがどんなにかわっていったというようなものではなさそうで、神楽にはいろいろの流れがあり、それが別々のルートで山口県に流れこんで来たもののように思われる。しかし、それに気付いて調べている者は県下に誰もいないようで、いまのうちに調べておかぬとわからずじまいになってしまうだろう。この方が急がれる」

という述懐を旅の途中でお訪ねしたとき承った。まことにもっともだとは思ったけれど、すでに九十歳近くになられてのフィールドワークは容易でないし、むしろ大内氏時代の研究の完成をしていただきたい気持であったが、

「山口県は民俗不毛の地のように見えるけれどもそうではない。県内の民俗研究に真剣に取組む人がいないからで、研究というのは調べた資料をただ並べるだけではいけない。もっと系統づける仕事をしなければならぬ」

と説かれる先生の気魄の中に、民俗学への警告の意味も感ぜられ、私のように山口県で生れても県下のことは何ほども調査研究していない者に大へん耳のいたい言葉であり、むしろ先生の志を壮として、その御研究を見守る以外になかった。

先生が神楽研究のフィールドワークを始められたのは、たしか八十八歳になられた頃であったと思う。それまでに多くの文献資料などの蓄積はあったと思うが、それらにのみたよるのでなく、実地踏査をすすめていった。これは驚嘆すべきことであった。しかも先生は実に精力的にあるきまわられた。大島郡の日

見の神楽を調査に来られたとき、ちょうど私は島の東端の伊保田というところで、旧家の古文書をしらべていた。先生はそのことを日見できいて、伊保田まで来て下さったことがあった。バスにゆられて二時間あまり、その夜は伊保田の宿にともにとまって語りあかしたのであったが、これが九十歳になろうとする人であろうかと思われるほどお元気でしかも冴えていた。そしてその調子で山口県をあるきまわって神楽をさがしもとめた。おそらく学者として第一線で活動された最高年齢者ではないかと思う。この活動は九十歳をこえて、腰の骨をいため歩行が不自由になるまで続き、しかも、その間に山口県下でおこなわれている神楽の全貌と、その様式、伝播経路などを明らかにしていった。研究の進んでいく過程はおうかがいする度に承ることができた。そして資料も次第に厖大なものになっていった。これは画期的な研究であるといってよかった。

腰をいためられてからは外出が不能になり、主に原稿整理にあたられるようになったが、論理的な組みたてにはずいぶん苦心されたようで、粗稿ができて、完成原稿ができるまで、かなり長い日時がかかった。九十歳をすぎてもきわめて明晰で、少しも思考力の衰えを見せぬ人であった。我々を相手に対等に論戦し、疲れることを知らなかった。私はそのことにただただ驚嘆した。今日までそのような人をついぞ見たことがなかったからである。

先生は原稿にページをうたれなかった。これは原稿を前後挿しかえることがあり、そのたびにページの打ち直しをすることを嫌われたからである。ところがなくなられる一週間ほどまえに、その明晰な頭脳が渾沌としてしまったのである。そして原稿をばらばらにしてしまい、それをいろいろに挿しかえてしまわれたらしい。なくなられたあと、その原稿を石川卓美氏が手にしたときは前後の脈絡のないものになってしまっていた。これをもとの形に戻すのは容易なことでなく、その仕事を引きうけたのが財前司一氏であった。財前氏は先生ののこしておられた目次に合せ、実に長い時日をかけて、どうやら読み下すことができるようにまで原稿の整理をした。

ところが、原稿のところどころにぬけた部分があった。それはなお考察を要する部分であった。財前氏はこの原稿のできあがっていく途中、先生を訪うていろいろの話をきき、そのメモをとっていた。そこで、その脱落の部分は先生の談話などで補うことにし、また、各地で集めた資料の大部分は本書から割愛することにした。はじめ厖大なものになる予定であったのをこのような形にまとめたのは、できるだけ先生の原稿を尊重し、編集者の私意の加わらないことを自粛してのことであったが、時には先生の原稿をかなり削除した部分もある。それは先生が文中でいろいろの批判をのべておられる部分で、その論旨が完成しないで尻切れになっているところが少なからずあり、論旨をわれわれの手で補うことのできない部分で、その部分全体を除いた方がかえってよいのではないかと思われる箇所であった。あるいは不完全なままでものせた方がよかったかと思うが、それが論旨を不徹底にする場合もあるので省かざるを得なかった。

先生の原稿完成への道すじを考えると、まず一つ一つの神楽を資料的に整理し、これを分類し、聞書と文献によって前後をきめ論旨を展開していったようで、資料に対して忠実な先生は論理の展開に一方ならぬ苦心をされたようであった。われわれが談話をきいているときにはすこぶる明快なのであるが、それだけに文章にするとき、あいまいな点をゆるせなかったために未完の部分を生じたのだと思う。しかし全般としては先生の御研究を傷つけないように配慮した。そしてそれらの編集作業にはすべて財前氏があたった。

なお巻末に付篇として岩国市行波《ゆかば》の神楽の報告を財前氏が書いている。この神楽は御薗生先生は御覧になっていないが、多くの古風を存し、しかも完全に近い形でのこっているもので、おそらく先生が御覧になっておれば大きくとりあげられただろうと思ったからである。

私は御薗生先生が神楽研究のためのフィールドワークをはじめられたときから、本書ができあがるまでの経緯を側面からたえずうかがうことができた。そして多くの人によってもしこのように一途に、このように情熱をこめて学問的な追究がなされ、またそれが積みかさねられていったなら、民衆文化の姿がもっともっと正確に精細に明らかになっていくのではないかと思った。

と同時に、九十歳をこえてもなお第一線に立って研究活動をつづけることのできる先輩のあったことを銘記しておきたい。しかもこの書の中にはみずみずしいまでの学問追究の精神がみなぎっている。

(『防長神楽の研究』序文　昭和四十七年三月十日)

潮田鉄雄［著］

『はきもの』〈ものと人間の文化史　八〉

（法政大学出版局　昭和四十八年）

潮田鉄雄君にはじめて逢ったのはいつであったかよくおぼえていないが、もう十五年以上になると思う。私の方は逢った日も場所もよくおぼえていないけれども、潮田君の方はおぼえていることと思う。そういうことは忘れているけれども、忘れようとしても忘れることのできないことがあった。それは履物研究についての資料である。

若い、まだ二十歳前後だったこの人がおどろくほどよく履物についてしらべているのである。そこで同君を渋沢敬三先生におひきあわせした。先生もすっかり感心しておられた。

潮田君はゆたかな家庭に育った人ではないから、大学へゆくことはなかったけれど、ゆとり少ない生活の中でよく履物をあつめ、また調査に歩いた。勤めている先が小企業だったから日曜日もろくに休むことができなかったけれども、そういうことを苦にする様子もなく、好きなことの研究に没頭しつつ、しかもディレッタンチズムにおちいることがなかった。しかも単なる蒐集マニアでなかったことは、それらを民族学博物館に寄付したことでもわかる。

こういう人には時間と金を融通して思いきりフィールドワークをやっていただくとよいと思いながら、私にはその力もなかった。幸い立教大学の宮本馨太郎教授がいろいろ面倒を見て下さって、同教授の指導にしたがいながら調査研究をすすめる機会を持ったのは、同君にとってしあわせなことであった。

そして、そうした調査結果がいよいよ本にまとめられることになった。潮田君はどんな環境の中にあっても、その環境を生かしてゆく人である。潮田君にしらべてもらった履物も本望であろうと思う。と同時に、ここをスタートにして今後いよいよ本格的に物質文化全体にとりくんでもらいたいものだと思う。

たとえば民具の研究といっても、民具の定義すらまだはっきりしていない。調査についても、その方法論が十分確立しているわけではない。近頃民俗緊急調査の中で民具が取り扱われているが、正直に言って、そこに科学的な方法論は見出されていない。すべてこれからなのである。

しかも科学的なフィールドワークがもっともおろそかになっている。いままでは宮本馨太郎教授一人にまかせきりのような形になっていた。これからはもっと多くの人たちの参加によってフィールドワークをすすめてゆき、調査方法などについても討議してゆかなければならないと思っている。そういうとき、潮田君の今日までの蓄積は重要な意味をもって来るであろう。と同時に私は潮田君が視野も活動範囲もひろげてよい業績をあげてくれることを期待する。本書はそういう意味で多くの人たちに関心をもっていただくとともに、気づいたことは同君にもご示教願って、学問大成のためにともどもにご協力を期待するものである。

（『はきもの』〈出版に寄せて〉　昭和四十七年四月四日）

角谷晋次［編］

『白樺のふるさと』

（岩手三愛農村塾出版会　昭和四十七年）

この書物の編集者角谷晋次《かどやしんじ》君は、私と同郷の山口県大島の出身で、私の長子と高校時代に同級であった。そういうご縁で知り合ったのであるが、角谷君は高校卒業後岩手大学の農学部を志し、在学中から山形村に入って仲間の人たちと文化活動を行ない、大学卒業後さらに東京農工大、関東学院大学などに学び、久慈高校山形分校に教鞭をとることになった。

今日、日本の僻地山村のかかえている問題を自分自身の問題としてとりくみ、問題解決への努力が自己の人間的成長につながるものとしてたたかってきた。本書は、同君のそうした活動の側面を物語るものであるとともに、われわれがとかく見過ごしがちな僻地山村の問題を共に考える契機をつくろうとする意図を持っているように思う。

さて、この書物は角谷君自身のことばで綴られたものではなく、山形村で生活している人びと、山形村を訪れた人びとの言葉をまとめたものである。山形村を訪れた人びとの多くは角谷君との縁によるものが多いと思われる。角谷君は村外にあって、志を同じくする人びとに出来るだけ多く村を見てもらい、また助言してもらい、村人は村人として考えたことを述べ、それらを通して山形村のゆくべき道を見出そうとしている。

もし角谷君が今試み、かつ努力しているような文化活動の渦が各地におこってくるならば日本の僻地山村離島などは大きく変わってきはじめるのではないかと思う。僻地山村離島は日のあたらぬ場所とされてきた。しかし、日をあてなければならぬ。そうでなければ、文化が文化としての価値を失うことになる。文化が進めば進むほど、僻地山村が住み易いよい土地になっていくのが当然の帰結だからである。にもかかわらず現実は必ずしもそうなってはいない。

それはなぜであるか。僻地ほど情報がつかみにくい。それは情報が入りにくいということもあるが、実は情報を選択し正しくつかむことが容易でないことも理由の一つである。情報を選択し正しくつかむ為には、それをつかむことの出来るような教養と知識を必要とする。村を出てゆく者ばかりでなく、村にとどまるものも、せめて高校だけは卒業していなくてはと考えて、単に高校の分校教師を務めるだけでなく、農家の一戸一戸を訪れて進学をすすめてきた。全国の定時制高校の多くは生徒が少なくなって廃校になって行った。しかし、山形村では定時制高校は決して衰退してはいない。むしろ全日制高校の方向へと発展してきている。角谷君をはじめ若い先生、村当局の教育に対する熱意によるものと思う。

この事実に対して、われわれはわれわれなりに協力しなければならない責任のようなものを感ずる。

（昭和四十七年四月一日）

（『白樺のふるさと』序文　岩手三愛農村塾出版会　昭和四十七年四月二十九日）

探検記・私の五冊

『**入唐求法巡礼行記**』（円仁［著］　足立喜六［訳注］　塩入良道［補注］　平凡社　昭和四十五年）は天台僧円仁が九世紀の中頃仏法をもとめて渡航した折の中国大陸巡行記で、その旅は困難をきわめたものであったが、当時の大陸の文物制度について記された貴重な文献であり、しかも多くの困難に克ちつつ旅をつづけた気魄に心をひかれるものがある。

他の四冊は日本国内の紀行で探険とは言えないかもわからないが、旅したものにとっては苦難にみちた日々であり、しかもそれは人間発見のための旅であった。

「**南島探験**」〈日本庶民生活史料集成　一〉（笹森儀助［著］　三一書房　昭和四十三年）　沖縄の島々を明治二十六年につぶさに歩き、そこで重税とマラリアで絶滅に瀕している村々を見、その苦境を訴えている。旅の目的は南島開発のための資料にしようとしたものであったが、そこに生きる人々のための訴えになっていることに本書の高い価値がある。

「**西遊雑記**」〈日本庶民生活史料集成　二〉（古河古松軒［著］　三一書房　昭和四十四年）　著者は備中の人、天明三年郷里を出て半年にわたって九州をあるいた。当時この地方をあるいた人は少なくなかったのであろうが、記録をのこしているものは少ない。しかも古松軒は本街道よりも傍道を多くあるいている。

『菅江真澄遊覧記』（全五冊）（菅江真澄［著］　平凡社東洋文庫　昭和四十〜四十三年）　古松軒が九州へ旅立った同じ年、菅江真澄は三河の国から東北へ向っての歩行をおこしている。しかもこの旅は四〇年あまりもつづき、北は北海道南部にもおよび、再び郷里にかえることのなかった旅である。その中には高い山への登山も多い。薬草の採取が目的の一つであったらしい。したがって道のないところを歩くことも多かったようである。そして東北の自然ばかりでなく、そこに生きた人びとの姿を実に刻明に記録している。

『日本九峰修行日記』〈日本庶民生活史料集成 二〉（野田泉光院［著］　三一書房　昭和四十四年）　真澄が東北をあるいている頃、九州日向の佐土原をたって全国の山伏寺院の様子を見ようとして旅立ったのが『日本九峰修行日記』の著者である。これは一軒一軒を門付けしてあるいた。

これらの書物は人間が生きてゆくということがどういうことであるかについて考えさせてくれる。

（日本読書新聞〈私の五冊の本〉　昭和四十七年十月五日）

『奈良祭事記』

岩井宏實［著］

（山と渓谷社　昭和四十七年）

岩井宏實君は、戦時中奈良県郡山中学校で教えた生徒である。その頃、この学校には考古学や民俗学を余技のようにしている先生が沢山いて、生徒もそういうことに興味をもつものが多く岩井君もその一人であった。そして、民俗学を生涯の事業として取り組むことになり、大学を出て畝傍《うねび》高校の先生をしていたが大阪市博物館に転じて好きな道に精出すことになった。

奈良は律令国家の主都として貴族文化の花の咲き誇ったところであり、しかもその当時、都をかざった東大寺・薬師寺・唐招提寺・興福寺など、なかには兵火にみまわれたものもあったがよく昔の面影を残し、またそこで行われた行事も中世に発達した芸能などを加えつつ、比較的昔の姿を改めることなく今日に伝えているものが少なくない。

興福寺・法隆寺の鬼追をはじめ、二月堂のお水とり・春日神社の薪能・春日若宮のおん祭など、いずれも社寺が主催し古式をとどめた荘重な祭であるが、これに参加するものはこれらの社寺にかかわりあいをもつ一般民衆が多く、単なる儀式としてでなく、そこに民衆のエネルギーの爆発をみる民俗芸能的な要素をもってきている。そしてそこには地方民俗芸能の源流をみることも少なくない。

岩井君は、そうした大祭ばかりでなく小さな祭などにも目を向けつつ、奈良がもちつたえてきた一年間のいろいろの行事をとりあげて紹介している。しかも岩井君は奈良大安寺生れで、幼少の折からこれらの行事の中で生きてきた人である。

（『奈良祭事記』カバー裏袖〈岩井君と奈良のこと〉昭和四十七年十月二十日）

『死線を越えて』

賀川豊彦［著］

（改造社　大正九年（復刻版　ＰＨＰ研究所　平成二十一年））

私は小学校を卒業して一年ほど百姓をした。田を作り蚕を飼い草を刈りミカンを作り、ずいぶん忙しい生活であったが、夜だけは自分の時間であった。隣が叔父の家で、叔父たちはそれぞれ中等教育をうけており、書物もかなりあったので、そういうものを片端からよみ、また村に在住する先輩たちから書物を借りて読んだ。買って読むほどの経済的なゆとりはなかった。

そうした読書の中でもっとも胸をうたれたのは賀川豊彦の『死線を越えて』であった。村で精米所をしている先輩が面白いから読めといって持ってきてくれた。それまでに読んだ田山花袋の小説や平家物語、大平記などとはおよそ趣きのかわった小説であった。いま内容についてはほとんどおぼえていないが、主人公の新見栄一が妾の子であることについての煩悶《はんもん》から学業にも十分力が入らず、神戸の新川の貧民窟に入ってキリスト教の伝導をはじめる。そこには貧しく無知にひとしい人たちが人生に対して何らの希望をも持たず、一日一日を生きている。そして主人公のことばに耳をかたむける者も少ないが、そうした貧しい者の面倒を見つつ、生きるということはどういうことか、如何に生くべきかということについて説く。そうしている中に熱心な仲間ができてくる。とくに女工の一人が献身的に協力してくれるようになり、やがて結婚する。

そこには貧しい大衆とともに生きてゆく主人公の実にひたぶるな姿がある。

しかし貧民窟は決して神戸にだけあるのではない。大阪にも京都にも東京にもある。しかもそうした貧しい者をさらに食いものにしている人たちすらある。都会ばかりではない、田舎にだって多い。私の村にも生活をたてかね、借金に首がまわらなくなって夜逃げする家が少なくない。それにはいろいろの理由があるにしても、一歩ふみはずせば転落するよりほかにしようのないような人びとが満ちみちている。私の家、私自身すらおなじ仲間なのだ。そういう世界から私一人でなく、みんながぬけ出していく道を見つけなければならない。と真剣に考えさせられた。

その翌年、父は都会の生活も見てきておくのがよいから大阪へ出てみるようにといってくれたので、職工になるつもりで上阪した。ところが、すすめる人があって郵便局員になる。そして好んで貧民街や工場街をあるいた。だが新見栄一のようにそこで生活し、そういう人びとと生きる日は持たなかった。むしろ貧しい農民の姿がよりつよく私の心をとらえるようになった。

（『私の人生を決めた一冊の本』三一書房　昭和四十七年十二月十五日）

船遊亭扇橋［著］

『奥のしをり』

〈「復刻　奥のしをり」『日本常民生活資料叢書　第九巻　東北篇二』
日本常民文化研究所［編］〉（三一書房　昭和四十七年）

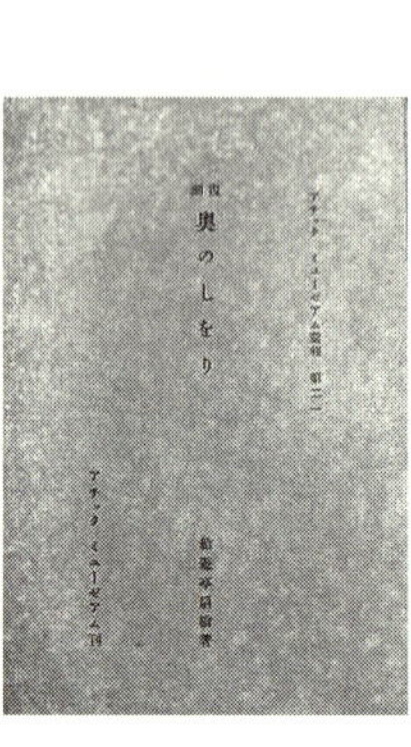

本書は江戸の落語家船遊亭扇橋が東北地方を巡遊した日記で、天保十二年（一八四一）十月二十八日仙台を振り出しに天保十四年九月五日陸奥深浦をたつまでのことが記されている。

普通の旅人の旅ではなく、落語という職業をもってあるいたものだけに、その旅にもおのずから特異なものがあって興がふかい。いまその足跡をたどってみると、仙台を中心に二月十二日頃まで興行し、二月二十一日塩釜をたち、松島・石巻・金華山などをあるき、二十四日仙台にかえり、二十九日仙台をたち、三月二日古川、三月十四日水沢、十七日岩谷堂、四月一日鬼柳、二日石鳥谷、三日盛岡、五月八日盛岡をたって沼宮内、十一日一ノ戸、十三日八戸、二十七日三戸、六月一日田子より関へ。二日大湯、三日毛馬内、七日花輪、十三日扇田、十五日能代、十日〔七月？〕能代をたって一日市へ、十一日土崎、八月五日秋田。天保十四年二月二十六日秋田より五城目、三月三日能代、四月六日能代をたつ。四月十二日大館、四月十四日弘前、二十二日板留温泉、五月五日黒石、十七日青森、五月晦日黒石、六月十三日大館、六月二十二日米内沢、六月二十三日より七月六日まで阿仁の谷にいる。七月九日綴子、十二日扇田、二十二日大滝、十七日大館、八月十五日太良鉱山、十八日藤琴、二十一日加護山、二十四日能代、九月一日八盛銀山、九月三日深浦、九月五日深浦をたつ、となっている。御座敷がかかればそこに長く滞在し、そうでなければ次々に話のできるようなところをたずねていく。仙台、盛岡、秋田、阿仁銀山付近、扇田付近などにはかなりの間滞在し、中でも秋田では天保十三年八月五日から十四年二月二十六日まで滞在している。その間に冬があって足どめされたためでもあろうが、居心地はよかったと考える。

見知らぬ世界を客をもとめてあるくのだから、誰かの伝《つて》がなければならぬ。知人のないところではたいてい目明しの世話になっている。仙台ではとくに目明しの世話になっていることが多い。仙台へはまた江戸からの芸人もたくさん下って来ている。同時にまたこの地方の者で江戸へ出ていたことのある者も少なくなかったようで、青森県の八戸で興行するとき願主になってくれた松太夫は先年江戸麻布十番仲町万屋と申す人の家にいたという。また秋田では伊勢屋というのを訪ねると悴の義助は江戸へ買出しにのぼっていったので、九郎右衛門という多分その父親らしい人と酒をのみ正月を越したとある。義助が江戸へのぼるのにつけて江戸堺町の成田屋市右衛門方並びに門人の都々一坊扇歌、入船扇蔵方へ手紙をたのみ、その返事を義助が二月に帰るとき持って来てくれた。また江戸両国の繰人形使いの山本浪次という男が松前へ渡ってかえりに大館の目明しの世話になっているときいたが、扇橋は津軽での旅をいそいでいるのでその帰りに逢いたいものだとも記している。

目明しの世話にならぬ場合には興行の世話をしてくれた人の添書で、次の興行地をもとめてあるいていることが多い。天保十三年三月一日吉岡へついたときには、仙台の目明し鈴木忠吉から奥筋締り役中衆への廻文をもらっていて、それによって上州屋順吉方へとまったとあり、その後も締り役の世話になっていることが多い。

岩手沼宮内では岩谷堂清兵衛の手紙をもって近江屋駒吉をたずね、八戸では盛岡提灯屋弁吉の手紙を持って馬喰町曲師屋林兵衛をたずねている。秋田県花輪では盛岡の宮良助の手紙をもって東屋新助をたずね、扇田では毛馬内からの手紙をもって人をたずね、能代へは盛岡の源助の手紙で、締り役の大和屋仕平をたずねている。添書をもらってあるくことは秋田、津軽では少なくなっているが、それでも実際には添書をもって人をたずねることが多かったと思われる。そしてそのことから、かなりの距離をおいた二つの土地に知りあう人が意外に多かったことをこれによって知ることができる。

地方の小さな町でも商業が主であれば、おなじように商業をいとなんでいる他の町の商人との間に交渉の多かったこと、あるいは目明しのような職業の人は互いに連絡しあっていたのであろう。そしてそのルートをたどってゆけば芝居も落語も、歌舞音曲も興行することができたのであろう。それにつけて教えられるのは能代では目明しで遊女屋をいとなむものが多かったとある。

こういう旅の仕方もあったのかと教えられるところが多いが、芸人の旅は彼一人にとどまらず、『筆まかせ』の著者豊竹豊後大椽と名のる富本の歌うたいも東北の旅をつづけている。

さて船遊亭扇橋のことは、『奥のしをり』の序文に見えているのが何よりの手がかりになる。扇橋は扇橋庵滑稽舎語仏ともいい、若いときから風雅の道を種として狂歌俳諧川柳をつくり、滑稽落語の作を業とした。初代扇橋が早く死んで二代目扇橋を名乗った。初代扇橋には鹿々亭柳橋、都々一坊扇歌らがいたが、扇歌は当時流行のどど一とっちりとんの道に長じ、噺の方は柳橋の方がうけついでいるので、扇橋の名は柳橋にゆずりたいと思ったがこれも自分より先に死んでしまった。そこで扇橋の名は入船扇蔵につがせて、自分は扇橋庵語仏と名乗ることにした。かかるべき子は武士として江戸におり、次は水戸にいる。そこで水戸から首途して岩城の国に入り、湯本、平を経て仙台に入り、南部の末の松山から津軽をあるき、秋田の金山をたずね、庄内・酒田・鶴岡・越後・越前・美濃・尾張から京にのぼろうとしてこの日記を書きはじめたとある。

もし序文通りならば、深浦をたった後、北陸道を経て京都までのぼったことになる。しかしくわしいことはわからない。扇橋自身もあいまいなところの多い人で、天明六年に生まれたことはほぼ正確のようであるが、それ以外のことになると、はっきりしない。扇橋は『落語家奇奴部類』という書物をのこしているが、それにも二種の記事があって、若干の差異が見られる。そしてそれによると扇橋は二代目並木五瓶であるとも記している。ところが二代目並木五瓶は篠田金治といい、葛葉山人正二とも称し、坂東彦三郎の引立てで作者となり、後立作者になっている。どうしてこのような混乱がおこって来たものか知る由もない。

いずれにしても身元の十分わからない戯作者であり落語家であった江戸市井の人の旅日記であることには間違いない。しかも十返舎一九の『東海道中膝栗毛』にならって書いたもののようで、その旅には妻も連れ、滑稽の道を好み給う諸君子の高情を力としたというから、同行した者も一人二人にとどまらなかったのであろう。

文章の中には若干の誇張もあるかと思うが、訪ねていった人、世話になった人、興行の願主になってくれた人、泊った家のことなど、一々名まえをあげてしるしてあるので、これには誤りは少ないと思う。しかもそういうことをしるした旅日記はそれほど多くはない。著者はその上画才があって諸所のスケッチもかいているが、とくに秋田の鉱山の様子などは忠実に描かれていて、これをこの書物の書かれたより少しまえこの地方を巡遊した菅江真澄の絵と対比してみると面白い。

文章は真澄のように精緻ではないが、見聞し、応対した人のことを卒直に書いており、江戸と地方都市、地方都市相互間の交換の様子などがわかることによって、幕末の東北の経済文化のレベルをうかがうこともできる。とにかく、数人から成る芸人一行をうけ入れて興行させ、それを見てたのしむだけの余裕をもった町民のいる地方都市がひろく分布していたということは、東北地方の文化がかなりの高さにまでなっていたことを物語る。それればかりではない。この日記に出て来る芸人や文化人の一覧表をつくって見ると、そこにはすでに明治文化期の原形をさえうかがうことができるのではないかと思う。そうした娯楽生活面から見た記録はそれほど多くはない。それだけに貴重なのである。

ただ、この著者があるいたのは地方都市が中心であって、農村ではなかった。農村と町との間には大きな断絶があったのではないかと思う。それは『奥のしをり』よりは、はるか後に書かれた吉田三郎氏の男鹿半島の農村生活の記録（さきにあげた二冊）と対比してみるとよくわかる。

いずれにしても旅の仕方を具体的にしるしているものとして、吉田重房の『筑紫紀行』などとともに貴重な資料である。

（『日本常民生活資料叢書　第九巻』日本常民文化研究所編　三一書房　昭和四十七年十二月十五日）

『筑豊炭坑絵巻』

山本作兵衛［画・文］

（葦書房　昭和四十八年）

長い間生産エネルギーの王座にあって第二次産業の発展に貢献して来た石炭が、石油にその地位をゆずり、今日ではすでに忘却の彼方に押しやられつつあるが、それにしても体系的な石炭産業史のようなものの刊行される計画はたてられていないのであろうか。幸い石炭鉱業史年表の作られることはこの上ない有難いことであるが、できれば産炭地域の自治体の出資によって石炭産業史の刊行の企画をのぞみたいもの

である。

そういうこともこのたび出版せられた『筑豊炭坑絵巻』を見るにつけて、とくにその念をつよくするものである。一枚一枚の絵をめくって見、そこに書かれた文章をよみ、また絵のあとにのせられた一〇〇ページほどの解説をよむとき、筑豊炭坑に生きて来た人たちの姿がまざまざと目にうかんで来る。

山本翁にはこの書のまえに『炭鉱に生きる』という著書があり、講談社から刊行された。刊行当時気付かずにいたところ、永末十四雄氏のお世話で、山本翁から一冊を送っていただき、大へん心を打たれて拝見したのであった。この事はその年のエッセイストクラブ賞の候補にあがって、最後まで賞をあらそうたが最後に落ちた。落ちた理由の一つに絵に書きこまれている翁の解説文が、無残に裁ち落とされていることがあったという。

昭和四十三年度のエッセイストクラブ賞の審査委員長だった殿木圭一氏の審査報告の中に「最初推薦された百点、さらに選びました四十点は、それぞれに特色のあるものであったことはもちろんでございますが、その中でも、受賞にもれたもので、非常にいいもの、受賞者の人数がもっと多ければ、あるいは賞に入ったかもしれない。あるいは、佳作とかいうような制度があれば、それに入ったかもしれないというような方が、お二人いらっしゃいましたので、それをあわせてご報告しておきたいと思います。一つは山本作兵衛さんという方のお書きになった『炭鉱に生きる――地の底の人生記録』。これは講談社から出されておりますが、この山本さんという方は、明治二十五年にお生れになった筑豊の炭坑夫であります。七歳のころから坑内に入って、五〇年あまり、ヤマが閉じられるまでヤマに生き抜いてきたという、炭坑夫なのでありますが、ヤマの姿を記録して、孫たちに残しておこうというふうなお考えで絵筆を握り、明治、大正、昭和、三代にわたるヤマの姿を丹念に描いておられた。この九年間に描いた絵が、数百枚にのぼった。あわせて、非常に驚くべき記憶力から、いろんなノートを作られまして、それが大学ノート六冊を埋めたということでありまして、けっきょくその絵と文が一冊の本になって、この『炭鉱に生きる』というものになった、異色ある作品ということができると思うのであります。」という発言がある。

山本翁の絵や文章ができるだけ完全な形でまとめられて本になることを希望するものは私一人ではなかったはずである。それではなぜそのようにして残さねばならないかといえば、この文章や絵は炭坑の生活を内側から書いていることがまず問題になる。日本には多くの炭坑があった。北海道・常磐・山口・筑豊・肥前天草などがそれであり、それぞれ多くの坑夫が働いていた。しかし何万というほど働きながら坑夫たちによる記録はほとんど生れていない。それは坑夫たちの無学のためのように説く人も多いけれど、必ずしもそれだけではなかった。そういう人たちの書いたものを認めようとする人がいなかったことが大きな理由であると思う。字の書けるほどの者ならば、何かを書きとめていたはずである。日記とか心おぼえとか。しかし、それはその人だけのものとして人目にもふれず、仮に人目にふれたとしてもそれを取りあげようとする者はなかった。山本翁の絵すら初めに描いたものは上役の目にふれて、つまらないからとて土中に埋めてしまったという話をきいた。はたして価値のないものであっただろうか。

今から一五年ほど前に安本末子という少女の書いた『にあんちゃん』という日記集が公刊されたことがある。佐賀県大鶴鉱業所に働いていた貧しい労務者の家庭に生れ、父を失った後、貧しい生活の中を生きぬいていった日記であったが多くの人びとの心を打った。

これは文章を見る眼を持った兄がいて、少女の日記の価値をみとめ、大切にしていたから日の目を見ることができたのであった。これまでの人たちは坑夫が書いた、百姓が書いた、漁師が書いたというようなものは、字が下手であるとか、文章に間違いがあるとかいうようなことで、その中に含まれている価値を汲みとる人は少なかった。そして多くの人の声が塵芥となって消えていったのである。

幸いにして山本翁の絵や文章の価値をみとめる人が別にいた。山本翁は炭坑における過去の生活を絵に描いてそれを金にしようなどという気持は微塵もなかった。ただ孫たちに描き残しておきたい一念からこれを描いたのだという。日本の永遠を信じ、民衆の未来を信ずる古老たちはそのすぎ去った日の体験や、さらに先祖から聞き伝えたことを、自分たちの後に育って来る年少の者に語り伝えようとする強い意欲を持っている。この国に実に豊富に昔話や民話の残っていることがこれを立証する。学校教育はこういうものに無関心であるか、あるいはこれを断ち切ろうとしてつとめて来たが、今日までなお夥しい話が、口から口へと伝えられていることは、野草のように根強く生き、その生きたことにひそかな誇を持った人たちの後来の者に托する夢のあらわれであると、私は思っている。

山本翁の絵巻の中からも、そうした古老としての願いを読みとることができる。この絵巻には二〇〇枚あまりの絵が収められており、初めの二〇枚ほどは原色のままである。私はその一枚一枚をめくって丹念に絵を見、また文章を読んだ。翁がその父について炭坑で働くようになったのは明治三十二年、八歳のときであったという。その頃からの炭坑での生活を記憶の中からよびおこしながら描いているのであるが、風俗の変遷など実にこまかに描きわけられていて、それがそのまま風俗史の史料として役立つ。記憶の中にあったものを絵にしたのだから写生とは言いがたいが、写実的であるということにおいては単なる写生以上に迫力を持つ。ただ、すぎ去った日の回顧であるために、暗さや汚なさというようなものが消え、記憶や印象が美化されていった。つまり、昔話化され、民話化されていったあとを絵の中から読みとることができる。現実の生活はもう少しよごれ、また陰惨なものでもあっただろうと思われるが、絵が意外なほど明るい。そしてそれはそこに働いて来たものの実感であるかとも思う。

この絵巻のあとには翁の手記が一〇〇頁ほど収められている。これはさきに『近代民衆の記録』（新人物往来社刊）の中に収められたものである。『近代民衆の記録』の方はほとんど原文のままのせられているが、この方は誤字の訂正やリライトが若干見られるが、この文章と絵とてらしあわせて読んでいくと一層よくわかる。翁の日常生活が充実していたように、この文章も達意の文章である。筑豊炭坑に生きて来た人たちは多くのめぐまれない条件のもとで、たとえば圧制山とか下罪人《げざいにん》ということばの生きている社会で、実にたくましくその生活を打ち立てて来ている。

私の郷里は山口県大島であるが、そこからも筑豊地帯へは多くの出稼者があった。そのほとんどが大工であったから、あの炭住を建てたものであろう。門司・小倉・若松・折尾・八幡・直方・田川・飯塚・後藤寺などという地名は小さい時からたびたび聞かされて、強く印象にのこっている。いまはそこに移住した人も少なくない。さらにまた広島の山中をあるいていると、筑豊の炭坑で働いていたという人によく逢う。帰って百姓として落着いた者もあるが、そのまま筑豊の土になった者も多いという。愛媛県野忽那島《のぐつなじま》では、筑豊は行商のよい出稼ぎ先であり、今ではそこに店を持っている者も少なくないという。伊予絣や毛糸編みが実によく売れたという。仲のよい人ができると、その人が次々に炭住の人たちを紹介してくれて、各地への行商の中で筑豊が一番よく物が売れたという。そのようにして筑豊へは各地から人が集まって来た。絵巻の巻末の文章のうち、ヤマの訪問者の項を見ると、職業にして六二種があげてあるが、ここを訪れた他所者の数、その職種はおびただしいものがあり、あらゆる情報が口コミによって伝えられたであろうと思う。そしてまたそういうことが炭住の人びとを活気あらしめたであろうと思う。

その炭坑のほとんどが今は操業をやめている。大きな世の変化である。そういうとき山本翁のこの書物の出版されたことは実に意義の深いものがある。それにはまた地元にこの書物の価値をみとめる人たちがいたということをも意義を深めていることの一つとして賞揚したい。今日では地方文化はぐんぐんほろぼされていっている。多くの人は東京化することが進歩であり発展であると思っている。しかし地方には地方の根強い文化があった。それを育てていくことが真の文化発展といえるのではなかろうか。『筑豊炭坑絵巻』も筑豊の風土が生んだすぐれた文化である。たとえば、この絵巻の絵は職業画家でない山本翁が描いたということで価値批判をする人もあるが、表現にあたって玄人の描法にしたがわないものは芸術でないと考えることなど、おこがましい限りであると思う。この絵は山本翁でなければ描けない絵であり、山本翁のような、そこに生きた人が体験を通して描いたから胸を打つものがある。いわゆる玄人の画家の絵からこれほどの感動を得られるであろうか。人を感動せしめるものが名画だと思う。私には孫が二人あり、いま四歳と五歳であるが、毎日のようにこの絵巻を見に来る。もう一週間ほどつづいている。子供用の絵本よりもこの絵巻の方がよくわかり、心を打つものがあるのである。山本翁のお孫さんたちもおそらく熱心な読者ではなかろうか。このようにして民衆の文化はうけついでゆかれるのだと思う。

今日問題にされている木食や円空の仏像彫刻にしても、決して玄人の作品ではない。玄人でないから価値がないのではない。むしろ、こういう作品の方がはるかに民衆の心をつよく表現している。私は円空や木食が評価されるようにこの絵巻も評価されるべきものであると思う。

最後にこの絵巻が福岡〔葦書房〕で刊行されていることも価値を高めている。すぐれた書物を地方でも大いに出版してもらいたいのである。図書出版のような事業はもっと地方に分散させられるとともに、それぞれの地方の特色のあるものが、その地域社会で刊行されていいはずである。地域社会の自主性の恢復はそういうことからもなされていいのではなかろうか。

なお一つだけ希望をのべるならば、この絵巻の絵にはページが打ってない。これは見てゆく上に大変不便である。資料として利用するときにはどうしてもそれが必要になる。もし増版の折は是非それをお願いしたい。〔山本作兵衛の炭坑記録画・記録文書は二〇一一年にユネスコ世界記憶遺産に登録された〕

（「西日本文化」西日本文化協会　昭和四十八年三月二日）

相川町史編纂委員会［編］

『佐渡　相川の歴史　資料集二　―墓と石造物』

（新潟県佐渡郡相川町　昭和四十八年）

佐渡を歩いて、目にとまるのは夥しい石造物である。それも精巧なものが多い。細工に適する石の産出しているからであろうとは思ったが、くわしいことについてはほとんど知るところがなかった。

さて相川町の町史編纂がおこなわれるについて、その話しあいのため町を訪れたとき、編纂委員の方々から町を案内していただいて、町の丘の上にならぶ寺と、寺の周囲にならぶ墓を見て強く心をうたれた。その墓がそのままこの町の歴史を物語っているように思えたのである。

ここにはこの町ができたときから今日までの間、ここに住んだ人たちの墓がそのままのこっている。墓の大小はその家の家格や声望を示すものであろうし、家の栄枯盛衰もおのずからわかって来るだろう。墓の様式も宗派やその身分を示すものがあろう。さらに時代によって墓の様式もかわって来るだろう。あるいはまたこの町に住みつくためにどこの国の者がやって来たかもわかるだろう。

相川という町は金の採掘のために忽然としてできた町であるが、その町がどういう人によって、どのような計画のもとに作られ、またそこにどのような人々が住みついていったかを見てゆくことは、今日の町づくりについても大きな示唆を与えるだろう。そのような仕事をはたした人たちの墓がこれであり、その墓の様式の多彩なことも、一つには出自の地の複雑さを物語るものではないかと思ったが、石材の産地、石工の技術などが墓の様式の上にあらわれて来るはずである。

これまで郷土史で墓を取扱う場合には墓に書かれている文字だけを問題にした。そしていつのものか、誰のものかということだけが多く取扱われた。しかし墓はそこにあるすべてを取りあげてみるといろいろの問題がうかび上って来る。たとえば墓はすべての人が建ててもらったであろうか。どの家の墓地にも無縁墓というのがある。戸主の身内の者で独立した一家を成さなかった者はここに埋められるという。そのように無縁墓に埋められた者がどれほどあるだろうか。あるいはまた多くの無宿人のように墓をたててもらえない者もあった。今日残っているのは特殊な例であろう。あるいはまた子孫にまつられなくなっている墓がどれほどあるだろう。この地で家の生命というようなものはどれほど続くものであろうか。近世初期以来続いている家がどれほどあろうか。また死に絶えたり退転していったりしたものがどれほどあろうか。そうしたことを通し、町の変遷変貌を見ることもできよう。

私は墓を見ていていろいろの想念にとらわれたのであるが、しかしこれを調べることは容易でない。むしろ不可能に近いことではないかと思った。墓ばかりでなく、この町には石造物がきわめて多い。町をあるいているとまだいくつも石磨《いしうす》を見かけることができる。金の鉱石を挽き砕いたものである。

そのほか灯籠・水鉢などをはじめ、石段・石垣などまで見ていくと、この町が金鉱を掘るということから、どれほど強く岩石に結ばれて来たかもわかる。金鉱に働く人たちと石工たちにはかかわりあいはなかったかもわからぬ。しかし金鉱を掘る技術そのものが、町方や農村の生産技術へ結びつかないことはなかったであろう。

石造物をしらべることは骨の折れることであるが、同時にそれによってこの町の性格の一面をも明らかにすることができるのではないかと考えた。町史編纂委員の方々はこの困難な調査に取組んだ。物を以て歴史を立証していこうとする場合には仮定や仮説は大して意味がない。物そのものをして語らしめねばならぬ。そしてその成果がこれである。しかも多くの墓石と結びつく「佐州地役人分限由緒書」「在相川医師諸町人由緒」を併載することによって物をして語らしめているという感を深くする。そして今更ながらこの町の墓は墓がそのまま町の歴史を物語っているという感を深くする。

古い石材や技術が播磨や越前から来ているというのも興が深い。そのころ羽茂町小泊や真野町椿尾ではすでに石材をとっていたはずである。しかし新興の町へは地元の技術ではなく、他の技術が入って来た。地元の技術が入らなかったのではない。石垣などの組み方や石質を見ると、そういうところには地元の技術が生かされているようである。その石積みの技術が次第に精巧になっていくころから、墓石なども地元の人たちの手で作られるようになったかと考える。そういうところに文化浸透のこまやかなニュアンスを感じることができる。

とにかく一地方の町史で石造物のみについてこれほどこまかな調査をし、そのことから歴史の一面を見ようとする試みはこれまでなかったように思う。そういう意味では画期的な書物であり、またこれから石造物を調査研究しようとする者にとって大きな示唆を与えるだろうと思う。

（『佐渡　相川の歴史　資料集二』〈監修のことば〉昭和四十八年三月）

佐藤利夫・石瀬佳弘［編］

『佐渡路』

（佐渡相川町羽田村研究会　昭和四十八年）

『佐渡路』という書物は佐渡在住の人たちによって書かれたすぐれた書物で、佐渡を知るためのよい案内書でもある。玉作文化・日蓮・小佐渡の峠路・いしぼとけ・外海府・相川・小木岬などをそれぞれ筆者が関心を持っている立場からのべており、それが地元の人によって書かれたということによってコクのあるものになっている。さらに佐渡の文化の高さをも、いそいろの角度からとらえており、しかも本書は相川町の羽田村研究会の羽田文庫第一冊として出されたものであるから、今後の刊行が期待される。

最近郷土を見直そうとする機運が盛んで郷土史・郷土誌の復刻が盛んになってきた。これまで地方史という言葉が横行して、地方は中央の従属物のような感じの地方史というものが多く書かれた。しかし、地域社会に住む人たちが、自分たちはなぜここに住み、どうして今日の文化を築きあげてきたかについて反省することは少なかった。ということは自分の住む地域についての本当の認識がなかったからで、地方史家と称する人でも、文献には明るいが、その地域の自然・文化をまで膚にふれて理解しようとする人は少なかった。膚にふれて理解しようとすることから郷土史の研究は、おこってくる。中央のための歴史ではなく、自分たちのための歴史である。それは同時に自分たちの親の、祖父の、曾祖父の、さらにまた遠い祖先の歴史でなければならぬ。それは自分たちにとってほ発掘であり発見の歴史でなければならない。そのためにはまず古老たちのライフヒストリーが明らかにされなければならない。同時に一軒一軒の家の歴史、田・畑・道・山林、それらが人とどのようにかかわりあいを持ってきたかを、そこに住む者の立場から明らかにしてゆかねばならぬ。

この書にはその芽生えがある。本書に金山で働いた人の話がある。昔の書物に書かれたものの引用はよく見るが、明治、大正時代のものは私にはこれが初めてで、鉱夫にとって本当の近代鉱業にかかわったのかということさえ、わからないままにきていた。小佐渡の峠路には筆者の観察が実によく生きている。いちいちの道をあるいてみないと書けない文章で、まず郷里を知り、そこに住む人びととの対話のなかから歴史を見つけてゆかねばならぬ。今、日本全体にもようやくそのゆとりが出てきた。

と同時に地域社会に住む一人一人がその社会のことを自分たちのものとして知る機会、知る作業はもっと活発になってこなければならないと思う。それがなければ地域社会存在の意味は見失われて、中央の権威と権力に統一された自主性のない社会になるであろう。地域社会が中央集権のために植民地化されてはならないのである。郷土研究はそういう意味で今後、地域社会の人びと全体の関心事になってもらいたいと私は思っている。しかもそこには忘れられ、見落とされた無数の問題がある。この書をよむとそういう問題のいくつかに気づいてくる。

（新聞書評〈掲載誌不明〉昭和四十八年十二月十七日）

設楽民俗研究会［編］

雑誌「設楽」復刻版

（愛知県郷土資料刊行会　昭和四十九年）

「設楽《しだら》」が覆刻されることは喜びにたえない。この雑誌の刊行された三河山中は民俗学の宝庫であり、また深く郷土を愛する先覚者たちがこれを大事に保持し記録して来た。本誌もその一つである。刊行当時は仲間のほんの少数の人の手に入ったにすぎないが、今回は多くの人たちの目にもふれ、この山中の古い文化を見直す機縁にもしてほしいと思う。

（「設楽」復刻版推薦文　昭和四十九年六月）

『伊豆海島風土記』

樋口秀雄［校訂］

（緑地社　昭和四十九年）

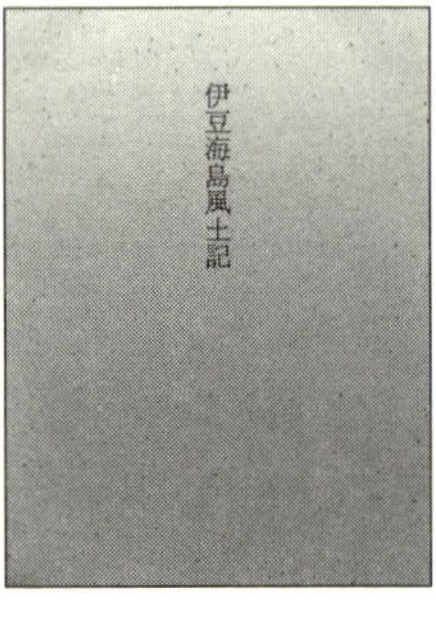

さきに近藤富蔵の『八丈実記』を刊行して菊池寛賞をうけた緑地社の小林秀雄氏は伊豆七島に関する古文献の公刊を引きつづいておこなうことを約束した。伊豆七島に関するものは江戸時代は板本になったものがかなりあるが、明治以降これをかえりみるものはほとんどなかった。刊行しても金にならなかったからであろう。ところが小林さんはそのもうからぬ仕事にとりくむことになって、さきに読むのさえ苦労する近藤富蔵の原文をとうとう活字にした。それにくらべると今回の『伊豆海島風土記』はＢ６判二七五頁ほどの小さい本であるが、これはまたたのしい本である。天明元年〜二年（一七八一〜八二）にわたって派遣された伊豆七島巡見使の一人伊豆代官手代吉川義右衛門の書いたものではないかという。全体で六部から成っており、①②部は七島の風土についてしるし、三部以下は図版で、③諸木、④草芝、⑤薬品草本、⑥魚鳥海藻からなっている。そして今から一九〇年あまり前の島々の生活をきわめて要領よく記しており、当時の島の生活がどのようなものであったかを知ることができる。今日のように飛行機や大型客船もなく、また来島者も流罪人以外にほとんどないこれらの島々では、麦、粟、甘藷、大根、アシタバなどを作

ってそれを主食にし、漁業にしたがって魚を食い、食生活はゆたかではなく決してめぐまれた条件ではない島社会で力一ぱい生きていた様が描かれている。昔は空気がよく澄んでいて、よく晴れた夕方には八丈島から伊豆の山々、駿河の富士、伊勢・志摩の山々がかすかに見えることがあったという。その八丈島には山牛が多く、畑作物を荒らすので、牛垣を作って防いだという。また頭のさきから尾のさきまで五尺余の山猫がいて二歳の子供を食おうとした話など、そこには原始の世界が残った。女の髪などもその人の背丈よりも、一尺も二尺も長かったといい、小島では大きな蕪ができ、中をくりぬいて中に米を入れて一升炊くことができたという。また古い習慣も多く残っていて、どの島にも女のメンス中こもっている他屋があった。これは巡見使たちが悪風として禁止している。物を運ぶには頭上にのせる風習があり、利島《としま》では水がないので雨の降ったとき、木の幹をつたう水を縄などつたわせて桶にうけ、また漁船などにたまった水を物を洗うのに用いた。大島には古い名まえのつけ方も残っていた。たとえば東の家の四男の長孫の三男の名は東四郎太郎三郎といった。中世の呼称法がここに残っていたのである。そういう島の人たちの生活が少しずつ上昇していくのは幕府が新しい作物を島に送ったり、流人が文化をもたらしたり、漂着した者がいろいろの技術を島民に伝え、八丈島には中国人漂流者たちが山門を建てた長楽寺という寺もあった。読んでいろいろの感慨をおぼえる。島に愛着を持つ者にとっては心ひかるるものの多い書物である。

（「週刊読書人」昭和四十九年九月九日）

藤原覚一［著］

『図説　日本の結び』

（築地書館　昭和四十九年（新装版　平成二十四年））

ムスブといいユウということばの持つ意味は、実にひろく深い。そこに人間の生活がかかっているからで、その具体的な形としての結びもまた複雑をきわめている。

藤原先生はこの不思議な文化現象に眼をとめて、久しい間調査研究して来られた。研究が地味であるためにその業績について省みられることもほとんどなかったし、これが活字になることも容易に来ないのではないかと思われたが、今回出版の運びにいたったことは喜びにたえない。と同時にこういう文化に目を向ける人も殖えて来つつあるというのはわれわれにとってうれしいことである。この書物がそういう意味から多くの人の目にとまり、さらに関心を持つ人がふえて来れば著者も本望であろうと共に、物を通して文化を見てゆく道が新しくひらけてゆくのではないかと思う。

結びの持つ一つの大きな役割の中に文字以前に結縄があり、インカのキープ、沖縄のバラザン（藁算）はそれであるが、そういうものはこうした限られた土地だけだったのか、もっと広い世界にも分布していた

ものかというようなことについても、これから明らかにしてゆかねばならぬ問題の一つであろう。
とにかくこの書物からそうしたもろもろの問題を見つけていただきたいものである。

(『図説　日本の結び』内容見本　昭和四十九年)

昭和五十年代

木祖村教育委員会［編］

『木曾のお六櫛』

（長野県木曾郡木祖村教育委員会　昭和五十年）

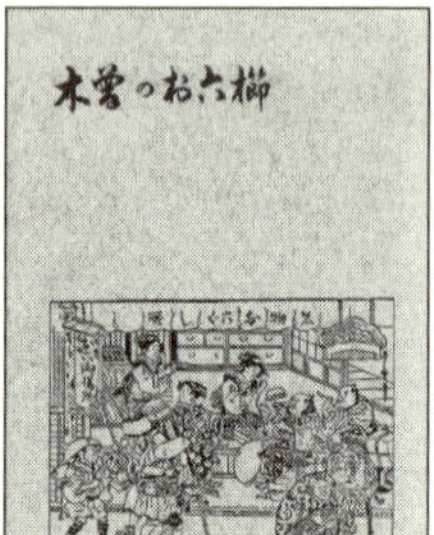

中山道六十九次のうち木曾藪原の宿は早くから櫛の生産で知られていた。この櫛は街道を往来する者に売られるばかりでなく、行商もおこなわれ、江戸時代以来ひろく利用されていたが、私がこの地を訪れた、昭和四十年頃には見るかげもないほどその生産は衰えていた。しかし櫛製作の技術を持った人たちはなお多く残っていて、今のうちならば技術も工程も十分調査記録しておくことができる。そこで木祖村教育委員会は調査記録を作ることになり、常民文化研究所の河岡・潮田両氏に協力を求めた。最近行われる民俗緊急調査などは調査日数がわずかであり、とりまとめも杜撰なものが多く、参考にはなるが資料として使用にたえないものが多い。しかも他所者の調査は上っ面をなでるに終わることが多い。一方地元の人たちでおこなった場合には自分たちの興味を中心にまとめられることが多く、これまた説明の足りないことが多いのだが、本書の場合は他所者の前記二氏と、地元の人々のディスカッションがおこなわれ、工程と技術・製作用具については忠実精細な聞取がおこなわれ、しかもそれが写真や図によって示されていて、技術の説明としては一応完璧をなしている。これからの技術工程などの調査の指標になるものと思う。その

上お六櫛の歴史ばかりでなく、木櫛の文献図絵などもひろく集められ、櫛の文化的な価値を明らかにし、最後に「お六櫛に生きた人びと」と題して、藪原の人びとの櫛とのかかわりあいや年中行事などについてのべ、まとまりのよい本になっている。民俗の調査についてはすでに一つの型ができているが、民具についてはその調査の方法もまとめ方もまだばらばらである。しかも技術伝承の調査は目下急務を要するところである。そうした時期に本書の出たことは意義がふかい。と同時に年期をかけた調査があらためて望まれる。

（「民具マンスリー」八巻七号　日本常民文化研究所　昭和五十年十月十日）

『やきもの風土記』〈防長紀行第二巻〉

神崎宣武［著］

（マツノ書店　昭和五十一年）

『やきもの風土記』は山口県で出版される書物の中では異色のものだと思う。郷土研究的な書物はこれまでは多くその郷土の人が書いた。しかしこの書物の著者は山口県出身ではなく岡山県である。それが山口県の陶器について実にくわしい。今は亡び去ってしまった陶窯およびそこで作られた陶器についても、

その技術・様式・系統などにふれつつ具体的にのべている。これは著者がいちいち現地にあたって調査したからで、他人の書いた書物のみにたよって書いたものではないからである。さらに著者は陶器を民芸品としてではなく、生活必需品としてとらえ、陶器とこれを製作し、また使用した人たち、つまり陶器にかかわりあいを持った人たちの生活にふれている。陶器はこのような立場から見直すべきものであろうと思う。

しかも著者が陶器にくわしいのは山口県だけではない。同じ態度で全国にわたり、さらに周辺諸国におよぼうとしている。但しいわゆる上手物《じょうて》についてはほとんどふれていない。上手物の研究者は雲の如くたくさんいるからで、著者は下手物《げて》の調査研究に青春をかけた。そして著者とその仲間が民族文化博物館の設立を目ざして近畿日本ツーリストの日本観光文化研究所に集めたコレクションは一万点をこえている。それも製作現地及び使用地で集めたもので、出自の不明な骨董品的なものは一点もない。残念ながら現在設立の目途は立っていないが、学術的なコレクションとしては比類のないものと思う。これなら各地の間で正確な比較ができる。この書の中でもしばしば他地方のことにふれてできるだけ独断をさけている。少し著者のほめすぎになったようだけれど、多くの陶器の著書をよんで見ても、このような態度で書かれたものがきわめて少ないので、これだけのことはまず言っておきたかった。

著者も言っているように山口県は製陶地としては面白いところである。日本のやきもののあらましが県内で確かめられる。黒瓦も焼けば赤瓦も焼く。素焼のホウロクも焼けば土師器のようなものもある。一方唐津物とよばれる陶器も各地で焼かれたが、とくに堀越・滝部・深川付近・須佐で盛んに焼いており、また石物とよばれる磁器も小畑や滝部で焼いている。それには九州の技術も入っておれば京都の技術も入っている。このほかに萩焼がある。茶器として発達し、大名の保護をうけて、三〇〇年もつづいた旧家が残っている。しかもそういう家での子弟の教育が、今日多く見られる芸術家気取りのものでないことも面白い。かけ出しの製陶者はみずから陶芸家などといっているが、旧家における教育は実にきびしく、それが今日まで萩焼の声価を高からしめたのであろうが、そういう家を軸にして夥しい亜流のあることもこれまでにない現象である。と同時にこれを必要とする人びとの存在することも忘れてはならない。

昔は陶器の要求があると、船などに積んで消費地へ運び、あるいは職人が消費地付近へ窯をもうけてそこで仕事した。唐津や石見の職人たちはそのようにして全国へひろがっていったのである。大島郡地蔵の瓦師たちも幕末の頃には一四軒あったというが、瓦の需要がふえると同時に次々に弟子を養成し、その弟子たちが県下は勿論、北九州、朝鮮、満洲、台湾にまで出向いて働いていた。しかし萩焼の場合は消費者の多くが観光客で、萩や湯本まで買いに来てくれるので、地元にいて焼くことができる。そのことが今日の隆盛を見るようになったのであろうが、今後どれほど風雪に堪えてゆくことができるであろうか。著者はきわめて暗示的にそのことにふれている。

将来の発展を期するためには、せめて萩あたりに陶器の博物館くらい作られていいのではないかと思う。萩の奥の川上村に民俗資料館があり、そこにはこの地方の陶器が多く集められており注目に値するが、これはダムに沈む家々から集めたもの。新しく作るものは県下の陶器の歴史の展望できるようなものでありたいと願っている。

（『やきもの風土記』序文　昭和五十一年一月十日）

萱野 茂［著］・須藤 功［写真］

『アイヌ民家の復原 チセ・ア・カラ ―われらの家をつくる』

（未来社 昭和五十一年）

アイヌの古い習俗は次第に消えつつある。古老は死んでゆき、若い人たちは日本文化の洗礼をうけて固有の生活を忘れていった。このようになって来るまでの間には明治以来の日本政府の政策も大きく影響しているのであるが、それではアイヌの伝承文化はこれまでくわしく調査し研究されて来たであろうかというに、かならずしもそうではなかった。ユーカラの研究に生涯をかけた金田一京助博士のような人もいたし、またアイヌ出身の知里真志保博士のようなすぐれた学者もいた。しかしアイヌ文化に真剣にとりくむ人は意外なほど少なかった。何故なのか、「金にならないからね、よほどの決心と努力がないとできないのだよ。結局片手間の仕事になる」と歎いた民族学者があった。それはその通りだろうと思った。しかしアイヌ文化の調査研究は緊急を要するものとして、たえず配慮していた人がいた。渋沢敬三先生である。せめてアイヌの家だけでも古い技術の残っている間に建てて保存対策を講じておくべきだと考えて、昭和二十五年春、日本民族学協会の付属博物館（保谷市）構内にその住家をたてた。これには知里博士の忠言もあって日高平取《びらとり》の二谷国松翁と一太郎翁がこの建築をされることになって上京した。お二人はすぐそばにあった民家（これは博物館の資料の一つとして武蔵野の茅葺きの農家を移築したもので、当時渋沢先生の恩師にあたる芦田恵之助先生とその御子息一家が住んでいた）に寝泊りされたが、何分にも季候も食べ物も違っていて、大分苦労されたようで、国松翁は病気にかかった。幸い手当もよくてお元気になり、住居の普請も終えて日高へ帰ってゆかれた。この家は人目にもついたので、通りあわせた人たちもよく立ち寄って見ていたし、学会もこの家の炉辺でひらかれることがあった。炉に火をたいていないと湿気がつよくて早くいたんでしまうというので、できるだけそこを利用したものである。私も二、三度そこで火をたいたことがあった。炉のほとりのゴザの上にあぐらをかいて、火のもえるのを見つめながら仲間といろいろ話しあった。そしてこの住居が何とか長く保存されるとありがたいものだと思ったのだが、博物館の敷地は後に建築会社に売られることになり、アイヌの住居も解体された。もう二度と古い技術による住居はつくられないのではないかと思って心を暗くしていたのであるが、日経映画社で「日本の詩情」というテレビ放送用の映画をとることになったとき、その中へアイヌの生活も加えることになり、姫田忠義君がその取材のため北海道各地をあるいた。

そのとき姫田君は日高で萱野茂氏に会った。帰って来ての話に、「萱野さんこそ知里先生のあとをつぐ人ではないのか、否あとをついでもらいたい人だ」と称揚した。しかし知里博士は大学を卒業し、北海道大学教授をつとめた人であるが、萱野さんはそれほどの学歴もなく熊の木彫をして生活をたてているとのことであった。何とか萱野さんの仕事に協力したいがみな貧しくて非力である。ただ一つの救いは姫田君が映画関係の人なので、多少の金銭的時間的余裕のあるとき、アイヌ文化を映画におさめておく計画をたてた。そして最初に撮影したのがアイヌの結婚式であった。今日ではアイヌもみな日本風の結婚式をしていて、アイヌ古来の結婚式をしている人はない。それをアイヌの古い慣習にもとづく結婚式をしたいという若い人が出て来た。姫田君やカメラマンの伊藤碩男君、写真家の須藤功君がこれに参加して見ごとな成果をあげた。しかもこの撮影は姫田君たちのみがおこなったもので、他のマスコミ関係の者は立ち入らせなかった。それだけに演出もなく、ごく自然で愛情のあふれたものであった。

アイヌの結婚式に自信をもって次に計画されたのが『チセ・ア・カラ』である。もう古い建築手法は忘れられているのではないかとひそかに思っていたのだが、じつはりっぱに残っていた。萱野さんが家をたてて見せて下さるという。そこで姫田君たちはまた北海道へいった。家の建てられる順序は本文にくわしいから省くことにするが、とにかく住居をたて終るまで、理想的な土地を見つけて、伐木、地割をはじめ、悉くの技術を撮影して、すばらしい記録映画を完成し、相当の反響をよんだのであった。

そのときムービーだけではなく、写真にもとった。その方は須藤功君があたった。そしてこの記録写真は整理して書物としてもまとめておくべきではないかと考え、今日までいろいろ検討して来たのであるが、本にするには出版社がひきうけてくれねばならぬ。しかしどんなに貴重な資料であっても、これを必要とする人が少なければ売れゆきはわるい。

そういう本を出しましょうといって下さったのは未来社の西谷能雄社長であり、小箕俊介氏である。それに勢いを得て書物の構成にとりかかった。写真は夥しい量にのぼっているが、その中から適切なものをえらび、萱野茂氏が解説を書いた。しかもこれにはアイヌ語を並記した。記録資料としての万全を期するためであった。

ところで萱野氏の建てた家はその後間もなく、そのあたりがゴルフ場になるとかで解体されたそうである。民間の文化財の保存がどんなにむずかしいことであるかをつくづく思い知らされたのであった。

しかしこの記録は残るであろう。また残さねばならない。住居ももう一度建てて、今度は解体されないような対策をその最初に講じておきたいものである。

それでは何故アイヌ文化を保存し、記録しなければならないのか。それにはいろいろの理由がある。アイヌの文化は長い伝統をもっている。しかもそれは狩猟、漁撈を主とした時代から今日まで続いて来たものであり、じつは日本における稲作以前の文化、すなわち縄文文化の伝統を濃厚に残しているものではないかと思っている。つまりもともとはほぼ同一の文化圏の中にあった。しかし本州北部までは二〇〇〇年以前頃から稲作がおこなわれ、新しい文化が展開していった。ところが、本州の北端に近いところや北海道へは稲作は十分にゆきわたらなかった。そのことのために多くの古風をのこすことになったのではないかと思っている。一見大きな差のあるように見えるアイヌと日本人の文化の差も、もともとは根本的に違っていたものではなかったのではあるまいか。この推定があたっているか否かはこれからの課題になると思うが、文化が完全な構造をもっている場合にはそれを全体的に掘りおこし、調査し、記録し、なお保存できるものは保存すべきであると思う。

そういうことも萱野さんを中心にして多くの人々が保存の対策を講じはじめている。ウウェペケレの記録であるとか二風谷アイヌ文化資料館とか、とにかく永年の努力が少しずつみのりはじめている。文化資料館なども、好事家の物集めとは違って、じつにこまかな配慮がなされている。そして資料館が作られたということで見落とされたものも次第に集まって来るであろう。同時に平取だけでなく、他の地方でもこのような文化保存の運動がおこって来るとありがたいと思う。

それよりも何よりもそこに人が生きて来たというあかしは、口頭伝承によるだけでなく、記録し、また生活をたてて来た文化財を保存することが何より大切で、それぞれの民族の歴史はそのことによって明らかになり、そのことによってつづいて来たといっていい。そしてそういうものを通して文化とは何か、生きるということはどういうことなのかという問題を考えて来た。

この書物もそうしたあかしになる一つである。そしてこのような書物が事情のゆるすかぎり出版されることを期待したいのである。（昭和五十年九月三十日）

（『チセ・ア・カラ』序文〈チセ・ア・カラに寄せて〉昭和五十一年一月三十一日）

都丸十九一［著］

『村と子ども ―教育民俗学へのこころみ』

（第一法規出版　昭和五十二年）

都丸さんは大へんよい本を書いて下さった。読んでいてしみじみと心のあたたまるものがある。しかもこの書物は一気に書きあげたものではなく、事にふれ、時に感じた思いを、いろいろの民俗事象によって裏付けつつ語り、さらにそれらをあつめて統一ある体系を持つ一冊の書物にまとめられた。

都丸さんは長い間育英の仕事にあたって来られた。そういう生活を三九年続けられた。その長い間ただ子どもを教えて来たのではない。子どもをじっと見つめ、子どもたちの動作の一つ一つのよって来たるところをさぐり考えながら子どもたちにゆくべき道を示していったのである。

実は私も若いころ小学校で子どもを教えたことがある。しかしこれほどこまやかに子どもたちの生活を見つめながら子どもを教えただろうかというと、実はそうではなくて、大へん乱暴な先生であり、ひとりよがりが多かったと思う。私の教員生活をふりかえってみると、ずいぶんお粗末なことをしていた。あまり孝行でもないものが孝行をといたり、時にはウソをつくことがあっても、子どもたちにはウソをつくなと教えた。気にくわぬことがあると理由をとわず叱りつけたこともある。そういうことが子どもの心を傷つけたことも多かったであろうと思う。

しかし、この書をよんでいると子どもたちの心境や心境のよって来たる環境へのこまやかな凝視がある。子どもたちはそれぞれ個性を持っているといわれながら、一方には生まれ育った環境を背負っている。村がらというものが子どもの性格に反映しているという都丸さんの御指摘はまことにもっともな事ながら、私などもついそこまで眼が届かないで来た。そういうことがわかるようになったのはずっと後のことである。

子どもたちはそれぞれの環境の中で育ってゆく。しかも毎日おなじようなことがくりかえされることによって思考や言葉や動作が身についていく。たとえば私など祖父からおなじ昔話を何回でもきいた。何回きいてもたのしい。笑うべきとき笑い、恐れるべきところでは恐れる。そしてそれを期待している。話し方がちがうと味気ないのである。そのようにして物の聞き方、感じ方を身につけていったのである。そしてそれがいまも私の中に生きている。

子どもの成長にともなうそうしたしつけについて都丸さんはとくに強い関心を持っている。そのことをわきまえておかないと、教室での教育の効果は十分あげることはできない。そのようなしつけはもともと親や兄弟や友だちがつけてくれるものであった。そしてそれはくりかえし、おなじ動作をおこなうことによって身についてゆくものである。昔は着物を縫うと、折り目がきちんとつくようにシツケ糸をかけたものである。そして着るときにはその糸を切るなり解くなりして着たのである。すると着物がキチンと身についてすがすがしかった。

それとおなじようなことが人の子にもなされた。ところがそのようなしつけもただ何となくおこなわれるのではなく、やはりそれのおこなわれはじめる年齢のきまりがあった。それが七歳のときであったという。それまで子どもは神様だと考えられた。少なくも神の厚い加護があったことを都丸さんはたくさんの例をあげて説いている。

明治十一年（一八七八）四月に日本へ来て、東京から日光を経て、会津西街道を会津盆地に入り、そこから阿賀野川にそうて下って新潟にいたり、さらに新潟から小国を通って米沢盆地、山形、雄勝平野、秋田とあるき、米代川をさかのぼり碇が関、大鰐、弘前を経て青森に出、船で北海道にわたり、函館、大沼、森、室蘭を経て白老、平取などのアイヌのコタンを訪れる長い旅をつづけたイサベラ・バードというイギリスの婦人の書いた『日本奥地紀行』という書物があり、善意にみちたすぐれた観察をしているが、その書物と都丸さんの書物が私には二重写しになって来る。その日記をよんでいるとまだ十分文化の光に浴していない東北地方の田舎の貧しい人びとが、子どもを実に大切に育てているさまを記録にとめている。文化のすすんだ教養の高いイギリス婦人の眼にそれがうらやましくうつるほどであった。

その子どもたちがきまりのある生活を身につけるようになるのが七歳からであって、家事家業の手伝い、子どもの守などをすることによって、日々を生きてゆく生き方を身につけていったのである。とくに仕事の仕方、態度についてきびしいしつけがあった。今その時期が小学校の教育期間になっている。しかし学校の教育とこうした家でのしつけは別々のものであった。学校教育は文字を通し、文字を介していろいろの概念を身につけ、物を判断する能力を身につけていくことを目的とし、さらに上級学校への進学のための準備がなされて来た。そのようにしつつ身につけた知識は世間を見、物を判断するにはおおいに役立った。同時にそれが子どもの立身出世にもつながることになった。すると親たちも学校教育を至上のものとするようになり、家の中で、村里の中でおこなわれたしつけの方はおろそかにするようになってしまった。それは実は大きな片手落ちであった。都丸さんはそのことについて「地域社会教育への提言」の中で強く指摘し、「しつけ的な面こそ家庭において果たさなければならないはずである」と言い、また「かつての村には、親身になって若い者の相談相手になってやれる老人や先輩が必ずいたのである」と指摘し、地域には教育の機能があり、大人はみんな教育者でなければならないといっておられる。教育者として子どもを見、子どもの世界を見ていると必然的にこの問題にぶつかることになる。子どもを大切にすればするほどそうならざるを得なくなる。そしてしつけと学校教育が両立することではじめて幼少児の教育は完成するといっていい。この指摘はこれからみんなで真剣に考えてゆかなければならないことではなかろうか。

しかし、しつけは父兄と子どもとの間にのみあるのではなく、子ども仲間の日常生活の中にもある。そのことは都丸さんがもっとも多くのページをさいて書かれた「年中行事と子ども」の中によくあらわれている。年中行事とよばれる年々くりかえされ、日をきめておこなわれる村や町の神事の中に、どのように多く子どもが参加していることか。子どもの参加がなければ、もうとっくにほろびてしまった行事が少なくないだろう。しかも子どもがそれに参加するのは大人っぽい理屈をつけてのことではなく、それが面白いからである。しかも面白がっているものを、むしろ大人はそれをとめにかかったことが少なくない。

子どもにとって面白いのは子どもたちがルールによって集団行動をとって子どもらしい興奮の渦にまき

こまれるからである。その興奮の渦は自分たちの手で作り出したものである。しかもそれはルールにしたがわねば生まれてこない。したがって年中行事に参加することで社会人としてのしつけを身につけることにもなる。

私はルールを作って、このルールにしたがって行動したのしむものを遊びだと思っている。この書にとりあげられた道祖神祭、火とぼし行事、地蔵回しなどは、日をきめておこなわれる集団的な遊びであると見てよい。そしてそれは随所でおこなわれる遊びとも多くの共通したものをもっている。

と同時に、お茶、生け花、碁、将棋をはじめ、和歌や俳句などもみな一定のルールをもうけ、それにしたがっておこなうものであるということによって私は一種の遊びだと思っている。そのように考えてみると、日本という国は実に遊びの多い国であり、遊びのための約束事の多い国のように思えるのである。そしてそういうようなことをたくさん覚えこんでいることで秩序あるたのしい生活をすることができるような仕組みになっている。同時にルールを知っておればいつでもその遊びに参加することができる。

村の中での子どもたちの遊びは集団生活のルールを身につけるためのものであったといっていいのではなかろうか。この書物をよんでいて私はそんなことを考えたのである。そしてそれは私一人ではなく、この書物をよむ人たちが、教育とは何であろうかということを自然に考えて来ざるを得なくなるようになるのではないかと思う。考えてみると私たちは子どもの教育について大事なことを見失い、忘れ去ろうとしている。この書物はそのことに気付かせてくれる。

私は一〇年あまり美術の学校で民俗学の講義をした。そして学生たちに「身辺の民俗学」と題するレポートを書かせて来た。昭和四十年から四十五年ごろまでには大変面白いものが多かった。しかし最近になるとだんだんつまらなくなった。それは学生がなまけているのではない。そういうものが身辺から消えていったのである。そこでこの二年ほど祖父や祖母をはじめ知っている老人のライフヒストリーを書かせることにした。書かしてみてからおどろいた。ライフヒストリーを書くまで祖父や祖母からどんな道を歩いて来たかを聞く機会はそれまでになかったということである。その父母についてすら若い日をどのように生きて来たかを聞いたこともなければ話してもらったことすらないのである。話をきいておどろき、祖父・祖母・父・母の生活・思想に深い感動をおぼえたと言っている者が実に多い。

親と子の断絶は子どもが作り、世の動きが作ったよりも、親が親としての思想と主張を子どもたちに示さなかったところに生じたものではなかろうかと思った。そして親は子に語りつぐべきものをもっと多く語ってほしいものだと思った。

都丸さんの書物は長い間教育の世界を歩いて来た人の思想の集積としてきわめて多くの示唆をもっておりそれはまたこれから育つ若い人たちにも、すでに一家をなしている人にも読んでもらいたい問題を提起している。

（『村と子ども』序文　昭和五十二年五月二十五日）

遠藤元男・児玉幸多・宮本常一［編］

『日本の名産事典』

（東洋経済新報社　昭和五十二年）

民衆の生活と工夫について考える

それぞれの地域社会における生産やそれにともなう社会現象が、全国的に一覧できるような書物を必要としつつ、それが容易に生まれなかったが、このたびこの課題にあえて取り組むこととなった。

今日、名産とよばれるものはきわめて多い。しかし名産とよばれるためには長い道程とそれを生み出す環境や、住民のひとかたならぬ工夫があったはずである。またそれには文化の伝播や交流も大きな役割を果たしているはずである。そのようなことをさぐりあてるための手がかりを求めようとするならば、まず国内全体の分布や変化をみなければならない。一つ一つの名産はけっして偶然に生まれたものではない。

たとえば絣《かすり》とよばれる織物は日本では西日本に濃密な分布を示し、東日本では希薄で、縞物が主になってくる。その絣は日本では多く木綿織であるが、綿が栽培されるようになったのは十六世紀の中ごろからといわれている。綿ははじめ三河・尾張地方に多く作られていたが、のちには大阪平野にその中心が移ってくる。しかもその木綿は縞かまたは型染によって模様がつけられたが、のちには絣が織り出されること

になる。それらの模様や織り方・染め方などにそれぞれ地域の特色があり、そういうものが名産になってゆくための多くの人々の努力が語り伝えられている。しかしたとえば絣は日本だけでなく、東南アジアにもあったのである。そうした産地との相互関係などみていくためには、まずその分布のあり方を知らねばならないと思う。しかも同一系統の産物の分布はそれのみにとどまるのか、あるいは同じような分布傾向をもつ産物がほかにもあるかどうかをみてゆくことによって、文化伝播の経路をたどることも可能になってくる。そういう追究を行なおうとするとき、まず全国的な見通しを立てていかなければならないが、その手がかりになるものとしても、本書(『日本の名産事典』)のような事典は利用価値のあるものではないかと思う。

それについて一つの思い出がある。民俗学という学問はきわめて幅が広く雑多で、一つの民俗事象の全国的な見通しの立てにくい学問であったが、柳田国男先生はいろいろの書物や資料の中から、なんらかの役に立つと思われる言葉とその言葉にともなう習俗をノートしておかれた。それがのちに整理されたのが『綜合日本民俗語彙』五巻であるが、これによって後進の民俗学徒が民俗全体にたいする眼をひらかれたことは実に大きかったのである。本書もまたそういう意義をもつものになりはしないだろうか。ただ、有形文化の追究は習俗の追究よりはもっと複雑になる。たんなる習俗のほかに、素材や技術や用途・目的と造形のようなことにまで視野をひろげてみてゆかねばならないのである。

これも例を一つあげて記してみると、日本の山野にはいたるところにワラビが生えている。そのワラビは春先に若芽を摘んでゆでて食べてきたが、秋になるとこの根を掘り、それをつきくだいて根に含まれたでんぷんをとるのは労苦の多い仕事であった。だから普通の年にこれを行なうことは少なかったが、凶作などで食物が不足するとこれを掘って食料のたしにした。山中の村ではこの粉をとって売り、金銭収入の手段にしたこともある。ワラビ餅はこの粉によって作られるもので、各地で名物としての食べ物になっている。しかしワラビの利用はそれだけでなく、その茎や根の強靭な繊維を槌《つち》で打って縄にして利用することが多かった。古い文献資料にみかけるワラビ縄というのがそれで、水につかっていても朽ちにくいというので尊重されていた。しかし近世に入ってシュロの栽培が各地にみられるようになり、シュロ縄がこれにとってかわることになるのだが、ワラビという植物を人々がどのようにして利用して生きてきたかをみてゆくことで、民衆の生き方の一面を知ることができる。

われわれはこのようにして自己の周囲にあるあらゆるものを利用して生活しまた発展してきたのである。しかもその利用の方法の工夫と継続によって、名産は生まれてきたのであった。だから名産をただ名産としてみてゆくだけでなく、その背後にひそむ民衆生活の歴史を探りあててゆく手段として利用するとき、今後なお何を増補し、どういうことに着目しなければならないかもおのずから明らかになってくる。多くのすぐれた事典はその初めは小さなものが少なくなかった。けれどもその中に含まれている問題の大きさて読者・利用者の参加に待って改訂増補されて膨大なものになり、そこに構築された人間の知識深さと幅の広さを知らされる。われわれもこの事典をそのようにして、これを利用する人々の協力によって有形文化のピラミッドにしていってみたいと思う。しかもそれは先にあげたような、民衆の些細な知識と技術の集積に待たねばならぬことはいうまでもない。〔『日本の名産事典』を底本とした『全国名産大事典』が日本図書センターで平成二十二年に刊行されている〕（『日本の名産事典』〈編集のことば〉　東洋経済新報社　昭和五十二年十月）

『上州のくらしとまつり』

須藤　功［写真］・都丸十九一［文］

（煥乎堂　昭和五十二年）

須藤功君が群馬へ写真をとりにいくようになったのは昭和四十二年であったと思う。日本観光文化研究所から出している『あるくみるきく』という雑誌に、都丸さんに奥利根のことを書いてもらうことになり、その文章のための写真をとりにいったのである。須藤君はそこで都丸さんというすばらしい人に出逢った。群馬県の民俗のことについては実によく知っている上に、親切でゆき届いた助言もして下さる。それは須藤君のカメラ眼を深くたしかなものにしていくのに大きく役立った。同時に群馬は東京にも近いので度々出かけることが可能であった。須藤君は都丸さんに県下のいろいろの行事について教えられ、それを現地に出かけていって撮影した。そしてそれがかなりの量になったとき、都丸さんから本にして見てはとの相談をうけた。地元の煥乎堂が出版をひきうけようとの話で、私はこの上ないよいことだと思った。長い間日本の出版事業はほとんど東京でおこなわれて来たが、地方に出版事業を盛にすることが地域社会の文運を盛んならしめる上に何よりも重要なことであると思っていた。昭和二十年以前には地方で学問に親しみ得る人は限られており、また財政的にも貧しい者が多かったが、昭和二十年以後は事情が違って来た。戦

後都市民が食料不足になやむことによって食料の価格は公定されたものをはるかにこえ、また農地解放によって自立の農家がふえ、それが農家の懐をゆたかにし、子弟を勉強させるゆとりをもたせて来た。その上各県の県庁所在地には国立の大学がおかれ、私立大学にいたっては全く乱立するといっていいほど設置された。このようにして読書人口は著しくふえた上に、それが全国に普遍化した。すると地方も新刊の書物を吸収する力を十分持って来ているはずであり、地域社会にとって必要な図書は地方都市で出版することが、地域社会の文化を高めていく上の重要な手段の一つであると考えた。そこでそのことを人にも説いて来た。事実地方で出版される書物の数もだんだんふえて来たのであった。この書物もそうした趣旨にそう出版の一つになる。

群馬県は東京に近いけれども東京ではない。群馬には群馬の特色がある。それはまた地元の人でないとしっかりと把握できない。しっかり把握したものであれば、地元の人は納得して読者になってくれるばかりでなく、それが地域社会に対する眼をひらき、地域社会について考える人の数を増すきっかけにもなろう。そして、ここに古くから住みついている人びとの生活や習俗がとらえられて一冊の書物にまとめられるとするならば、それは同時に県民の文化的な財産にもなってゆこう。それには単に個人の感傷に左右されるものでなく、できるだけ客観性のあるものにしなければならないとして、昭和四十八年三月出版社の援助、都丸さんの御案内によって日本観光文化研究所の仲間が県下をバスで二日ほどかけて、ザッとではあるが見てあるき、その見聞をもとにして討論しあった。

群馬というところは妙義や榛名の中腹から見はるかすと、山が北および西から東南へゆるやかになだれており、その所々に谷があって、そこには村や町があるが、ゆるやかなスロープの上は雑木林や耕地になっている。ずっと古い昔、そこは牧野として利用されたであろうし、また西からの文化は碓氷の坂をこえてこの斜面に出て来るとそこに定着して花をひらいていったと思われる。そこには文化の定着し得るような広さとゆたかさがあるのである。しかし『延喜式』に記載された神社の数は一二座であり、そのうち宇芸・伊加保・榛名・赤城・大国の五社は地主神的なものと思われ、新来者によってまつられた神は七社ではないかと思われる。つまり神を奉じて他から来たと見られるものは意外に少ないのである。多分はそういうことも原因するかと考えるが、神社のうちに宮座などのあるものはほとんどないようである。つまり、信者を持つ神社はあっても氏人によってまつられる神社は少ないのではないかと思われる。すなわち関西の神社とは性格がかなり違うように見受けられる。また仏教の影響を強く受けた行事、あるいは寺院を中心にした行事なども関西地方に比してずっと少なく、年中行事にも神主姿や僧の姿がほとんど出て来ない。したがって祭礼的なものは少ない。神輿の出る祭も本書では乙父《おっち》の川降神事がとりあげられているにすぎない。全村民がこぞって昂奮のるつぼに追いこまれるような風景はあまり見かけないのである。そしてつつましくその生活を守り、よく働きつつ、ひたすら幸福を祈り、災厄を避けて来た姿がそこに浮び上って来る。

これは一つは村の性格にもあったかと思われる。近世の県下の町村の姿を考えてみると交易や交通の中心として発達した町はいくつかあったが、その余の民家の多くは山野にばらばらに散在し、自家のまわりの田畑を耕作する耕地即住の村々が多かった。そういう村々では人びとが集まって心をあたためあう機会といえば、夜間を利用する講のようなものが多く、そうでなければ宿場や市のにぎわう日に出かけていって見物客として参加するものが多く、だるま市のようなものでも買い物客として参加しているのであって、住民がこぞって参加主催するような祭は少ない。祭の多くは家々でおこなわれる。この地方の民家は一般に大きい。牛を飼い馬を飼い、蚕を飼う。それらも家族同様に取扱われ、おなじ棟の下で生活する。そういうことが家を大きくしたのであろう。それだけにまた家々の中でおこなう祭も多くなっていったのであろう。家々で順番に集会を持つことも可能だからである。そうして床の間を持つ家にはおびただしい掛軸のかけられているのはそのことを物語るものであり、家々に共通する掛軸のかけられているような場合には、共通の掛軸を持つ人が集まって講会を営むことが多かったと考える。そして、信仰する神社のあるところへ代参者をたてたものである。掛軸の中には天照皇大神宮が圧倒的に多い。この地方は伊勢信仰の盛んなところで、伊勢講の数も多く、伊勢への代参者も多かった。

家を中心に祭が営まれる場合、農家ならば農耕儀礼的なものの多くなるのは当然であり、寄り集まっておこなうものだけでなく、家自体でおこなう祭も多くなる。本書にのせられた祭もそうしたものの比重が大きい。これは須藤君の眼がそういうところに最も多く向けられたことにもあるだろうが、同時にそういうものが眼につきやすいほど濃厚に行事が残っているともいえるのである。しかし、家々の祭は家の中でおこなわれるもので、外からはうかがい知ることはむずかしい。家の前に門松がかざられ、軒下に正月飾のしてあるような家ならば、家の中でも祭がおこなわれているに違いないと気付くのだが、それでは通りがかりの者が家の中へはいってそれに参加させてもらうということができるかといえば、それはむずかしいことになる。しかし須藤君は民家の中へ入り込む機会をたびたび持つことができた。それは都丸さんの指示によることも多く、また写真をとらせてくれた人たちの理解と協力が実に大きかった。それがなければこのような写真集はできないのである。

昭和四十八年にわれわれが県下を一巡したとき、すでにとられている写真のほかに、こういうものもとっておくといいであろうとか、あるいはまたこの部分はすこし物足りないけれども、これは急になくなるような行事ではないから、後日補訂することもできよう、多少不完全でも早く本にしておくのがよいのではないかと話し合って、その年の秋頃には本にする計画もたてていたのであるが、いつの間にか四年ほどたって今日にいたった。そして、その間にまた多くの写真をとった。このようにして須藤君は群馬へ一〇年通った。一〇年も通えば知人も多くでき、見落したものもまた補うこともできる。その上都丸さんとの呼吸も実によく合って、とにかく膨大な資料ができあがった。その中からこれだけを選んで一冊にまとめあげたのである。したがって割愛された写真が実に多い。しかし視点をどこかに絞らないとまとめることができない。そこで農家の生活と、その儀礼を中心にして整理した。社寺の祭礼などがあまり多く出て来ないのも一つはそのためであり、群馬の祭のすべてが網羅されているわけではない。だがここに見られるような生活や儀礼が根づよく残り、そういうものが、人びとの気風とか気質とかを生み出しているのである。そしてそこに農民の律気さというようなものを読みとることができる。

ただ少しその素朴さ律気さが強調されたようなところがある。榛名山頂からながめた写真を見ると群馬は山ばかりで里も家もほとんどないような印象をうける。しかし山頂を下って見ると山の斜面や谷筋や平野地方に実に多くの人が住み、それぞれの地理環境に即した生活をたてているのである。したがってここに見られるような写真の背景になる写真などももっとほしかったし、ここにおさめられた写真のとられた位置の地図もほしい。そうすれば群馬のどういうところでこの行事のおこなわれているかも明らかになる。

こういう写真は多くの場合回顧趣味的になる。そしてその方が一般の人にアピールすることもある。しかしでき得ることなら、これを今日の時点を物語る資料として残しておきたいと思う。それには客観性を失わないようにとの配慮もしたわけである。同時にここに揚げられたものが群馬の人たちの生活や祭のすべてを物語るものでないことも承知してもらいたいと思う。

いずれにしても県下各地の行事が一人の人の眼によってたしかめられたということは意義が深い。そしてしかもそれが思いつき、あるいはただ眼にとまったものを撮影したというのでなく県下の民俗行事について見通しておられる都丸さんの指示によるものであることによって、行事の重要なものは一通り収められているかと思う。写真そのものもケレン味はないが、村人たちにとけあっていることによって、ほのぼのとしたあたたかさの出ているのが、かえって見る人の心をひくことにもなるかと思う。

（『上州のくらしとまつり』序文〈ちょっとひとこと〉昭和五十二年十月二十日）

本間雅彦［監修・解説］　田村祥男・石原　励［撮影］

『たぼうとく　―佐渡の民具より』

（てずから工房　昭和五十三年）

田村・石原両君が地元の本間雅彦氏と共に、佐渡の民具のささやかな写真集を出す。田村・石原両君が佐渡に憑かれて佐渡通いをはじめて久しい。佐渡の何に憑かれたのか、一つはその風景であっただろうが、もう一つはそこに住んでいる人びとの暮しぶりと心情のようなものにひかれたのだろう。その人たちの心情のよくあらわれているのが民具である。その上きまった形がある。材料と使い勝手が形をきめていったと思うが、今一つ佐渡の民具には佐渡以外から船で送られて来たものが多いから、そういうものに対しては佐渡人が道具そのものに調子をあわせて使ったものもあり、それによっていろいろな働き方や使い方を身につけたであろう。

佐渡にはオイコ（背負梯子）がなかった。一つの木枠があると、木枠が主体になりそれに背中当てや負い縄をつけることになり、背中当てはいつも木枠に左右されて作られることになるが、木枠がなかったために、それぞれ思い思いに自分のからだに合った背中当てを作り、しかもいろいろの工夫もし、手のこんだ細工もした。人間の工夫というものは、そこに自由がゆるされる限り、無限に発展していくものである。そしてそういうものの中に地域的な特色が出てくる。

田村・石原両君は民具を通してそうした佐渡人の生きざまを見ようとしている。ただ本屋にたのまれて出版するのでなく、自費で出版しようとするために経済的な制約が大きく、意図することの一部分しか表現できない。しかし、これを手にする人が多ければ、第二、第三の写真集も出せることになる。だから一人でも多くの人にこの書物を読んでもらいたいと思う。そうすることによって田村・石原両君の佐渡人の生活を物語る写真を次々に世におくることができる。私はこのような仕事が永続することを祈ってやまない。それはまた佐渡人の反省をうながし今後の発展にもつながっていくものと思う。

（『たぼうとく』序文　昭和五十三年一月）

『清浄風土記』

花王石鹸株式会社広報室［編］

（花王石鹸　昭和五十三年）

日本人は清浄を好み、清浄なものを大切にするという。それでは、清浄に反するものは何というであろうか。不浄ということばもあるが多くの場合穢《けが》れといっている。穢れというのはどういうものか、また穢れを何故きらうのだろうか。今日では穢れは汚れたものというような感じで理解しているが、もともとは生命のあるものを死滅させ、腐朽させていくもの、したがってわれわれに不幸をもたらすものと考えた。

これに対して清浄なものというのは生命を育て、あるいは死滅したと思われるものを再生する力を持ったものと考えた。そういうことによって、人びとは仕合せになるのである。それではどのようなものの中に、あるいは行為の中に清浄な力がひそんでいるのか、清浄とはどういうものであるのか、それを古くからの生活の中に具体的に見つけて来たのがこの書物である。日本の民衆の抱いていた清浄感は実に幅の広いものであったが、時代が下るにつれて考え方がせまくあいまいなものになった。私たちはもう一度過去の人たちの抱いた清浄感をふりかえって、そのたくましさ、明るさ、幸福を築いて来た姿を反省してみたい。

（『清浄風土記』花王石鹸株式会社　昭和五十三年三月）

郷土文化と出版活動

1　はしがき

私は常日頃、西日本文化協会が郷土文化に関して多彩な活動をしていることに敬意をもっているが、全国的に見ても近頃郷土の文化の見直しがおこなわれるようになって来た。理由はいろいろあるだろうが、地域社会に住む人たちの教養が高まって来て、読書力がついて来たことが大きな原因の一つではないかと思っている。

これまで高等教育をうけた地域社会の人びとはたいてい都会に出て就職し、いわゆる立身出世の道を歩いた。地域社会に残る者はよくて中学（旧制）卒業者、たいてい小学校卒業だけの者が大半で、それも尋常六年を終えた者が多かった。そしてその人たちの読書力は弱かった。

それが戦後は次第に高校・大学などに進む者がふえ、最近では村に残る者も高校（旧制中学）卒が普通になって来た。そして地域社会には読書人口がずっとふえて来たばかりでなく、学校にも図書の備えつけが多くなり、図書館の数もふえた。そしてそのことによって、自分たちの住む世界のことを知ろうとする意欲もつよくなって来たのである。そのため地方都市などで地域社会に関する書物を出版しても採算のとれるほどの現象が見られるようになり、それらの書物の中には後世に残るであろうと思われる価値の高いものも少なくない。

2『筑豊炭坑絵巻』〈上・下〉

（山本作兵衛［著］　葦書房　昭和四十八年・昭和五十二年）

昭和四十八年に出版された山本作兵衛翁の『筑豊炭坑絵巻』（葦書房）も価値の高い書物の一冊といっていい。炭坑に生きた体験をまず絵に描き、思い出を文章にしたもので、これは稀有の書物である。最近その普及判ともいうべきも

のが、『筑豊炭坑絵巻　上巻　ヤマの仕事』『(同)下巻　ヤマの暮らし』と題しB6判変形、上下二冊にまとめられ、おなじ書店から刊行された。さきに出た方は横長のB5判であったが、今度は小形であるし、携帯に便利である。内容は前著と多少出入があるが、定価の方がおよそ三分の一になるのだから、みな気軽に購入することができよう。とにかくこのような書物が出版されることを心から喜びたい。葦書房はこのほかにも多くの郷土関係の書物を出版している。

3　『明治大正　長州北浦風俗絵巻』

(小西常七［絵・文］　マツノ書店　昭和五十一年)

山本翁の『炭坑絵巻』が地方の人たちの関心をよんだということが一つの刺戟になって生れたのがこの書物である。著者の小西常七翁は山口県豊浦郡豊北町粟野浦に明治二十九年に生れ、昭和五十一年二月に七十九歳で長逝した。粟野というところは日本海にのぞむ小さな漁村であったが、同時に廻船業を営む者もあった。翁の家は代々漁業を主とした兼業農家であり、村の上流に属する家であったが、若い頃材木商をいとなみ、失敗して産を失い、商売をやめて役場につとめ、村報の編集にあたった。そして村のいろいろの問題にふれていくうちに、古いものが急速にほろびつつあることに気がついた。そこで自分が見聞し体験したことだけでも絵にして残しておくべきだと考えるようになった。

翁は若い頃から絵が好きで、石井柏亭の画集を買って模写し、絵を描くことを覚えた。その画才を生か

して昔の村の様子を描きつづけたのである。動機は山本翁とほぼ同様であり、その生きた時代も重なりあう。しかしその体験には大きな差がある。小西翁は海ぞいの村で幼少期をきわめて牧歌的にすごし、山本翁に見られるような荒くれた生活はなかった。しかし壮年になって材木商を営んだことから、みずからも帆船に乗って大阪あたりまでたびたび航海した。そしてそのことによっていろいろの種類の船を見た。船についでは深い関心を寄せた。帆船の海をゆく姿にはれやかな美しさを見たからである。そのまえにこの地が漁村であったために、漁船についても目をとめていた。そうした船や漁法を記憶の中からよびおこしては描いていったのである。山本翁とおなじように子孫に残すためであった。思いつくままに描いたものだから雑多であったが、近くの阿川というところにある阿川八幡宮の神主伊藤忠芳さんがこの絵を見て、この絵をできるだけ多くの人に見てもらいたいと思って同じ町に住む多田穂波さんに相談した。多田さんは山口県見島の出身で見島に深い関心をもち、また長門の捕鯨についてもずいぶんしらべておられる。多田さんは小西翁の絵に解説を加えて「西日本文化」に発表したことがある。小西翁の絵はさらに徳山市銀座のマツノ書店主松村久さんの目にとまった。そしてその絵は刊行するほどの価値があるかどうかを私のところへ聞いてきた。私のところへ送られて来たのはカラー写真であったが撮影の仕方が粗末で、その上無秩序になっているので、そのままでは本になるようなものではなかったが、村の一軒一軒をこまかに描きわけた全景図は小西翁の眼がきわめて精細正確であることを思わせた。そしてうろおぼえをいい加減に絵にしたものでないことを知った。つまり文化的な資料としても十分に価値あるものに思えた。そこで昭和五十年三月二十二日、マツノ書店に松村久さんをたずね、武蔵野美大研究室助手の神保教子さんにも同行してもらって小西翁を訪い、ざっと村の様子について聞き、絵を粟野村・家普請・くらしと道具・人の一生・村の一年・子供のあそび・村に来るもの・村人のたのしみ・往来と物の運搬・村人の仕事・稲作畑作・漁のいろいろ・帆船時代にわけ、一枚一枚の絵について話をきき録音していった。えらんだ絵二〇〇枚のうち漁業と帆船が八一枚で、全体の三分の一をこえる。ここにこの絵の特色がある。ただし記憶のぼやけたものを絵にしたものも何枚かあって、それはすべて省くことにした。さてこれを本にまとめるまでには意外なほど時間がかかって、本になったとき小西翁はもうなくなっていた。

しかし一人のたしかな記憶と絵の心得のある人のおかげで、この書物は残ることになったのだが、今後このような書物はどれほど世にとうことができるのだろうか。この書物の刊行されたころには、これが迎え水になっていくつも出て来るのではないかと思ったが、人の記憶がこれほどあざやかに残り、しかもそれを絵に描ける人は稀なのである。山本翁にしても小西翁にしてもその稀な人である。しかも二人の人は別々のところ、違った環境に育ち、両者の間に何ら交流もなかった。にもかかわらず、二人の間には共通の意志と才能があった。さらにまたその書物を地方で出版しても買いもとめる人が多数いて、赤字にはならなかった。つまりこのような書物の価値のわかる人が今日では地方に多数いることが証明されたのである。

私はいま和船や漁船の調査に仲間の者と懸命になっている。しかし時期が少しおそすぎた。日本の船の調査をしなければならないことに気付いたのは昭和二十五〜二十六年の対馬調査のときからである。対馬には実にたくさんの種類の船があった。これは方々から対馬へ漁稼ぎに来ている者が多いことをあらわしており、それぞれの型の船がどこから来たものであるかをたしかめて、その出場所をしらべておくことはきわめて重要であると思った。

船の型の多いのは関東の房総半島、長崎県の五島列島などで、船の型はそれらの土地で生れたものは少なく、入漁したものによってもたらされたものが多いのである。その船の型を追ってゆくと漁法とのからみあい、漁村のあり方などまでわかって来るばかりでなく、漁民の移動を追跡することもできる。

ところが、ここ一〇年ほどの間に船の動力化がすすんで、古い型の船はほとんどこわされてしまった。全く手おくれなのである。

小西翁の絵はその手おくれを補ってくれるのであるが、記憶をよびさまして描いたような船は今日ではほとんど残っていない。とにかく、どこかに船の博物館を造っておきたいと思うけれど、本気になってくれる金持ちはないものであろうか。物を体系的に集めることはきわめてむずかしい。まして、それに関する文献をあわせて集めることになるとさらにむずかしい。しかしそれをある程度まで完成している例が一つある。それが三木文庫である。

4　三木文庫の活動

三木文庫は徳島県板野郡松茂町中喜来にある。三木という家は播州の三木から出たので三木を名乗っているが、天正八年豊臣秀吉と戦って敗れ自刃した別所長治を祖としている。この家は阿波に落ちついてから藍を栽培し、さらに藍玉問屋を営み次第に大をなし、明治に入っては近代的経営をとり入れ、大正七年には株式会社三木商店となり、化学染料の製造と販売にあたることになり、昭和十八年には三木産業株式会社と社名をかえた。

この三木家が三木文庫を創設したのは昭和二十九年で染織史研究の権威である後藤捷一氏が迎えられて主任となった。三木文庫の事業はまず藍に関する文献、道具類の蒐集と資料の出版であった。

昭和三十年創業二八〇周年記念として『出藍録』を刊行し、三十一年には『三木文庫所蔵庶民資料目録』第一輯を出した。三十二年にはつづいて第二輯の公刊があり、江戸時代における藍産業に関する文献はこの文庫を訪れることによって一通りは見ることができるまでになった。昭和三十五年には『阿波藍譜、栽培製造篇』を刊行、三十六年には『阿波藍譜、史話図説篇』の刊行を見た。つづいて三十九年には『阿波藍譜、外篇』が刊行された。

一方藍作の資料も蒐集がつづき、そのため三木文庫本館が建築された。藍作資料ばかりでなく和三盆、すなわち砂糖製造用具、太布（楮布）など、木綿および木綿以前の資料も集められた。さらに昭和四十六年には『阿波藍譜、精藍事業篇』を刊行、昭和四十九年には『天半藍色』を刊行している。『天半藍色』は勝海舟の名づけるところであるが、書物の方の内容は藍作に関する図譜で藍作に関するあらゆるものを集めており、資料価値のきわめて高いものである。またここに集められた和三盆（和製砂糖）製造用具は昭和四十九年国の重要有形民俗文化財の指定をうけている。

このようにして長く藍産業にたずさわって来た三木家は、阿波を中心にした古い産業資料の蒐集保存、出版活動に力をいたし、事藍作に関するかぎり、日本におけるもっとも整った文化財保存対策を講じて今日にいたっているのである。どうしてこのようにすぐれた学問的な活動が学界などの表彰対象にならないのか不思議に思っている。

それにつけて思うことは北九州を中心にして発達を見た石炭産業関係の文化財が、三木家が目ざしているような方法で保存対策をたてることができないものであろうかということである。じっくりと腰をおちつけて目のつんだ文化事業を遂行することは石炭によって近代産業の発展に貢献した企業家たちの今一つの責務ではないだろうか。

今日のように目ざましい経済的な発展があるときにあたって、地域を発展させた産業文化の保存こそは、地域社会のあり方を反省していく上の重要な手がかりになるものではなかろうか。しかもすぐれた前例があるとすれば、それにならうことも地域社会の重要な課題の一つのように思うのである。

5 『農魂―熊本の農具』

（熊本日々新聞〔編〕　熊本日々新聞社　昭和五十一年）

今一つ私の心にとまるものがある。それは昭和五十一年度熊本日々新聞に連載され、最近まとめられて一冊の本になった『農魂―熊本の農具』である。この書物は新聞に連載中から心にとまっていた。これまでの民具の調査の多くは、民具の形態、作り方、使い方などについて書いてあった。しかし本書では一人一人その農具にかかわりのある人をたずね、農具に関

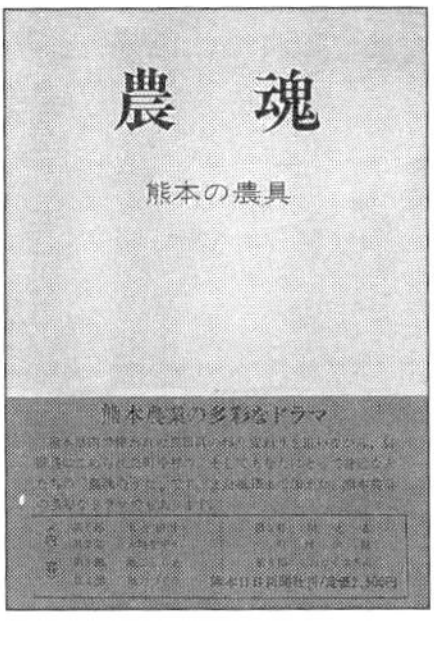

するいろいろの思い出を語ってもらっていることによって農具と農民との関係が実によくわかる。それに地域社会のリーダーたちからの農具に関する思い出や感想も書かれている。そのためこれは農民の生活と技術の歴史になっており、しかもきわめて具体的なのである。読んでいて、熊本県下で生きつづけて来た農民の生活を知ることができる。しかも農民をして語らしめていることによって、知ったかぶりのところがない。そういう点ではすばらしい書物である。そして記述も秩序立っていて、①土を耕す、②大地をすく、③地ごしらえ、④地力づくり、⑤植える、⑥おカイコさん、⑦慈しむ、⑧家畜と共に、⑨特産をつくる、⑩住まい、⑪田収穫の喜び、⑫手づくり、⑬運搬と動力、⑭衣と食、結び、となっており、物を通してその生活を支えた農民の意志、情感をつたえている。ふるさとを見直すというのは、こうしたふるさとに住む人たちの中に生きている意志、理念のようなものを見直すことではないかと思う。

私はこの書物を読んで、これにふさわしいような農民博物館が作られないかと思った。明治の犁耕の歴史を見ると、熊本・福岡の先覚者たちが、犁を持って全国各地を技術指導に歩いている。しかもそれは単に技術指導にとどまらず、生活・文化にわたってもすぐれた指導者で、頼まれれば何処までも出かけていっている。しかもそれは単なる儲けのためではなかった。仲間としてそれぞれの地域で農業技術が発達し生活が向上することを願ってのことである。官庁などの命令によって指導をおこなったものは少なく、したがって記録に残っているものは少ないが、地方をあるいていると、農家の納屋の屋根裏などに古い抱持立犁や肥後犁が残っているので、それと知ることができる。そして今ならばその何分の一かが集められ、あるいはざっとした分布がたしかめられるのではないかと思う。このように九州の農民のかくれた努力によって明治の農耕は発達して来たといってよかったのではないかと思う。幸い、九州大学の秀村選三教授はこうした農具の歴史に強い関心をもっていられるので、教授のような人を中心に、かつて中央公論社で刊行された農業技術発達史などとは別に、農民の一人一人が農具とどのようにかかわりあいをもち、その生産や生活を営んできたのかを明らかにする調査をすすめていくと共に、それにふさわしい農民博物館（農業博物館ではない）、すなわち血の通った博物館を作る運動がおこされないかと思う。

私はそういう機運が少しずつ生れつつあるように思う。それは以上見て来たような地方で出版されつつあるすぐれた書物を通して感じるのである。しかも早急にこれを蒐集調査しないと、たちまちのうちに消えうせてしまう。それは船を調査してみて痛切に感じることである。

地域文化の向上はじっくりと腰をおちつけて過去の生活を見直すことからはじめなければならないのではなかろうか。しかもそれには三木文庫のように独力でその道を歩いている先覚者もある。それがこれからは地域社会の大衆運動になっていかなければならない。すでにその芽生えはある。地域社会でなければ出版できない、しかもすぐれた書物が次々に刊行され、地域社会の人に支持され、また多くの人の眼をひらきつつある。

（「西日本文化」一二九号　西日本文化協会　昭和五十三年三月一日）

五来重他［編］

『講座 日本の民俗宗教』全七巻

（弘文堂　昭和五十四年）

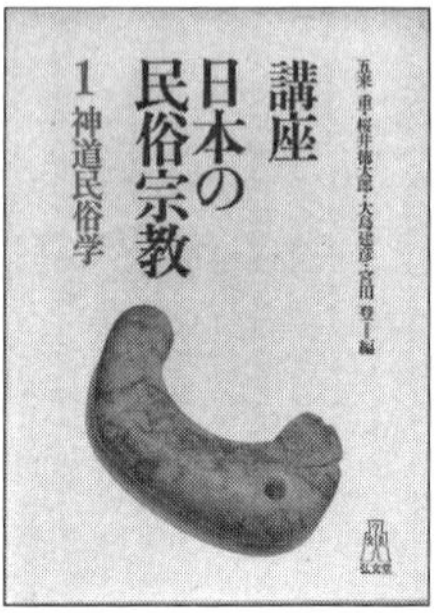

日本人の持つ情念や人生観などの底に流れている生きざまのようすが体系的にとらえられ整理されてくると日本文化を見、考える上に大変役立つだろうと思う事が多いこの頃であるが、そういう書物は容易に世に問われなかった。仮にそういうものがあっても、それは個人の見解に属するものが多かった。ところが今回『講座・日本の民俗宗教』が企画刊行されることになった。題名が宗教学を思わせるものがあるけれども、日本人が日々を生きて来た考え方や感じ方の基礎になった生活経験や知識のすべてにわたって見わたそうとする意欲を持ったもので、私にとっては大変ありがたい待望の書だということになる。そしてそれは決して私一人だけでのことではなく、多くの人たちが、求めていたものではないかと思う。近代化されたかに見える人間個々の行動の中に意外に古い力がはたらいているものであるが、そのよって来るところが何であったのか、日本人とはいったいどういうものなのか、それを考えようとするとき多くの示唆を与えてくれるであろう。

（『講座　日本の民俗宗教』内容見本　昭和五十四年）

神田三亀男［著］

『広島ことわざ風土記』

（農村地域研究会　昭和五十四年）

神田さんは広島県庁につとめて長い間農業改良関係の仕事をして来られた。神田さんは日本農民文学会の会員であり、歌人でもある。その温厚な人柄が多くの人たちの心に灯をともして来た。

農業の仕事というのはよく見るとすべてが人間の仕事であって、野がゆたかにみのり、山に木のよく茂っている村ならば、そこに住む人の心はゆたかであり勤勉であり、またお互いがよく助けあって働いている。そしてほんとに美しい村を形成しているのである。

しかし、どの村もおなじような村なのではなく、それぞれ個性をもっている。それを今までは部落根性とよび、また村は閉鎖性がつよいように言われて来たのである。はたしてそうであったであろうか。それぞれのムラはその性格がちがっているように、みな競合しあっていたが、かならずしも閉鎖的とは言えなかった。ムラの中の一軒一軒をしらべてみると、どこの家にもムラの外へ働きに出たり、また分家を出している。その分家の多くは付近の都会か、遠く北九州、京阪神、名古屋、東京にあって、そのムラは周囲のムラとは競合し、対立し、閉鎖しているように見えつつ、広い世間につながりを持っているのが普通であった。そして外へのつながり方の中にそのムラの性格が見られるのである。一つ一つのムラが、広い世間へのつながりを持たず、周囲の村と対立しているのなら、息づまるようなものをおぼえるはずだが、そうではなくて、お互いに相手のわる口を言いながら、結構たのしく生きている。

しかも相手の村の批判というのはきわめて短いことばでなされることが多い。短い言葉で適切な評言をするのを、われわれはコトワザといった。昔は童謡《わざうた》と書いたこともある。そしてコトワザのはやるときにはよく事件が起こったということが「日本書紀」などにも見えているが、後にはそれが格言のような意味をもって来た。「石の上にも三年」とか「論語読みの論語知らず」などということばはいかにも適切な表現で評言である。そしてそのようなコトワザを際限なく生み出したのであるが、ことばが短いために、いつの間にかその解釈が全くちがったものになってしまうことがある。

「隣の家に倉がたつと腹が立つ」というコトワザはムラ人の根性の狭さを物語るものとしてよく引用されるが、戦後村をあるいていて八十歳すぎの老人から、「村というものは土地の広さはきまっている。一軒の家が土地をあつめてよくなっていったら、他方にはかならず土地を失って貧乏する家ができる。そういうバランスのくずれるのをおそれることなのだ」と教えられたことがあった。なるほどと思って、他の地方でもきいてみると、老人たちの中には心のせまさを言ったものではないと話してくれる人が少なくない。そのように当世風に解釈されているものが、このほかにも意外に多いことをその後知ることができた。たとえば「長いものには巻かれろ」というのは「力のあるものの言いなりになれ」というのではなくて「よらば大樹の蔭」とおなじようなことであり、「犬もあるけば棒にあたる」は「ぶらぶら歩いていると何かよいことにぶっつかる」のではなく「ぶらぶら歩いている犬は棒で叩かれることがある」というのが、もとの心のようである。

このように一つのコトワザが時勢の移りかわりによって解釈もちがって来るものであり、そのちがいの中に世相の変遷をよみとることもできる。

同様にムラ人が他のムラを批判をしたコトワザはそれぞれの村の性格を物語るものとして興がふかい。神田さんはその方に眼を向けてコトワザを通してムラの生活や性格を見てゆこうとした。これは面白いこころみであって、山陽路の村々ばかりでなく、ひろく各地のこうしたコトワザをあつめてみると、ずいぶん教えられることがあるのではないかと思う。

農村社会はそこに人が住みついて長い間生活して今日までつづいて来たのであるから、実にいろいろの慣習が重なりあっている。そしてそれによってバランスもとれ、人が人をきずつけることが少なくてすごすことができたのである。それをこれまでの指導というのは外からやって来て、外から持って来た枠へ人びとをはめこもうとした。そして、それにしたがわないと、頑迷だといい保守的であるとして非難したものであった。なぜ慣習の中で生活しなければならなかったかについて考えてくれる指導者は少なかったものである。

古くからの慣習がよいというのではない。改めなければならないところも多いのだが、どのように改めなければならないかについては十分に検討してみる必要があるのである。それにはムラを外側からでなく、内側から見ることが大切になって来る。神田さんはいまそのような見方でムラを見ようとしておられる。

私はこういう書物をムラの集まりの話題にしてもらいたいものだと思っている。

（『広島ことわざ風土記』〈ひとこと〉　昭和五十四年七月二十日）

沖本常吉・大庭良美〔編〕

『日原町史』〈町史上下二巻・近代編上下二巻〉

（日原町教育委員会　昭和三十九～五十四年）

日原町は昭和三十年以来、町史上下二巻、近代編上下二巻を刊行して、いまその完成を見ようとしている。その間実に二五年、よくその長い年月を持続しつづけて修史事業をおこなって来たことは、町当局の理解と住民の協力、さらにその編纂にあたった沖本常吉、大庭良美氏という稀に見る民俗学者を編著者として持つことができたことにあり、特に日原町史上巻によって沖本氏は柳田国男賞を受賞した。その後の編纂事業は大庭氏によって引きつがれることになるのであるが、日原町史の特色は徹底した民衆生活史であるといっていい。最近歴史、殊に地方史の研究はきわめて盛んで、実に多くの市町村史が次々に刊行されつつあるが、その多くは在住者の執筆によるものでなく、他から来て編纂される。そのとき編集者は住民に接触することが少なく、そのため文献にたより勝ちになる。文献にたよると記述が公式的になり、文章もほぼ一定して来る。しかし本当の民衆生活をほり下げることができない。その点からすると、日原町史は住民の立場から住民の生活を事こまかに記録したことにおいて異色の町史といえる。

編著者の大庭氏は戦前に町の古老からこまかな聞書をとった。それは実に貴重なものである。幕末から明治へかけてのうつりかわりを民衆の眼でたしかめたものが『石見日原村聞書』として記録されており、それは今日の者にはなし得ないことである。何故ならその時期を体験した人はもういないのであるから。しかも当時を語る古老たちの眼は体験者として実に適確であり、時勢に対応しつつ生き、新しい時代へと歩きつづけて来た跡を物語っている。大庭氏はその視点を守りつつ日原町史下巻以下三巻をまとめていった。

そこには日原という地域に住んだ人たちの生活が実にこまごまと記述されている。英雄偉人の歴史ではなく、全く民衆の生活史となり得たのは理由がそこにあると思う。そのため、日原に住む人たちの経典になり、古典になり得るものであり、血の通う歴史であると言い得る。

しかし本巻を読んでいていろいろのことが危惧される。たとえば紙すきというのはどのような作業であったのか、昭和二十年以降の人には具体的に理解できるであろうか。稗がどんな作物であるかを知っている人がどれほどあるであろうか。銅山があり、高瀬舟があり、高津川がどんなに生き生きしていたかを理解できる者があるだろうか。大正二年以来、執念を持って開通を願った岩日鉄道が今以って何故開通しないのであろうか。われわれが願望するほど世間的には利用価値の少ないものだったのだろうか。言いかえると日原というところは山陰地方の中で社会的にも経済的にもそれほど価値のない所だったのだろうかというような疑問さえもおこって来る。

そういうことについて、この町の生産や文化を持ちつづけた人たちと、今育ちつつある人との間には断絶がおこって来ないだろうかというようなことが気になって来るのである。たとえば何故住民が急速に減っていったのだろうか。それは貧しいとか生活がたちにくいとか言うことで片づけて来ているが、それだけで見すごされる問題であろうかと考えさせられる。もしそうだとすればどのように町の構造をかえていったら新しい時勢に対応できるのかという問題もおこって来る。

一番大きな問題は町史四巻に見る住民のすばらしいしかも静かなるエネルギーを町内に爆発させる体勢がおろそかにされて、外に向って爆発されたことにあったのではないかと思う。そしていまその反省期に入っているかと思う。古い人たちの間には俳諧や和歌も盛んにつくられていた。それもレベルの高いものであった。明治初年には思い切った神社改革もおこなっている。高い文化を持ち、新しい意識を持ち、文化を先取しようとした時代もあった。そのことについて検討すべき時機がいま来ているのではないかと思う。それについて本書を読むとき、先人たちの足跡の中に多くの示唆に富むものがひそんでいるように思う。それを見つけることによって本書は経典たり得るのであり、机辺において長く愛読することによって古典たり得るのである。いたずらに埃の中に埋もらせて忘却の彼方へ押しやることのないようにしていただきたいものである。多くの市町村史は一たん完成すると、もう再びひもとくことは少なくなる。古いことを知ろうとするときは出しても見るが、直接自分の生活に関係ないと忘れられ勝ちになる。しかし本町史は町のいろいろの新しいことを計画するにも一つ一つの小村の村づくりにも経典となり得るものを持っており、この町史をどのように利用するかで、今後の日原町の命運はきまって来るのではないかと思う。そういう意味からこの町史を仕上げた当事者は勿論町民各位の力にも敬意を表し、また新しい町づくりに期待したいのである。(昭和五十四年八月十五日)

(『日原町史』近代下巻　島根県日原町　昭和五十四年八月)

米村竜治［著］

『殉教と民衆――隠れ念仏考』

（同朋舎　昭和五十四年）（写真は新版　平成十一年）

この書にいう殉教は熊本県球磨地方に見られた念仏宗門の徒が、相良藩の禁教の下にあってなお、念仏宗をひそかに信仰しつづけ、何人かの犠牲者を出したいきさつを克明に追求していった力著である。

どうしてそのようなことがおこっていったかということについてはこの書を読んだだけでは十分明らかでないが、事の起こりは念仏宗が民間にひろく弘通《ぐつう》していったことにあると思う。その一つはこの地方の鎌倉時代以来の阿弥陀信仰で、球磨盆地には古い寺に阿弥陀像がいくつも残っている。念仏は阿弥陀仏信仰にともなうものであるが、それが民間にひろくゆきわたっていったについては一遍や一向の全国遊行が大いに力があった。この仲間は時衆とよばれ、髪をのばし妻を持ち、仏寺に住む僧とは趣を異にしていた。そして念仏をすすめるにあたっては道場をもち講を組み、それが村落自治の根幹になっていった。この信仰は早く九州南部一帯にもゆきわたり、念仏踊とともに定着していった。九州南部に広く分布する太鼓踊とよばれているものは、念仏踊の系統をひくもので、熊本県五家荘山中では太鼓踊を念仏踊といっている。たぶん、時衆のうち一向派に属する者を一向宗といったもののごとく、十四世紀の初め、本願寺の徒は一向宗と本願寺の徒は違うので混同せられないようにと幕府に申し立てているが、世人は依然として真宗を一向宗とよんで近世に至っている（本文一〇二頁）。

ということは、はじめ一向宗徒が圧倒的に多く、それが本願寺に属するようになっても一向宗の名でよばれつつ、本願寺に属することによって真宗の教義が一向宗社会へ浸透していったのではなかったかと思う。今一つ近世に入ってキリシタンが禁止され、日本人のほとんどが仏寺の檀家になり、仏寺によって葬送の管理がおこなわれるようになったとき、住民希薄の地帯では仏寺がほとんどないため、在家の者が代わって葬送のことにあたり、これを毛坊主といった。

したがって辺地や寺院の少ない地帯には毛坊主が見られたのであるが、その多くは念仏宗門の徒が多かった。そして毛坊主の残存する地帯と念仏踊の見られる地帯とほぼ重なりあっている。そして念仏踊の流布は中世のことと見られているから、九州南部各地への念仏宗の流入は中世のことであったと考える。しかしその念仏宗は拠点をもつものではなかったが、それが本願寺に結びつくことによって禁制されることになった。しかしその結びつきはきわめて弱いものと考えられる。なぜなら禁制されたころにほとんど犠牲者を出した記録が残っていない。普通なら禁制されたときにもっとも多く犠牲者を出すものであるがそういう様子は見えない。そしてこの地方におこなわれた念仏宗は、真宗というよりも時宗に近いものではなかったかと思う。

本書の第二章に貞享四（一六八七）年夏、相良領内に一四人の入水自殺のあったことが記されている。入水往生は時宗の徒にはしばしば見られたところで、「一遍聖絵」にもそのさまが描かれている。ここには古い信仰が近世初期にまだ生きていたことがわかる。しかしこうした古い念仏宗徒が、本願寺に結びつくようになったのは案外あたらしいことではなかっただろうか。伝助という毛坊主が京都本願寺へ銀三〇〇目を持って上洛したのは天明二（一七八二）年であるという。そしてそのことが発覚して殉教する。ところがそのまえにも宝暦十一年にも殉殺した人があったようで、伝助の家が真宗信者として注意されるようになったのはさらにそれ以前からのことであり、それらの事情は実にくわしく本書に述べられている。

それではいったい球磨地方にどの程度の真宗信徒がいたのであろうか。それと古い念仏信者とはどんな関係にあったのであろうか。藩内の念仏信者が、強い信仰を持ちつづけたことは、隣藩細川藩の真宗寺院と連絡をとりつづけて孤立していなかったことによるものであると思う。他藩にゆるされるものが、なぜ自藩にゆるされないのかという疑問が、たえずあるとともに、信仰に対する自信を持つことができたためではないかと思う。これらのことは、ひろく日本の辺地に明治・大正まで残存した毛坊主の分布と、毛坊主の道場が真宗寺院化していった過程などを明らかにしていく中で見ていくと、なぜこのようなヒズミがおこったかを明らかにすることができるのではないかと思う。

幕末になるとすぐれた学僧たちが下って来て教義の上で民衆の目をひらいてゆくようになるが、それ以前は村のすぐれた世話役と、村落構造との結びつきによって信仰は維持されていったもののようで、そのあたりのことをわれわれはもっと知りたいと思う。五木・五家の山中を歩いてみて、どうしてこのような山中に人びとは住んだのであろうか、なぜこの土地を今まで捨てようとしなかったのであろうかと考えさせられるのであるが、そのことと、圧迫されても信仰を捨てなかった心根には相通ずるものがあるようで、むずかしい教義よりもわかりやすい人間結合の原則のようなものを求めて生きてきた民衆の生きざまのようなものが、もう少し明らかになると、なぜ、信仰を持ちつづけてきたかがもっと明らかになるのではなかろうか。念仏信者たちがかくれおびえながら四六時中生きていたとは、どうしても考えられないのである。民衆の側から見た検討も期待したい。

（「朝日ジャーナル」朝日新聞社　昭和五十四年十一月二十三日号）

『生きている民俗探訪　福井』

藤本良致・小林一男［著］

（第一法規出版　昭和五十五年）

福井県の民俗には、興味のあるものが多い。とくに若狭地方は京都に近く、中世の京都の影響をうけることが多かったので、今では京都で絶えているような行事も、若狭に残っているものが少なくない。王の舞などはその一つであろうが、産小屋が今もたくさん残っているのもわれわれの心をひく。若狭ばかりでなく、越前の方にもアマメンとかアイノマトとか、北日本へもひろがる行事がある。日本海岸では、多分若狭が境になって東と西に差が見られるのではないかと思う。そして、そうしたことを二人の著者が、

県下を丹念にあるいて、今もおこなわれているものを記録したすぐれたレポートである。

（『生きている民俗探訪　福井』〈推薦の言葉〉昭和五十五年三月二十五日）

『宮本常一の本棚』あとがき

田村善次郎

宮本先生は読書家であった。若い頃の読書歴については自叙伝『民俗学の旅』（講談社学術文庫）にも記されているし、著作集四二巻に収録した「我が半生の記録」にはより具体的に書かれている。東京高師受験のために上京したのは大正が昭和にかわる、大正十五年十二月末であったが、明けて昭和二年一月十日、新潮社に大宅壮一を訪ね、大きな刺激を受けて大阪に帰った。そして「一ヶ月一万頁読書を計画した。まず『川上眉山全集』から手をつけ、自然主義時代の代表作をほとんどあさってよんだ。そうして啄木、藤村などの位置をはっきり知ることができた。卒業までの日にざっと二万三千頁ほどを読んだ。これによって明治文学の大体を明らかにすることを得、且つ大正文学のアウトラインをつかんだ。再び独歩をよみ、菊池寛、芥川龍之介、有島武郎などの作品にも接した。そうしていよいよ作家志望を強くした」と「我が半生の記録」には誌している。また『生活学会報』第一〇号に寄せた「年譜」には「それより約三年猛烈な読書をはじめ、一ヶ月一万ページを読破することにする。ただし文学書が多い。円本時代であったため、日本文学全集・明治大正文学全集・世界文学全集・世界戯曲全集・近代劇全集・世界思想全集など訳もよくわからぬままに読みふける。有島武郎・石川啄木・国木田独歩・島崎藤村等の作品も愛読する。この頃より西洋映画に興味を持ち、名画といわれるものを悉く見る」とも記しておられる。

このような乱読が一生つづく訳はないが、生涯を通じて先生が書物を手離すことはなかった。堺が空襲を受け、鳳の家が全焼し、家財・書籍・調査資料の一切を焼失したのは昭和二十年七月十日のことであった。先生は当時、嘱託として大阪府庁に勤めていた。「身体がだるい。おくれて役所へ行く。午后早くかえしてもらふ。途中南田辺の中路へよって四、五冊本を買ふ。また本買ひだ」と日記に書いているのは、翌七月十一日のことである。そして、七月十六日の日記には「朝、農務課常会、午后早くかへって焼跡の片付をしようと思ったが、南田辺で下車してつい本を買ふ気になり、七〇円ばかり買ってしまふ。狭い家なのであまり本をかっても困ると思ってゐるが、本のないのもさびしい。そこでついかってしまふ」とある。焼跡の整理もできてなく「田中さんのうちで御厄介に」になっている時である。それどころか七月十一日は、まだ本や調査資料類がくすぶっていたはずである。何という人だろうと思ってしまう。

読書の効用を誰よりも知っておられたのだと思う。だから自分が読むだけでなく、面白いと思った本は人にも積極的に勧めた。武蔵野美術大学で教壇に立つようになってからは、年度の初めに参考書などを紹介するのは誰もがやる事であるが、それ以外の時でも、何冊か学生が読むにふさわしいと思う本をもってゆき、講義のはじめに簡単な紹介することが、毎時間ではなかったが、かなり多かったように記憶している。

『宮本常一の本棚』と題した本書に収録したものの中では、全国離島振興協議会の機関誌『しま』の「図書館」と銘した読書案内欄などが、読んで欲しい本として紹介したものの典型例ではないかと思う。初期の『しま』には、読書案内のほかに「学会報告」、「研究のてびき」などの学術雑誌風な欄も設けられており、その大半を宮本先生が執筆している。『しま』を手にする離島の人たちに、これらの記事を目にする事によって、離島は離島だけで孤立しているのではないということを理解し、できるだけ沢山の書物を読むことによって、見聞を広め、ものを見る目、考える力を養って欲しいという思いが強く感じられる。それは宮本先生だけでなく、編集を担当した武田旦《あきら》さんや山階芳正さんなど、当時の全国離島振興協議会幹事であった島嶼研究会の先生方のねがいでもあったと思う。

ともあれ、宮本先生は自分が読んで面白いと思った本は、人にも読む事をすすめた。話すだけではなく文章にもした。本書に収録したものの中には依頼されて書いたものも多いだろうけれども、それでも「つまらん」と思うものは取り上げなかったはずである。本書に収録した書評や、紹介文の中には、欠点を指摘したり、あげつらったりしたものは少ない。ほとんどないと言ってもよいくらいである。欠点を指摘するよりも、長所を見いだしほめる事で伸ばそうとする。それが宮本先生の若者にたいする一貫した姿勢であったが、それが書評などにも共通して現れている。

本書は宮本先生の手になる書評、書誌紹介、序文、跋文を集めて一本としたものであるが、これが全てではない。寄稿した事はわかっているが、収載書誌が宮本文庫にも、手元にもなく、本書に収録できなかったものがたくさんあるし、それ以外にも探しきれていないものが、まだまだ残っているはずである。お気づきの方にご教示いただければ幸いである。

著者
宮本常一（みやもと・つねいち）
1907年、山口県周防大島生まれ。
大阪府立天王寺師範学校専攻科地理学専攻卒業。
民俗学者。
日本観光文化研究所所長、武蔵野美術大学教授、
日本常民文化研究所理事などを務める。
1981年没。同年勲三等瑞宝章。

著書：「日本人を考える」「忘れられた日本人」

「日本の年中行事」「日本の宿」

「山の道」「川の道」「伊勢参宮」

「庶民の旅」「和泉の国の青春」

「忘れえぬ歳月〈東日本編〉〈西日本編〉」

「歳時習俗事典」「山と日本人」

「見聞巷談」など。

宮本常一の本棚

2014年 3月10日 初版第1刷発行

著者 宮本常一
編者 田村善次郎
発行者 八坂立人
印刷・製本 モリモト印刷(株)

発行所 (株)八坂書房
〒101-0064 東京都千代田区猿楽町1-4-11
TEL.03-3293-7975 FAX.03-3293-7977
URL.: http://www.yasakashobo.co.jp

ISBN 978-4-89694-169-2